本书由山西大学马克思主义学院文瀛文库出版基金资助出版

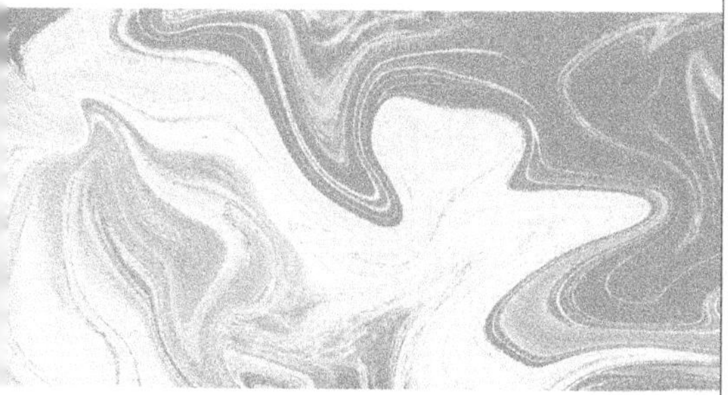

思维的认知哲学研究

Analysis on Philosophical Problems of Cognitive Thinking

◎ 周振华 著

科学出版社

北 京

图书在版编目（CIP）数据

思维的认知哲学研究/周振华著. —北京：科学出版社，2018.12
ISBN 978-7-03-059988-9

Ⅰ. ①思… Ⅱ. ①周… Ⅲ. ①认知科学-科学哲学-研究
Ⅳ. ①B842.1 ②N02

中国版本图书馆 CIP 数据核字（2018）第 277619 号

责任编辑：刘 溪 乔艳茹 / 责任校对：贾娜娜
责任印制：张欣秀 / 封面设计：有道文化

科学出版社出版
北京东黄城根北街 16 号
邮政编码：100717
http://www.sciencep.com

北京虎彩文化传播有限公司印刷
科学出版社发行 各地新华书店经销
*
2018 年 12 月第 一 版 开本：720 × 1000 B5
2019 年 5 月第二次印刷 印张：15 3/4
字数：242 000

定价：95.00 元

（如有印装质量问题，我社负责调换）

序　言

认知哲学是伴随认知科学（cognitive science）的发展而兴起的一个全新哲学研究领域，其目的是探讨人类认知和智力活动，具体包括知觉、注意、记忆、动作、语言、推理、思维、意识乃至情感动机的本质及一般规律。总的来说，研究认知就是研究人们如何思维，认知哲学也就是研究人们在思维过程中产生的各种哲学问题，而从认知哲学视角对思维进行新的划分和界定，也就成了当前思维研究的首要任务之一。

《思维的认知哲学研究》一书，从认知心理学、认知语言学、认知神经科学、文化人类学和人工智能（artificial intelligence，AI）等与思维研究密切相关的学科研究出发，通过对“思维”（thinking）进行认知哲学的研究和分析，阐明人的思维作为一种高级心理过程，同时也作为一个动态的自组织系统，究竟是如何建构起来，又是如何实现的，以及其结果对人的影响，并在此基础上尝试对思维进行一种认知哲学角度的重新分类及解释，一定程度上推进了我们对思维的进一步理解。

该书从认知哲学角度重新审视了以往哲学史和科学史中不同类型的思维观，再结合认知科学中关于思维研究的最新成果，围绕认知哲学的核心主题，即认知发展、认知模型和认知表征（representation），对思维进行新的定义与维度划分，研究其内在认知结构和动力运行机制，分别在“表征维度”、“动力维度”和“模拟维度”三个层级上相应提出“隐喻思维”、

“情感思维”和“机器思维”三种思维类型结构。

“隐喻思维”突出体现在以语言交流为代表的符号互动过程中，是以体验哲学（embodied philosophy）为基础的具身认知（embodied cognition）在思维中的显现。从认知隐喻学来看，隐喻性是语言的本质，经由语言的中介作用产生，我们所生存的世界也是隐喻（metaphor）的世界。隐喻为我们的生活经验和其他抽象概念的密切联系提供了丰富的证据。隐喻一直处于转换生成的状态之中,在精神意义上可以被视为人类存在的一种形态。不可否认，我们总是从自身的体验出发，以自我为中心扩展开来，遵循着由此及彼、由近及远、由具体到抽象的顺序来认知外在世界。构成我们思维的大部分概念都是通过隐喻来完成建构的，它们都是基于我们身体经验的，是通过隐喻向内映射（mapping）到我们的心智领域，向外映射到外部世界，包括客观自然环境和社会文化环境之中的整体性的有机过程。把隐喻思维作为一种思维方式，其哲学基础便是体验哲学，认识论即是具身或涉身认知，意在强调身体和动作对认知的作用。其实质就是用一类事物来理解和体验另一类事物,人类的思维在本质上就是通过隐喻来进行建构的，而用于语言表达的隐喻则来自具有隐喻性的概念系统。隐喻思维在认知过程中的作用，正如该书作者周振华博士所概括的，主要表现为构成认知语境要素、具象表达情感意向和促进科学创新发现。

“情感思维”则改变了以往把感性和理性、情感与思维相对立的观点。作者从认知神经科学、认知心理学与文化人类学三个角度论证了情感思维的合理性，及其在社会决策中的重要作用。从当代认知科学来看，思维作为一种复杂的认知活动，不仅包括推理、决策和问题解决等理性过程，还应把人在认知过程中与思维相关的情感因素包含在内。情感不仅作为心理状态和人格特质的基础贯穿于人的整个思维过程，情感本身就包含着复杂的认知因素和背景。作者提出的“情感思维”是指人在加工和处理传入信息的同时，运用情感来统合信息并做出反应或决定的思维方式与能力，但这并不是说情感本身可以作为一种单独的思维类型而存在，而是说包含了情感在内的“情感思维”，可以更完整地体现认知过程中情感与理智的互动关系，其主要过程包括体验、表征、评价和修正，其作用有正、负两个向度（tropism），而基于情感的“情感计算”对未来人工智能的发展有着重要的启示。

“机器思维”则是从思维的基础记忆出发，以记忆作为人类思维与机器计算的共同基石。作者梳理了从存储隐喻到人工智能的思维模拟（thinking simulation）发展历程，进而划分了人工智能发展的前后相继的三个等级：人工智力、人工生命、人工智慧。通过等级的划分一定意义上澄清了当前对人工智能的一些误解和过分的担忧，并探讨了可能产生的伦理与社会问题。当我们说“机器思维”的时候，我们不仅认为以计算机为代表的智能机器具有某些思维着的人的属性，同时也认为人作为思维者也具有机器的某些属性。这种“计算机隐喻”使人们用计算机的属性来描述人心，把人的认知比作机器的计算，把人脑的思维过程理解为计算机的算法过程。当然，二者有着极大的区别，尽管在许多方面计算机远胜于人类，但人是具有情感、意向性（intentionality）和创造性的，把思维过程理解为符号的运算本身就只是一种假设性的解释，而不是思维本身的全部含义。在一些认知科学家看来，心理生物学的知识对于研究认知过程来说，如同计算机设计知识对计算机编程一样并不重要。事实上，把记忆作为存储的普遍隐喻，也意味着我们把记忆力隐喻作为知识的离散项连同事物投射在大脑中的图像一起发生作用。

这三种新的思维类型构成了人类思维的整体，分别代表“模拟维度”、“动力维度”和“表征维度”的“记忆”、“情感”和“语言”三者之间的互动，构成了通常意义上的“认知”活动。具体而言，情感对记忆中的信息进行评估后，通过语言来进行具象描述，经由符号化的语言进行表述的信息，则会储存到大脑中成为记忆。这就是人脑对于信息的“内认”过程。而当外界某一对象刺激经由感官激发主体的情感反应，进而唤醒与该对象相关的记忆信息，尤其是爱与恨，随之表征出带有主观偏好的语言描述，而这种带有情感色彩的描述，反过来又再次强化了主体对于该对象的原有情感印象。这就是人脑对外界事物进行“外知”的过程。

作者提出，这种“内认”与“外知”的相互循环转化就构成了最基本的“认知”过程，而这种初步的认知经由内化的社会文化评价之后，会产生正向或负向的不同修正然后才最终构成了思维。不同之处在于，其结果对于主体来说是有正向促进作用还是负向阻碍作用，但就其过程而言，均是一个思维的完整过程。在思维过程中，作为动力的情感是人意识的起点，承担着快速做出判断的任务，并且构成了主体的主要性格与人格魅力。而以隐喻作为主要表征形式的语言，则是认知语境的主要构成因素，这使得抽象的情感获得了具体表象，同时也构成科学发现与创造的源泉。作为思维生理与心理基础的记忆，不仅承担了语言与情感的双向存储任务，同时也是人工智能进行思维模拟的主要功能所在。正是对人脑记忆的功能性模拟，才使得机器思维成为可能。

该书在对思维结构进行层级划分的基础上，对新划分的思维类型进行语境（context）整合，并通过建立语境模型的方法探讨“记忆存储→情感动力→隐喻表达”所构成的“内认”与“外知”全过程，以便达到对思维的全方位的认知考察，并为未来的思维模拟提供理论依据。值得一提的是，作者结合当下人工智能空前火爆的社会现象，提出真正实现模拟人类思维的可能实践之一：融合情感与进化要素在内的“情感计算”或许是最重要的关键部分。该书对思维进行的认知哲学研究，不仅有助于规范和拓宽相关学科的研究视角和研究方法，还能为有关智能（intelligence）的学科创新提供理论依据，也为人们向更深层次研究认知科学提供一定的借鉴。

当然，该书仍有一些不足之处。比如，对于三种思维类型的划分仍缺乏足够有力的论证，对其内在作用机制的阐述也存在一些逻辑争议，对于未来思维研究情感计算能否作为最重要的突破尚待做进一步观察。但不可否认，该书是近年来关于思维研究在认知哲学领域的一次融合与贯通性尝试，是作者在掌握大量认知科学前沿相关知识基础上深度思考的结果。其结论对我们丰富和发展认知哲学相关基础理论，以及深化关于思维的生成与演化机制研究，都具有重要的启示意义和参考价值。

魏屹东

2018年5月10日

目　　录

导　论

0.1 选题的缘起及意义

人类如何认识和思考外部世界以及人自身，一直以来都是哲学的核心问题。如果说哲学最初的源起是好奇和爱智慧，那么“思维”（thinking）则可以说是为人类精神插上了理性的翅膀，使人类可以依靠自我的力量来摆脱蒙昧和无知，思维正是人类智慧的最集中体现。正是在这个意义上，恩格斯才在《自然辩证法》导言中把思维着的精神誉为“地球上最美的花朵”。人类也正是凭借其特有的思维能力才创造了人类所独有的科学、艺术和社会文化形态，人类思维的发展史同时也是人类智慧积累的科学史。而具体到微观的、个体的人，思维更是体现了现代社会人与人之间的巨大差异，一个人思维水平的高低直接反映了其智慧的高低，一个人的思维能力也是其社会化程度的重要体现。

正是由于思维在人类智慧中的显赫作用，思维一直以来都是哲学研究的基本范畴，对思维的研究也有着悠久的传统。从古希腊时期树立形式逻辑思维开始，到中世纪的宗教天启思维，再到近代启蒙运动对科学理性思维的不懈探求，在经历了漫长的岁月以后，对思维的研究开始走出哲学家的书房，转而进入科学家的实验室。思维由此开始走出哲学的视野，仅留下形式的外壳给逻辑学研究，思维的内容、过程和结果研究完全成为心理学、生物学、语言学（linguistics）等诸多从哲学中分化出的具体科学的领地，传统哲学的本体论和认识论在现代思维研究中被弃之不顾。

这种情况直到20世纪50～70年代认知革命兴起之后才开始有所改变。认知科学（cognitive science）把心理学、计算机科学、信息学、语言学、逻辑学、人类学、神经科学和脑科学等学科进行交叉，用各学科最新的成果和观点来重新审视思维，深入发掘思维过程中的各个环节并给出不同角度的解释，使得我们对思维的研究走上了更高层级的综合。

本书旨在通过对“思维”（thinking）进行认知哲学的研究和分析，主要是从认知心理学、认知语言学和人工智能（artificial intelligence，AI）的角度出发，阐明人的思维作为一种高级心理过程，同时也作为一个动态的自组织系统，究竟是如何建构起来，又是如何实现的，以及其结果对人的影响，并在此基础上尝试对思维进行一种认知哲学角度的重新分类及解释，以期能进一步加深我们对思维的理解。

把“思维”作为当代认知哲学的选题，主要是基于当代思维研究的重要性、必要性和创新性。

0.1.1 思维研究的重要性

“认知”（cognition）一词源于拉丁语 cognitio，意为“知识”或“认识”。广义上的认知包括了感觉、知觉、记忆（memory）、判断等一系列心理生理过程及其结果。从认知科学的内容，如记忆、意象、概念、语言、推理等方面来看，这些内容都与思维直接相关。那么，“思维”（thinking）又是什么？按照《辞海》的解释，思维是指“人脑对客观现实概括的和间接的反映，它反映的是事物的本质和事物间规律性的联系，属于理性认识”。这个解释在哲学上主要包括两层含义：一是在认识论层面上，“思维”与“感性认识”相对，指的是人的理性认识，即“思想”，或者指理性认识的过程，即“思考”，是人脑对客观事物间接的和概括的反映；二是在本体论意义上，“思维”与“存在”相对，指人的独立于物质存在的意识、精神，这种观点是建立在唯物主义反映论基础上的经典解释，继承了恩格斯关于“哲学基本问题”的判断，也构成了我国当前对“思维”研究的基本话语体系。

由此，我们仅从定义就能看出“思维”（thinking）包含了非常丰富的认知要素，涵盖了人类认知的主要过程和环节，在这个意义上可以说认知科学就是以思维作为主要研究内容的科学。因此，把“思维”作为认知哲学的研究对象，一方面是对传统哲学问题的延伸，另一方面是通达各个哲学分支（语言哲学、心灵哲学、哲学现象学、人工智能哲学等）很好的抓手。在经历了数十年的学科分裂后，认知科学试图再次把同思维密切相关的诸多学科整合起来，这种融合的趋向也是在当代开展认知科学哲学研究的一次很好的机遇。

0.1.2 思维研究的必要性

尽管思维在认知科学上具有如此重要的研究价值，但其中专门研究思维的却很少，大多数关于思维的研究都是将思维作为其他研究过程的一部分。体现在哲学研究上，更是很少有关于“思维哲学”（philosophy of thinking）的论著。造成这种情况的原因是多方面的，笔者大致总结了三种。

第一种，认为“思维”是一个陈旧的用词，因而企图回避它。尽管很多认知科学家在实际研究中都对思维有所研究，但并没有意识到，或者有的人干脆否认自己是在研究思维。如斯坦福大学的认知心理学家鲍尔（G. Bower）就曾说：“我根本不研究‘思维’，我只研究‘记忆’。”著有《记忆的形而上学》（*The Metaphysics of Memory*）的加利福尼亚大学心灵哲学教授贝内克（S. Bernecker）也强调自己所研究的“记忆”并不是作为思维的一个形而上学概念。在这些认知科学家看来，思维早已不是一个哲学概念。有人认为思维就是推理，有人认为思维就是符号操作，还有人认为思维就是计算，或者是“输入输出之间在心中进行的一切过程”。尽管有形形色色关于思维的解释，但他们都没有把思维本身作为一个哲学范畴来对待，甚至不少认知科学家至今仍秉持着维也纳学派“拒斥形而上学”的态度，对思维的哲学研究保持着一种本能似的抵触。正是这种思潮的存在，才使得思维作为一个认知的核心概念却始终鲜有人对其进行哲学化的分析和研究。

第二种，认为“思维”概念已经脱离了哲学，对思维的研究主要是心理学、脑与神经科学等具体学科的任务，不应该再成为哲学的研究对象。在对思维的早期研究中，哲学一直扮演着最重要的角色：从亚里士多德创立形式逻辑来研究思维规律开始，再到弗朗西斯·培根、约翰·穆勒逐步完善归纳逻辑，及至黑格尔把人类理性思维捧上顶峰的辩证法体系，并经由马克思和恩格斯对黑格尔的批判才产生了所谓“思维”与“存在”对立的“哲学基本问题”。在这个漫长的过程中，哲学家一直是思维研究最主要的人群。但是随着近代科学的发展，各个新兴学科纷纷从哲学中独立出来，特别是与思维密切相关的心理学、生物学、语言学等学科开始用自己的话语体系来诠释思维，心理学甚至还专门有一个分支“思维心理学”，因此有人便主张用具体学科的研究来取代哲学的整体性研究。客观地说，各门具体学科对思维的研究确实取得了丰硕的成果，但这些并不能替代哲学研究的作用。哲学在方法论上的特殊之处，就在于它发展了一种对一般思维方法的哲学反思，成为人们探求科学、理性以及其他一切人类精神现象的根据和形式。如逻辑学重在研究思维形式，它并没有告诉我们在思维的时候实际发生了什么。心理学则把人心看作一个黑箱，旨在通过操纵刺激强度以及观察人相应的行为变化来了解人的思维。信息加工论则借助计算机原理来解释人的思维过程。但是，无论这些具体学科对思维的研究如何多样、多变，它们的观点始终只是我们对思维理解的一个侧面，要想获得对思维整体性、本质性的认识，最终必须，也只能靠哲学来实现。

第三种，认为“思维”作为与“存在”对立的一个哲学概念，其含义和内容的研究已经被马克思主义哲学所透析，对思维的哲学研究早有定论，甚至可以说已经完成了。这种观点主要存在于国内，并且长期以来一直居于主流地位。不可否认，马克思、恩格斯关于思维的论述是基于辩证唯物主义的基本判断，至今仍对我们的哲学研究有着基本的指导作用，我们传统的哲学认识论也是研究思维的。但在当前的马克思主义原理相关教材和著作当中，我们仍然固守着几十年不变的观点，并没有结合当代自然科学诸领域的最新发展成果，一谈到思维，已成惯性的话语模式就是“思维是人脑对物质世界的反映。思维是高于感性认识的理性认识，思维的内容是客观的，思维的形式是主观的”。在作出这类我们非常熟悉的基本断言之后，并未有进一步的、更深层次的追问和探究。即使是对思维的认识论研究，也仍然囿于一些固有的观点，偏重于宏观性的理论描述，始终没有发展到可以用某种经验基础来检验其理论的地步。从当代认知科学的角度来看，思维是以感觉作为开端的，但从来不局限于对感觉的直接反映，而是始终超越，并由此获得了主体无法直接感知到的各种属性或关系。在科学技术飞速发展的现代社会，马克思主义哲学需要更多地吸收并利用自然科学发展的先进成果来丰富自己、发展自己。从这个意义上说，继续发掘思维的哲学价值，扩展对思维的哲学研究，也是一种对当代马克思主义哲学认识论的发展，体现了马克思主义哲学和认知科学的对话与交流，更有利于阐释马克思主义哲学的丰富性和彻底性。

0.1.3　思维研究的创新性

正是由于当前国内外学界从认知科学哲学角度来研究思维的并不多，所以对思维进行认知科学哲学研究可以说是颇具开创性的一项挑战。当今的科技哲学、心灵哲学以及关心智能（intelligence）问题的具体科学（如人工智能、计算机科学、信息科学、脑与神经科学等）都越来越关注思维问题，特别是在人工智能已取得重大发展的背景下，其焦点逐渐集中于如何能使机器语法具有语义（semantics）能力、计算机的运算如何能效仿人类思维从而实现人工智能的质的飞跃。对此，认知科学所涉及的诸多学科给出了各种各样的解释和方案，但最终都不约而同地集中到了人类思维本身这个千古之谜上。许多认知科学家经过各种尝试却始终未能取得满意效果之后开始意识到，要想获得真正关于智能的理解，就应该先弄清楚人类思维的具体机制和内容究竟是什么，这也是当代人工智能、认知科学想要取得根本性突破需要首先解决的问题。而解决这一难题的出路就在于，一方面继续发展认知科学具体相关学科对思维的研究，另一方面加强对思维的认知哲学研究，充分利用认知科学的最新发展成果，分析思维在当代认知科学语境下的变化和发展趋向。这将是思维研究过程中一项巨大挑战，同时也是很有创新性的基础工作，有助于展现哲学理论对具体学科的指导意义和现实价值。

正是基于以上判断，对思维进行认知哲学研究不仅有助于规范和拓宽相关学科的研究角度和方法，还能为有关智能的学科创新提供理论依据，更为人们研究更深层次的认知科学提供助力，因此，我们应当对思维的认知哲学研究予以重点关注。

0.2　国内外思维研究述评

对思维进行认知哲学研究在国内外均属于前沿研究，有关思维的心理学、文化人类学、脑与神经科学、语言学等相关学科研究成果颇丰，这些成果对开展思维的认知哲学研究具有重要的参考价值。

0.2.1　国外思维研究历史与现状

随着近代科学的兴起和快速发展，对思维的研究也摆脱了以往单纯的哲学思辨，进入了科学实验阶段。其中心理学、语言学、脑与神经科学以及人工智能是成果最为丰富的几门分支。

心理学作为哲学的重要分支，其基本概念（如主客体、意识、思维等）都是从哲学母体中直接继承下来的，其分支学科思维心理学还专门以思维作为其研究对象。当代心理学对思维的研究主要是把思维看作“试错”、“联想”、“行为”或“建构”，这也是对思维内容进行研究的 4 种主要方式。符兹堡学派的屈尔佩（O. Külpe）对“无意象思维”（imageless thinking）的发现与研究近来重新受到人们的重视，而以桑代克（E. Thorndike）为代表人物的联结主义通过对动物进行实验研究，把联结的研究范围扩大到各种动物，并把人的心理和动物的心理进行比较，认为不仅是人，动物也有情景和反应之间的联结，即通过不断“试错”来纠正自身的行为并据此形成相应的思维。格式塔学派则认为人脑先天具有一种弥补缺陷的“完形”（也称为“原始智慧”）能力，问题就是完形出现的缺口，解决问题就是思维过程，就是脑中完形的出现，而且问题的解决并不是靠“试错”，而是靠一种突然的“顿悟”，靠一种领会情境的智慧。这种“完形”是先验的，并非依靠后天经验的作用。在行为主义看来，思维也是一种行为，只不过是比较隐蔽而已，成人思维的形式是内部的无声言语，是语言器官的一种微弱活动，因此华生（J. Watson）认为思维的同义词就是“喉头的习惯”，喉头就是“思维的器官”，语言或思维还以手势、皱眉、耸肩等肢体动作为中介，都只是把人体对外界环境的外显反应象征化而已。除此之外，反对联结主义的建构主义则认为思维是在人的活动中建构起来的，其核心在于对意义如何理解。代表人物英国心理学家巴特莱特（F. Bartlett）就把思维比作技能操作，认为思维和技能均是一系列有指向的整合活动，思维与技能一样，既有节奏性，又有连续的指向性；记忆和思维都是高级心理过程，并非简单的应激反应和机械识记，其中包含了人的主观建构和社会文化环境等诸多因素，具有更广泛的社会学和人类学含义。

对思维进行模拟研究的首推人工智能。人工智能对人的思维模拟（thinking simulation）大致沿着两条道路进行：一是结构模拟，仿照人脑的结构机制，制造出“类人脑”的机器；二是功能模拟，暂时撇开人脑的内部结构，而从其功能过程进行模拟。现代电子计算机的产生便是对人脑思维功能的模拟，是对人脑思维的信息整合过程的模拟。正是得益于这一技术，我们才可以借由计算机的信息处理机制和过程，来反观人脑的思维过程，由此通过计算机运行机制来对人的思维过程作出新的合理化解释。人工智能并非简单的拟人工程学科，随着众多模拟人类各方面机能的机器人的问世，近年来其研究焦点越来越集中于如何使机器能真正具有人类的思维方式，从而实现机器的自主创造性思维能力的塑造与提升，甚至机器能否以及如何具有像人类一样的情感。围绕这一问题的不同答案，塞尔将人工智能归结为“强人工智能”和“弱人工智能”两大派，强人工智能认为计算机不仅仅是用来研究人的思维的一种工具，相反，只要运行适当的程序，计算机本身就是有思维的。而弱人工智能则认为计算机无论如何是不可能有思维的，计算机有的只是程序的运行和计算。塞尔还把相关讨论提升到了哲学认识论的高度，提出了“计算机能否思维”的哲学命题和“中文屋论证”，充分体现了哲学的反思性，也引起了人工智能研究的反思思潮，“强人工智能”在技术进步放缓的背景下也受到了很多的质疑与批评。

值得注意的是，近年来人工智能对思维的研究和影响不再局限于技术层面，而是开始上升到一定的理论层级。2006 年 3 月，美国卡内基·梅隆大学计算机科学系主任周以真（M. W. Jeannette）教授正式提出了“计算思维”（computational thinking）的概念，认为“计算思维”是指运用计算机科学的基础概念进行问题求解、系统设计以及人类行为理解等的一系列思维活动。在这种思维中，人脑和计算机一样，通过约简、嵌入、转化和仿真等方法，通过重新阐释与分解来找到最为适合的解决方案。这是一种递归思维，也是一种并行处理，旨在把代码译成数据的同时又能把数据译成代码，因此也是一种多维分析推广类型的检查方法。这种观点可以看作是人工智能对思维研究多年来的一次总结，也是人工智能对思维研究的最大贡献。

语言作为思维的最重要的外显表征，对语言的研究其实就是对人类思维过程和机制的研究。作为语言学和认知科学的交叉产物，认知语言学所研究的“认知”是一个广义的概念，既包括感知觉、知识表征、概念形成和范畴化，也包括人的大脑对客观世界及其关系进行处理和表达的全部过程，其实这就是对人思维过程的语言学研究。不过相较过程而言认知语言学更重视结构，它并不着重于研究人认识事物的过程（这主要是认知心理学的任务），而是注重研究认识事物的结果——认知结构（也可以视为思维结构），尤其是人如何对认识世界的经验进行组织，形成有意义的概念并通过一定的手段表达出来。认知语言学从认知的角度研究语言，特别注重认知与语言的关系，认为语言是认知对认识世界的经验进行组织的结果，而认知活动本身不易观察，因此语言就成了观察与研究认知的一个最好窗口，对语言的认知科学研究也就成为对人类思维研究的一种有效途径和手段。

除了以上观点，近年来对思维的研究越发呈现出多样化的态势。尽管很多国外认知科学家一直从事思维研究，但他们认为 thinking 一词或许显得有些古老而避免使用，或者出于卡尔纳普式“拒绝形而上学”的情感而使用一些相近的概念，但无论其各自挑选的术语为何，究其本质都是关于“思维”过程的认知科学研究，包括语言、记忆、推理、判断、决定等诸多思维要素的研究。波尔（R. Pohl）的《认知幻象》（*Cognitive Illusions*）一书就详细分析了在思维过程中广泛存在的谬误与偏见，以及在作出判断时记忆同思维的密切关系。还有一些认知科学家则把思维等同于推理，认为思维本身就是理性思考和推理的全过程，因此研究思维也就是研究推理是如何发生的，这种观点的代表作品是由基思·霍尔约克（K. Holyoak）和罗伯特·莫里森（R. Morrison）合著的《剑桥思维与推理手册》（*The Cambridge Handbook of Thinking and Reasoning*）。同为剑桥心理学派的巴伦（J. Baron）则强调了决定在思维过程中的核心位置，认为并非推理过程，而是只有做出决定时候的思维才应该是认知科学所研究的对象。而在另一些认知心理学家看来，记忆就是对思维的保存和再现，思维作为心理学研究对象其本质和记忆是等同的，因此对记忆的研究也是对思维的研究。这方面的研究也是多种多样，比较有代表性的作品有如下几部：贝内克所著的《记忆的形而上学》从现代形而上学角度研究记忆本质；杰弗里·布卢斯坦（J. Blustein）所著的《记忆的道德诉求》（*The Moral Demands of Memory*）试图从道德哲学角度出发来论证一种关于记忆的系统化的道德要求。还有的心理学家认为记忆和思维都是个体化的情绪体验，应该回到个体去用传统的内省方法来研究自我的意识，代表性的作品包括丹尼斯（R. Denise）与柏克（M. Beike）等人合著的《自我与记忆》（*The Self and Memory*），以及福斯特（J. Foster）所著的《记忆简论》（*Memory: A Very Short Introduction*）等等。近年来随着无意识研究的升温，符兹堡学派对"无意象思维"（imageless thinking）的研究成果和方法再次被一些人所重视，并且把其问题域扩展至思维是否能脱离心灵、行为和背景认知而独立存在，甚至包括是否存在无思维的认识，代表作就是克罗地亚认知心理学家拉德曼（Z. Radman）所著的《无思之知：行动、认知和背景的现象》（*Knowing Without Thinking Mind: Action, Cognition, and the Phenomenon of the Background*）。

思维研究的不断深入，特别是认知心理学对判断和决策的深入研究也对其他学科的发展产生了很多启示。在经济学领域，新古典主义经济学完全忽视经济活动中个体独特的认知加工过程，只是简单假设每一个人都是追求最大经济效益的经济人。思维研究使经济学家开始重视个体的认知过程，特别是作为思维高级阶段的决策过程，比如人们在使用信用卡的时候往往会表现出比使用现金更强烈的购物欲和支付意愿，结合中国遍布大街小巷的支付二维码，这种心态对早已经习惯了移动支付的中国人而言更加容易理解。也正是意识到了决策心理学对于当代产能严重过剩的世界经济的重要意义，认知心理学家丹尼尔·卡尼曼才于2002年被授予诺贝尔经济学奖。其代表作《思考，快与慢》中提出，我们的大脑有快与慢两种作决定的方式：常用的无意识的“系统 1”依赖情感、记忆和经验迅速作出判断，它见闻广博，使我们能够迅速对眼前的情况作出反应，但系统1也很容易上当，它固守“眼见即为事实”的原则，任由损失厌恶和乐观偏见之类的错觉引导我们作出错误的选择；有意识的“系统 2”通过调动注意力来分析和解决问题，并作出决定，它比较慢，不容易出错，但很懒惰，经常走捷径，直接采纳系统1的直觉型判断结果。另一部广为流传的作品是斯坦诺维奇（K. E. Stanovich）所编写的心理学大众读本《如何直接思考心理学》（*How to Think Straight About Psychology*），在书中作者列举了大众对心理学的诸多偏见或误解，并将其归结于人们思维固有的一些特性，并特别强调了批判性思维和独立思维能力的重要性，这对我们当前社会存在的诸多伪心理学理论和伪心理学家也是很好的批判。

除了对思维本质的探讨，对思维过程的研究也有一些新的争论出现。英国普利茅斯大学心理学教授埃文斯（J. Evans）在借鉴人工智能发展成果的基础上于 2007 年提出了关于思维过程的“双进程”（dual-process）范式。这是一种对推理和判断过程的分型理论，其主要观点就在于参照近年来计算机处理信息所广泛采用的“双核心-双进程”模式，把思维过程划分为“直觉的”与“反思的”两种模式，前者的特点是“快速、无意识与自适应”，后者则是“缓慢、有意识且须协商”，这两种思维模式并非是渐进、分层级的，而是平行发生的。在高级认知过程中，这种双重平行处理的情况更加常见和明显，在埃文斯同斯坦诺维奇（K. E. Stanovich）合写的《高阶认知中的双进程理论：辩论的升级》（*Dual-Process Theories of Higher Cognition: Advancing the Debate*）一文中，详细介绍了“双进程”范式对认知过程中进程、类型、系统和模式的整理与划分[①]。尽管这种理论范式目前还存在诸多争议，但就思维的认知心理学研究而言，“双进程”无疑

① Evans J, Stanovich K E. 2013. Dual-process theories of higher cognition: Advancing the debate. Psychological Science, 8(3): 223-241.

是国外学界有关思维过程的一种新提法，关注其发展与进程无疑对我们的思维的认知哲学研究具有一定的启示价值。

0.2.2　国内思维研究现状

0.2.2.1　国内思维研究的起步——“思维科学”的产生、发展与局限

国内思维研究的起步有着特殊的时代背景。20 世纪 80 年代初，钱学森把 20 世纪 30 年代中国哲学界曾讨论过的一些观点和当时迅速发展的计算机科学加以结合与整理，在《哲学研究》1980 年第 4 期发表了《自然辩证法、思维科学和人的潜力》一文，首次提出要发展“思维科学”的主张，认为发展思维科学不仅可以促进人工智能研究，制造出更聪明的计算机，还能从神经生理学、神经解剖学以及心理学等多个角度来充分发掘人的脑力潜能，最终成为能促使中华民族由胜利走向胜利的强大精神动力。为了突出马克思主义哲学的领导地位，区分于西方同样研究人类思维的认知科学（cognitive science），钱学森随后将其观点概括为“思维科学”，并以 noetic science 作为译名。在此之后，思维科学正式登上了国内科学研究的舞台。1984 年首届全国思维科学学术研讨会在北京召开，由此国内开始兴起思维科学研究的热潮，不仅在学术研究上取得了进步，还在国家重点项目中发挥了作用，如 863 计划的信息领域有一个智能计算机计划，被命名为 306 主题，其重要成果就是做出了第一台曙光机。

但这时期的思维研究的局限也是显而易见的。按照钱学森于 1981 年写成的《系统科学、思维科学与人体科学》一文的观点，思维科学研究应该“只包括人的有意识的思维规律和方法，下意识不包括在思维科学的研究范围内。思维科学只研究思维的规律和方法，不研究思维的内容，内容是其他科学技术部门的事。思维科学只研究对所获得的信息如何加工，至于信息的获取、传输、存储等都属于人体科学的研究范围，是心理学的事”。可能是出于意识形态或其他考虑，其“思维科学”的提法一开始也是作为同西方“认知科学”相区分的一个中国特色概念，并且还试图把形象思维与抽象思维、个体思维与社会思维结合起来，提出思维科学的基础科学是“思维学”和“社会思维学”，这也是当时思维科学研究的一大特点。正是

在这一思想的指导下，当时国内的思维研究一方面实现了起步和发展，另一方面也把对思维的研究限定在了科学思维的形式和方法范围内。这个时期代表性的思维科学研究著作有：邱仁宗编著的《当代思维研究新论》（1993 年）、曾杰和张树相所著《社会思维学》（1996 年）、赵光武主编的《思维科学研究》（1999 年）等。

0.2.2.2 思维心理学在国内的引进与发展

作为对思维研究最为重视的心理学，国内的思维心理学研究也是最早同国际接轨的相关学科。早在 20 世纪 80 年代，国内就引进翻译了许多思维心理学相关著作，代表作有：英国心理学家汤姆生的《思维心理学》（1985 年）、美国人工智能之父司马贺[①]的《人类的认知：思维的信息加工理论》（1986 年）、美国认知心理学家安德森的《认知心理学及其启示》（1989 年）等。在此基础上，国内学者也陆续编纂了一系列思维心理学相关教材及专著，如乐国安的《论现代认知心理学》（1986 年）、汪安圣主编的《思维心理学》（1992 年）等。这些著作引进了大量当时国外思维心理学、认知心理学及相关学科的基础知识和前沿成果，集中论述了心理学对于思维研究的两大派别：一派是以华生和斯金纳为代表的行为主义学派，其核心观点是把人的思维看作肌肉的应激反应；另一派是以米勒和艾宾浩斯为代表的联结主义学派，其核心观点是把思维看作一种试错的学习行为，认为概念就是在试错过程中逐渐形成的，思维则是在概念基础上形成的惯习。正是在这个引进、介绍的过程中，初步奠定了国内思维心理学研究的基本概念和话语体系。至今思维心理学领域对思维的研究中很多概念和范畴（如知识表征、概念掌握、认知结构、记忆、理解等）都是在那时建立起来的。可以说，在国内对思维的研究方面，心理学一直走在诸学科前列。

0.2.2.3 思维的认识论研究——马克思主义哲学近年来对思维的研究

除了重视思维的科学性研究，对思维的哲学研究，特别是从马克思主义哲学认识论角度来考察思维的研究也再次得到了重视。在 1992 年由夏甄

---

① 司马贺，即西蒙（H. Simon），本书统一用译名“西蒙”。

陶、李淮春、郭湛主编的“中国人民大学丛书”中，就专门有一卷为《思维世界导论——关于思维的认识论考察》。该书从经典的马克思主义哲学认识论出发，考察了思维发生的自然史前提、生理基础和社会基础，强调思维就是指理性认识，概念是这种理性认识的基本形式，也是思维的起点，如同列宁所说“自然科学的成果是概念”。经典马克思主义哲学文本中的“认识”，指的是客观物质对象作用于人们头脑的结果，就是人脑对客观物质世界的反映。认识分为感性认识和理性认识两个阶段，感性认识的形式主要包括感觉、知觉、表象等，理性认识的主要形式有概念、判断、推理等。其落脚点在于强调思维是作为物质的人脑的产物，强调思维的物质依赖性和社会实践性。除了对马克思和恩格斯经典论述的重申，在该书后半部分开始引入当时思维科学已经取得的成果，包括系统论和信息论的一些思维方法，并首次对国外的人工智能做了简要介绍，概述了机器对思维模拟的一些成果，还对未来思维世界做了一些预测。2003 年哲学界出版了两本有关思维哲学的专著，分别是黄书进的《哲学思维方式解读》和梁作民主编的《当代思维哲学》，这两本书都基本延续了马克思主义哲学认识论的经典话语，《哲学思维方式解读》一书重在比较西方后现代思维方式和马克思主义哲学思维方式的不同，《当代思维哲学》则是在总结传统思维哲学基本概念、结构和方法的基础上，特别强调了思维中的非理性因素以及思维创新和思维训练的重要性。在此之后翟俊刚所著《马克思哲学思维范式的当代阐释》（2011 年）则突出了哲学思维的马克思物质分析的经济学维度。除了认识论研究，在方法论研究上，特别是对科学思维方式的方法论研究也有新成果问世，主要有：王小燕编著的《科学思维与科学方法论》（2003 年），该书对科学思维的基本方式和方法做了较为全面的归纳与总结；张大松主编的《科学思维的艺术：科学思维方法论导论》（2008 年），该书主要论述了科学思维方法的多种思维方式及其在科学研究中的基本原则与要求；鲍健强的《科学思维与科学方法》（2009 年）则从科学史角度出发，在介绍科学思维方法发展脉络的同时，区分了东西方文明不同的思维传统与方法，并对科学思维方法进行了一些理论上的分析与说明。

0.2.2.4 近年来国内对思维的多角度研究

国内近年来对思维的研究也呈现出多学科逐渐升温的态势，而多学科交叉的认知科学在国内方兴未艾，更是给思维的研究注入了新的活力。主要的代表作有：英国认知心理学家罗姆·哈瑞编著的《认知科学哲学导论》（2006 年），该书在谈到意向性表征、语法（grammar）与认知以及记忆机模型等理论时，实际上就是从认知心理学角度探讨思维的主要过程及其方式，是最早从认知科学哲学角度探究有关思维过程的译著。卡比与古德帕斯特合著的《思维——批判性和创造性思维的跨学科研究》（2011 年）介绍了多个学科领域关于思维研究的最新成果，特别是大脑和记忆、语言以及情感和思维之间关系的跨学科研究。杨足仪的《心灵哲学的脑科学维度》（2011 年）中关于记忆过程分类和非表达性记忆的论述对思维过程的认知有一定的启发作用。宋荣的《思维内容的心灵哲学探究》（2012 年）则是从心灵哲学视角展开对思维内容研究的一部专著，主要描述了西方心灵哲学近年来对思维内容的研究成果，并与马克思主义哲学文本中的思维内容进行比较研究。而“语境论”（contextualism）是近年来科学哲学研究中的一种新型理论范式，从语境角度来考察思维的认知过程也是顺理成章的。魏屹东在其所著《语境论与科学哲学的重建》（2012 年）一书中就提出，语境既然可以决定文本的意义，那么事件或行动作为“文本”，其意义一定也是由社会历史的或文化的语境所决定的，因此语境论不仅是一套概念体系，也是一种认识论范围内的世界假设。从这一视角出发，该书对兴起于 20 世纪 70 年代末的科学哲学由“科学发现逻辑”到“科学思维模拟”的转换做了考察，对科学思维的核心问题域（问题解决、假设检验和概念获得）进行了归纳总结，并提出了“实际思维”的模型认知策略，还论述了认知语境与语境认知模型。这些都是同思维密切相关的认知哲学研究。

总之，得益于日渐开放的整体社会文化环境，以及科学技术的不断进步，特别是认知科学的迅速发展，近年来的思维相关研究呈现出日渐繁荣的景象，各学科间的界限也开始越来越模糊，不同领域的科学家用不同的方法来研究人类的认知和思维，得到了许多哲学家意想不到的成果，在当代思维研究领域里，其范围已经不限于哲学与逻辑学，而是包括记忆、意象、概念、语言、推理、创造、人工智能、脑和神经等诸多领域。这些新进展不但有助于我们摆脱笼统反映论的窠臼，拓宽学术视野，而且就本质来说，思维科学就是认知科学，对思维进行认知哲学研究，也能够对认知科学发展起到一定的推动作用。

0.3 研究思路及方法

正是基于上述对思维研究国内外动态的梳理和把握，本书从认知哲学角度重新审视了以往哲学史和科学史中不同类型的思维观，再结合认知科学思维研究的新成果，对“思维”进行新的定义与维度划分，在“表征维度”、“动力维度”和“模拟维度”三个层级上对应提出了“隐喻思维”、“情感思维”和“机器思维”三种思维类型结构。“隐喻思维”突出体现在以语言交流为代表的符号互动过程中，是以体验哲学（embodied philosophy）为基础的具身认知在思维中的显现。“情感思维”则扭转以往把感性和理性、情感与思维相对立的观点，从认知神经科学、认知心理学与文化人类学三个角度论证情感思维的合理性，以及在社会决策中的重要作用。“机器思维”则从思维的基础记忆出发，以记忆作为人类思维与机器计算的共同基石，整理了从存储隐喻到人工智能的思维模拟发展历程，进而划分出人工智能的三个等级，即人工智力、人工生命、人工智慧，通过等级的划分来澄清当前对人工智能的一些误解和过分的担忧，并对可能产生的伦理与社会问题进行探讨。最后，提出真正模拟人类思维的实践可能——融合情感与进化要素在内的“情感计算”，并对其未来发展进行展望。

本书主要运用了以下三种分析方法。

首先是历史文献分析方法。对“思维”的研究是认知科学的核心问题之一，对其研究也必须在综合认知科学的多个学科基础上进行，本书主要涉及认知心理学、人工智能、认知语言学、脑与神经科学等学科对思维进行的不同角度的研究，所以本书站在认知哲学的综合分析角度，将相关知识加以融合、提炼，从哲学的高度把握思维的整体和部分之间的逻辑关系，并对其加以系统化分析研究，只有这样才能更加透彻、清晰地分析出这个问题的关键和实质。

其次是语境分析方法。当代对“思维”的研究中有一个重要维度就是认知语言学，其对语法、语义和语用的重视与分析对明晰语言在思维中的作用有着重要意义。在此基础上，把语境从语言层次扩大到社会、历史和文化等更广泛的认知层次，就是语境论的认识论提升和方法论扩张。这种对语境论的扩张也为我们从认知哲学角度来审视认知科学诸学科对思维的研究提供了很好的理论基础和视角，有益于深化我们对认知语境中思维的理解。

最后是模型构建方法。围绕认知哲学的核心主题——认知发展、认知模型和认知表征，从动力维度、表征维度和模拟维度来进行三重划分与整合（图 0-1），由此揭示三者如何通过“内认”和“外知”来构成思维的作用机制，从而达到对思维的全方位认知考察，并为未来的思维模拟提供理论依据。

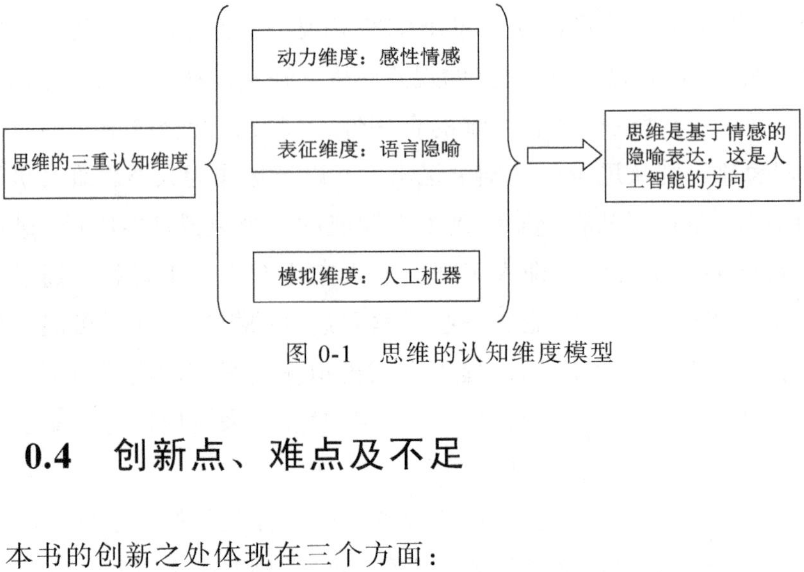

图 0-1　思维的认知维度模型

0.4　创新点、难点及不足

本书的创新之处体现在三个方面：

（1）视角创新。对思维进行认知哲学研究目前在国内外均属于较前沿的研究，本书立足认知哲学角度来研究思维，综合认知科学诸多分支学科的思维研究成果，紧紧围绕认知哲学的核心主题——认知发展、认知模型和认知表征来展开，将思维从动力、表征和模拟三重维度予以划分，对思维进行认知结构和动力研究。

（2）观点创新。把抽象的思维分解为“语言表征”、“心理动力”和“生理基础”三大要素，并对应提出“基于表征的隐喻思维”、“基于感性的情感思维”和“基于模拟的机器思维”三种思维类型，同时这也是构成思维认知结构的基础。针对以往思维研究忽视情感的普遍做法，着重强调了情感在思维过程中不可或缺的重要作用，从脑科学、语言学、心理学以及文化人类学多个角度论证了基于感性的情感思维的可能性。提出能以情感为动力和纽带，贯通语言理解与机器模拟之间的鸿沟，为深入理解思维运行机制提供新的尝试。

（3）方法创新。在对思维结构进行层级划分的基础上，对新划分的思维类型进行语境整合，并通过建立语境模型的方法来探讨“记忆存储—情感动力—隐喻表达”所构成的“内认”与“外知”全过程。通过对人工智能进行人工智力、人工生命、人工智慧的区分，来澄清当前对人工智能的一些误解和过分的担忧，并指出思维模拟的出路在于融合情感要素的“情感计算”。

此次思维的认知多维度研究的难度也是显而易见的，目前认知科学对思维的研究已经有了非常丰富的多学科成果，必须综合认知心理学、认知语言学、脑与神经科学、计算机科学与人工智能等多学科、跨领域的最新理论与实践成果,才能利用这些新的成就来达到对思维的新的综合与分析。这需要有庞大的阅读量与非常渊博的多学科知识背景，在这方面笔者还有很大的差距，对诸多学科的许多理论与成果的理解并不是十分到位，对其分析与综合的理论把握能力也尚欠火候，这些都是在以后的研究与工作中需要进一步提升与加强的。

第1章 思维的本体探求：从思辨到实证

早在古希腊时期，医学家希波克拉底就曾提出大脑是思维的器官。柏拉图指出了人通过思维来对事物进行分类再将其理性化。亚里士多德则创立了形式逻辑，第一次对思维过程中的逻辑和规律做了充分的研究，并得出结论，即人的思维是通过记忆和联想两个环节来形成的，这也使得逻辑思维成了西方文明的精神支柱。

到了近代，随着启蒙运动的发展和科学技术的进步，对思维的研究有了长足的进步。英国哲学家弗朗西斯·培根第一次提出了“知识就是力量”的命题，并总结了从“归纳推理”到“分析比较”最后进行“科学实验”的现代科学思维规律。法国哲学家笛卡儿把思维作为人类怀疑一切的根本能力所在，提出了“我思故我在”，还首次提出了思维的反射机制。后来的俄国生理学家巴甫洛夫将这一观点具体化，发现了人体的应激反应机制，用第一信号系统和第二信号系统的学说来从生理学角度解释人的思维过程。随着近代科学技术的进一步发展，对思维的研究也快速成为各学科的研究重点，主要包括：美国心理学家彭珍妮等对黑猩猩进行研究发现动物具有简单的思维能力；美国学者金逊发现了脑电波与思维的对应关系；盖尔普对失语症患者思维进行研究；斯佩里对裂脑人进行研究发现了思维割裂现象；皮亚杰通过对儿童思维发展的阶段划分研究提出了发生认识论；法国人类学家列维·布留尔对原始思维进行研究，认为原始思维是集体表象思维，列维·斯特劳斯则提出野性思维和开化的思维予以反驳；等等。

在 20 世纪 50～70 年代认知革命开始后，对思维的研究开始成为认知科学的核心话题之一。美国著名发展心理学家、哈佛大学教授加德纳（H. Gardner）曾经列出了与认知科学有密切关系的学科，即哲学、心理学、语言学、人类学、人工智能、神经科学，认为这六门学科构成了认知科学最主要的核心领域与话语体系。正是通过利用这六门学科最新的成果和观点来重新审视思维，深入发掘思维过程中的各个环节并给出不同角度的解释，才使得我们对思维的研究走上了更高层级的综合。思维是以感觉作为开端的，但从来不局限于对感觉的直接反映，而是始终超越，并由此获得了主体无法直接感知到的各种属性或关系。哲学在方法论上的特殊之处，就在于它发展了一种对一般思维方法的哲学反思，成为人们探求科学、理性以及其他一切人类精神现象的根据和形式。可以说，认知就是研究人们如何思维，认知哲学也就是研究人们在思维过程中产生的各种哲学问题，而从认知哲学视角来对思维进行新的划分和界定也就成了当前思维研究的首要任务。

1.1　思维的含义分析

“认知”（cognition）一词源于拉丁语 cognitio，意为“知识”或“认识”。而“思维”（thinking）一词则源于拉丁语 cogitatio，意为“沉思”或“仔细考虑”，从词源上就可以看出“思维”和“认知”的密切关系。广义上的认知包括了感觉、知觉、记忆、判断等一系列心理生理过程及其结果。从认知科学的内容，如记忆、意象、概念、语言、推理等方面来看，这些内容都与思维直接相关。

在《美国传统词典》中，对“思维”这一词条的具体解释多达 12 种，包括：①想：心里拥有或构思。②思考：推理或反思；沉思。③认为：通过推理、反思或沉思而决定。④看待：判断或认为；思考。⑤认为：相信；设想。⑥期盼：盼望；希望。⑦想要：打算。⑧记忆：想到；记起。⑨构想：设想；猜想。⑩构思：设计或发展；发明。⑪设想：通过精神活动产生的一种状况。⑫深思：把某人的想法集中于。

从内容上来看，这些定义大致可以分为三类：一是以推理为基础，主要涉及逻辑推理形式（①～③）；二是以计划为基础，主要涉及意向性心理内容（④～⑦）；三是以记忆为基础，主要涉及高级心理过程的表征（⑧～⑫）。由此，我们仅从定义就能看出"思维"一词包含了非常丰富的认知要素，涵盖了人类认知的主要过程和各个环节，在这个意义上可以说认知科学就是以思维作为主要研究内容的科学。思维有很多形式，至少应包括信念、意象、沉思、计算、反思、假设、评估等要素，心理内容是依赖语境的，其意义由语境决定，具有意向性，并且思维是必然关乎某种理论或实践事物的。无论这些要素的地位是否平等，缺少任何一个要素的思维都是不完整的。比如踢足球这一运动，它不仅是双腿的神经反射，人们还能从不同的层次上分别解读运动员复杂而多变的思维。但这种分离对思维研究而言并没有太大意义，思维本身就是一个很难分割的整体。因此，现代认知科学多把思维看作是一个"多形态复合体"（polymorphous）[①]。

那么，汉语中的"思维"的具体含义又是什么？按照《辞海》（第六版）的解释，"思维"一词蕴含着三种含义：

（1）考虑，思量。如陆逊《取珠崖疏》："臣反复思维，未见其利。"这里的"思维"强调的是人对某一事物进行反复多次的思考和分析的过程。

（2）指理性认识，或理性认识的过程。是人脑对客观事物能动的、间接的和概括的反映。包括逻辑思维和形象思维，通常指逻辑思维。它是在社会实践的基础上进行的。认识的真正任务在于经过感觉而到达思维。思维的工具是语言，思维的形式是概念、判断、推理等，思维的方法是抽象、归纳与演绎、分析与综合等。

（3）与"存在"相对应，主要指意识、精神。[②]

与哲学密切相关的主要是（2）和（3），其中包括两层含义：在认识论层面上，"思维"与"感性认识"相对，指的是人的理性认识，即"思想"，或指理性认识的过程，即"思考"，是人脑对客观事物间接的和概

---

① Lacey R. 1996. A Dictionary of Philosophy. 3rd ed. New York: Routledge: 348.

② 夏征农，陈至立. 2009. 辞海（第六版）. 上海：上海辞书出版社：2130.

括的反映；在本体论意义上，“思维”与“存在”相对，指人所特有的独立于物质存在的意识和精神，这种观点是唯物主义反映论的经典解释，继承了恩格斯关于“哲学基本问题”的判断，也构成了我国当前对“思维”研究的基本话语体系。在我们看来，思维是认知活动的高级阶段，是人脑借助言语、表象或动作实现的对客观现实的概括和间接的反映，并且反映出的是事物的本质特征和事物之间的内在联系，具有概括性和间接性两个基本特征。概括性表现为它反映的不是个别的事物或事物的个别属性，而是事物的一般特性以及事物之间的内在联系；间接性表现为它不是反映直接作用于人的感官的事物的属性，而是以已有的知识经验为基础，对事物进行间接的反映。思维不同于感知觉，但又离不开感知觉活动提供的感性材料。在思维过程中，人只有在获取大量感性材料的基础上，才能在头脑中对事物进行分析与综合、抽象与概括，并通过概念、判断、推理等思维形式把握事物的本质特征与内部联系。人的思维与语言是紧密地联系在一起的。语言既是引起思维活动的直接动因，又是思维活动赖以进行的载体。但语言并不是思维的唯一工具，人们还可以利用表象和动作来表达与交流思想。如聋哑人丧失了语言，仍可以借助手势、表象等进行非语言的思维。按照发展水平的不同，思维可以分为直观动作思维、具体形象思维和抽象思维等。

因此，把“思维”作为认知哲学的研究对象，一方面是对传统哲学问题的延伸，另一方面是通达各个当代哲学分支（语言哲学、心灵哲学、哲学现象学、人工智能哲学等）很好的抓手。在经历了数十年的学科分裂后，认知科学试图再次把同思维密切相关的诸多学科整合起来，这种融合的趋向也是在当代开展认知哲学研究的一次很好的机遇。

1.2 传统哲学对思维本体的思辨探求

“思维”作为一个哲学术语，通常指心灵或理智的活动过程及其产物。根据对思维对象的不同划分，可以大致划分为以下四种思维类型的思维观。

1.2.1 本原思维：追问世界的起源

这种思维方式从追问世界构成的本原出发，把哲学基本问题归结为何为世界的本原。它包括原子思维和理念思维。原子思维方式源于古希腊诸多哲学家对世界本原的猜测，包括水、火、土、气诸元素直至德谟克利特的原子论，他从朴素的原子论出发，认为灵魂是一种特殊的原子，它可以进行思维。理念思维则源自柏拉图，他认为人的思维能力在于人的理性灵魂，人的思想在于灵魂对理念世界的记忆，如同飞鸟回巢一样，记忆就是使人回忆起他已经遗忘了的东西，其中感性世界是意见的对象，理念世界则是知识的对象，知识的对象才是真正存在的东西，即理念，理念也是灵魂的本质。思维则是构成知识的主要能力和对象，所以才说“知识是一切能力中最强的能力”[①]。我们现在关于思维的“感性-理性”二分法的最早渊源就在于此。亚里士多德进一步发展了柏拉图的理念思维，把思维（希腊文 noēsis 或 dianoia）看成有机体理性灵魂的产物，认为“思维内在地包含着对普遍现象的认知意识以及共相之应用于殊相”[②]。他还在其《形而上学》中最早总结了关于逻辑思维的规律——矛盾律和排中律，并把矛盾律称为“一切原理中最切实的原理”。由于当时希腊盛行论辩，便催生了传授修辞和论辩技巧的智者阶层，其论辩技巧后来逐渐发展为诡辩，如普罗泰戈拉“一切皆真”和阿那克萨戈拉“万物混同”的诡辩，亚里士多德就用矛盾律予以驳斥，认为同样的论断中不能同时肯定和否定。他对思维的研究也主要是出于驳斥这些诡辩，进而达到澄清思想的目的。

中世纪的托马斯·阿奎那（Thomas Aquinas）认为由于上帝创造了人的肉体和灵魂，并且灵魂先于肉体又高于肉体，因此是灵魂决定和推动着肉体，使人能感觉，进而能思维。方济各派经院哲学家邓斯·司各脱则从亚里士多德的“形式—质料”观出发，认为一切事物都是由形式和质料构成的，质料是人的精神活动的基础，但共相不能离开单个物体独立存在，还最早探讨了物质的思维能力和思维的物质属性。这一时期的思维研究开始有了一些具体内容，但仍被神学牢牢把持着，其目的也是为了论证上帝

---

① 北京大学哲学系外国哲学史教研室. 1981. 西方哲学原著选读（上卷）. 北京：商务印书馆：21.

② 尼古拉斯·布宁，余纪元. 2001. 西方哲学英汉对照辞典. 北京：人民出版社：997.

的存在和全能。

1.2.2　平行思维：思维与物质相分离

这种思维方式试图跳出传统一元论对物质和精神的绝对划分，希望通过对二者进行平行处理来达到协调思维的物质和精神双重性质。近代哲学对思维的研究首推法国哲学家笛卡儿。在 17 世纪，“思维”这一词语一般常被用来描述包括感觉在内的精神现象，笛卡儿则从二元论出发，认为心灵实体是各种精神属性的承担者，它的本质就是思维，因此也可称之为“思维实体”（thinking substance），这种实体是可以脱离物质世界甚至脱离身体而独立存在的。[①]笛卡儿在《形而上学的沉思》中提出，“我”可以怀疑一切，但对正在怀疑着的“我”本身是无可怀疑的，而怀疑是一种思维活动，这个“思维着的我”才是真实存在的，并且这个“思维着的我”不需要任何物质性的条件即可存在，因此这个“我”的本质就是心灵、理智或理性。正是通过这种怀疑的方法，他提出了“我思故我在”的命题，把思维和物质都看作是世界的本原。在笛卡儿看来，心是非物质的、非延展的（不占据空间或没有位置），而身体和自然界的其余部分是有形的、可延展的物质构成，其目的在于强调心理世界与生理世界的相对独立性、特殊规律性和心身交互作用，认定精神实体与物质实体同时存在的合理性。那么这就产生了一个难以解释的矛盾：属性完全不同的身与心之间又是如何相互作用的？笛卡儿猜想是在人脑中一个叫作松果体的组织中相遇，这是一个实在的组织，但笛卡儿并没有说为什么只有它可以通向精神世界。荷兰哲学家斯宾诺莎则把笛卡儿的二元论哲学改造成一种实体一元论，认为一切实体不但有广延的属性，还有思维的属性，同一实体如果从思维的属性去了解，它就是思维实体，如果从广延的属性去了解，它又是广袤实体。斯宾诺莎把认知分为三个等级：第一等级的认知是由第二手的意见、想象（imagination）和从变幻不定的经验中得来的认知构成的，这种认知承认虚假的存在；第二等级的认知是理性，它寻找现象的根本理由或原因，发现必然真理；第三等级即最高等级的认知，是直觉，是从关于属性本质

① 冯契，徐孝通. 2000. 外国哲学大辞典. 上海：上海辞书出版社：606.

的恰当观念发展出来的，是对事物本质的恰当认知。他还用身心平行说来解释精神活动问题，提出思维不仅是物体的属性，也是神的属性。笛卡儿等人的这种把思维和物质作为两种对立的、平行的存在予以看待的“二元论”范式对后世产生了巨大的影响。传统二元论通常把思维作为意识存在的重要基础，强调思维的主观性，并把思维的主观性与唯物主义的客观原则加以区分，从而为意识经验的存在做辩护。

历史上（直至今日）很多人都采纳或接受过某种形式的二元论，即认为确实存在两个不同的领域和世界。在当今大多数的非西方文化中，情况依旧如此。有调查显示，即使多数受过教育的西方人也这样认为。这在宗教信仰领域表现得尤为突出。大部分主流宗教都采用二元论：基督徒和穆斯林相信永恒、非物质的灵魂，而印度教徒则相信阿特曼①或心中神圣的自我。三大宗教中只有佛教否认存在连续的内在的自我或灵魂。即使在非宗教人士中，二元论也普遍存在于西方文化中，流行的新时代理论唤醒了心灵、意识或精神的力量，仿佛它们是一股独立的力量。

1.2.3 物性思维还是心性思维：心与物的二元对立

物性思维主要集中于经验论者，在他们看来思维并没有那么神秘，思维只不过是感性直观的物质体现。英国的霍布斯认为思维是物体或物质的一项属性，人的思维就如同是计算那样的物质活动，能思维的物质其本质仍然是物质的。洛克从抽象学说出发说明从感觉中概括出普遍概念，把思维看成是观念之间的联系，并以简单观念构成复杂观念来说明思想的联系。在贝克莱与休谟的唯心经验论哲学中，用观念的联想来构成思维的联系。法国唯物主义者则坚持经验论观点，但不是从观念的联系来说明思维，而是从大脑的功能来说明思维活动。拉美特利认为大脑是思维的器官，而狄德罗则指出大脑、神经和感觉器官构成一个完整的反映机构，大脑是这个机构的中枢，而思维则由这套结构复杂的反应机构所产生。

心性思维则主要集中于德国古典哲学家中，他们把思维（德文 denken）

① 阿特曼（atman），字面意思是灵魂或自我，是印度教所使用的哲学术语，指超越了一切外部存在的表面现象的真正自我。

看作是心灵运动的产物。康德认为哲学需要回答三个问题：我能知道什么？我应该做什么？我可以期待什么？分别对应着认识、道德、信仰。哲学不是要追究“什么是什么”，而是追求为什么“是”和如何“是”的问题。康德认为思维是借助概念的认知，其本质是“先验自我的统觉”，这是一种综合的能力，它可以把感觉所得到的材料，加以先验地组合，形成一种有秩序、有规律的知识，因此没有感性直观的思维是空洞的。费希特的知识论则进一步发展了自我的综合能力，认为“理智”（思维）是一种能动的东西，理智活动是一种纯粹的观念行动，所有的知识对象都由这种行动的自我引申出来。黑格尔从费希特的主观唯心主义转到客观唯心主义，认为思维不仅弥漫于一切表象、理性等精神活动中，而且弥漫于世界中，是世界的内在本质。他认为思维和自我是同一的，自我就是能思维者的思维。由此康德所提出的“能动的自我”在黑格尔这里便成了具有本体论意义的“绝对精神”，整个世界都成了绝对精神的展开和漫延。费尔巴哈改变了黑格尔的绝对精神的思维观，恢复了唯物主义的思维观，但他不是从生理机能上说明思维，而是认为人与人的交往才能产生观念和思维，把思维的社会属性作为其人本主义哲学的基础。

1.2.4　辩证思维：思维与存在的同一性

作为对物性思维和心性思维的批判者，马克思和恩格斯提出了协调思维与存在矛盾的辩证思维。马克思在《摘自〈德法年鉴〉的书信》中把人的属性划分为自然属性、社会属性和思维属性，并把“人”定义为“能思想的存在物”，进而提出真正的人=思维着的人的精神。恩格斯则从物质运动的形式和规律出发，把一切物质运动分成五种类型：机械运动、物理运动、化学运动、生物运动、社会运动。随后，他又把“思维”视为物质运动的最高形式，他在《自然辩证法》中指出：“运动，就它被理解为物质的存在方式、物质的固有属性这一最一般的意义来说，涵盖宇宙中发生的一切变化和过程，从单纯的位置变动起直到思维。”[①]对于思维的主体，恩格斯也明确指出只有“人”才有可能发展出整个悟性活动，包括归纳、

① 马克思，恩格斯. 2009. 马克思恩格斯文集(第九卷). 北京：人民出版社：513.

演绎、抽象和辩证的思维，还提出这种能力并非人人皆有，而是只对于较高发展阶段上的人才是可能的，而其充分的发展还晚得多，在现代哲学中才能达到。由此可见，马克思和恩格斯都把思维作为人的一项本质特征予以高度重视，不仅把思维视作一种心理现象，同时认为它是一种对客观世界的反映，是人类认识世界的一种高级的反映形式。马克思主义哲学从人对外界事物的能动反映来说明人的思维活动，认为它是人从初步的感性认识进一步概括而达到理性认识的产物，并强调实践在思维提高中的作用，认为人的思维由社会物质生活条件所决定，并随着物质生活条件的改变而改变，同时也强调思维的相对独立性，对社会存在起反作用，思维的真实性只能由实践来检验。马克思指出，思维根本不能实现什么东西，为了实现某一种思想，就必须要有具有实践能力的人。

有别于二元论的“物活论”倾向（tendencies）和唯心主义的神秘化倾向，唯物主义首先把“思维”界定为人类所独有的一种能力，并不把它扩展到其他物种身上。“思维”是发生在人脑中的一种“活动”和“过程”。这种活动直接来自主体，其核心是人的大脑，大脑是思维作为一种功能的物质载体。与意识可以是无目的的不同，思维是有意向性的。因为在实际的思维活动中，人们不会为了思维而思维，而往往是为了某种特定的目的才进行思维。因此，思维的结果具有重要的价值，对于个人来说，它指导我们的实践活动；对于人类来说，它构成了精神文明的主要部分，任何观念学说和理论体系都直接表现为某种思维的结果[①]。我们说世界的存在是客观的，与人类意识无关，指的是即使没有人类意识的存在也不影响这种客观性，这是唯物主义的基石。但在人类意识存在的条件下，特别是人类作为思维的主体的同时也具有客体性，人对外界的感知必然要受到人化环境和已有文化的影响，物质世界的本质也只能是人所理解的本质，在认知的过程中人的思维自动转换了世界的存在形式。离开人类特有思维的理解，物质在理论上是无法建立的，世界的本质也是无从理解的。所以，人类在认识物质世界的同时，也需要认识思维的本质，这对人类理解自己所存在的世界有积极的影响，也会把人类对世界本质的理解提升到一个更高的层次。

① 梁作民. 2003. 当代思维哲学. 北京：人民出版社：3.

除了对思维的本质进行探求之外，作为德国古典哲学的批判继承者，马克思主义哲学还特别注重对“思维与存在的同一性”的探讨，并把这个哲学认识论的命题，推广到世界的可知性与不可知性。思维与存在是否具有同一性，在德国古典哲学中争论得最为激烈。康德把思维和存在绝对对立起来，承认在人类认识之外存在着不可认识的“自在之物”。黑格尔批判康德的这种观点，认为思维和存在是同一的，世界是可知的，思维和存在之间既是有差别的和对立的，又是统一的，这个统一的基础就是思维，存在本身就是思维的产物，是绝对观念发展到一定阶段的表现。黑格尔在《小逻辑》中指出现象和本质并不是绝对对立的，而是当我们认识了现象时也同时认识了本质，本质在他看来并不存留在现象之后或现象之外。费尔巴哈则从唯物主义立场出发，也反对割裂思维和存在的统一，认为只有把人理解为思维与存在的统一基础和主体，才能真正发现真理与意义。恩格斯在《路德维希·费尔巴哈和德国古典哲学的终结》中，将思维与存在的同一性确定为哲学基本问题的一个方面。思维和存在的关系问题，除了何者是第一性，何者是本原之外，还有另一个方面，即思维和存在的同一性问题。根据对这个问题的不同回答，划分为可知论和不可知论。

略显不足的是，这只是一个笼统的说明，并没有给出人类思维同客观世界之间的互动机理，现有的解释也缺少同现代科学技术发展的联系与说明，缺乏足够的证据支撑。随着科学技术的快速发展特别是量子力学的诸多假想逐渐被实验所证明，许多理论问题也对当代唯物主义提出了新的挑战。比如感受性质（qualia）作为感觉的一种可反思特征要如何去反驳？这也是从布洛赫到塞尔等哲学家用以反对唯物主义的理由。还有思维中的表征和意向性的问题，特别是意向性可以表征出现实中并不存在的东西（如金山、飞龙）要如何进行说明，等等。一些当代科学家和哲学家认为，作为当代物理学基础理论的量子力学为二元论提供了新的理论支持，即所谓的量子力学测量问题。如果任何测量装置都可以看作一个量子系统，那么测量的实质就是用一个测量装置去测量另一个测量装置，这样就会产生一个无穷倒退的测量链，直至测量者本身——也就是作为观察者的人。之所以把人作为测量链的终端，正是因为人具有其他测量装置所不具有的特点：人有意识能思维。正因如此，人的意识又成了量子测量的前提，有人就提出是人的意识创造了一切。关于这些问题及回答会在接下来的讨论中都有所涉及。从科学实在论来看，唯物主义主要是基于物理科学的形而上假设，其核心在于认为我们所处的世界是一个因果封闭的自洽物理系统，并且和我们当前的科学范式相融洽，可以为人们对世界的认知提供简洁而有效的语境。总的说来，唯物主义视野中的思维是人脑对客观事物的一种概括的、间接的反映，它反映的是客观事物的本质和规律。思维是在人的实践活动中，在感性认识特别是在表象的基础上，借助于语言，以知识为中介而实现的。实践活动是思维的基础，表象是从对客观事物的直接感知过渡到抽象思维的一个中间环节，语言是思维活动的工具①。

1.3 认知科学对思维本体的实证研究

经历了漫长的哲学争论后，随着近代科学不断从哲学中分化并发展，近代对人类认知的争论主要集中在经验主义（empiricism）和先验主义（nativism），前者认为我们所有的知识和智慧都来自后天的经验学习，而后者认为婴儿本身就具有某些先天的认知能力甚至有相当的先天知识。人们逐渐意识到了传统哲学对思维研究的局限性：逻辑学主要研究思维的形式和规律，但它并没有告诉我们人在思维时其大脑和身体实际上发生了什么不同的变化。哲学认识论也是以思维作为研究对象的，但始终没有发展到其理论可以用某种经验来加以检验的地步。因此，对思维的研究也开始逐渐摆脱传统的哲学论辩，走出哲学家的书房，转而进入科学家的实验室。

特别是20世纪50～70年代兴起的认知革命，把思维研究推进到了更加细化的程度。首先，思维的生理物质基础主要是人脑，因此脑与神经科学对人脑本身的研究成了认知科学的核心之一。认知神经科学大大发展了我们对认知的神经基础理解，神经元的通信主要是通过突触一侧的轴突末端所释放的神经递质来实现的，这些递质通过作用于树突受体的细胞膜来改变其电位。从一个神经元到另一个神经元完成一次通信大致需要10毫秒的时间，看起来似乎低于计算机1秒内上千万次的运算，但人脑能同时并

① 王小燕. 2003. 科学思维与科学方法论. 广州：华南理工大学出版社：1.

行运行数以十亿计的类似运算并迅速将不同的结果予以整合。信息是通过众多神经元的活动模式以及使得这些模式得以重新生成的神经元之间的突触联结起来表征的。

按照目前得到广泛认同的脑科学研究成果，思维需要一个广泛的大脑皮层结构（特别是额叶、顶叶和颞叶）网络来支持，同时也需要大脑深层结构（特别是丘脑）与大脑皮层的合作，一个广泛的、完整的全局神经网络是思维得以产生和进行的物质基础。人们普遍相信前额叶控制着人类最独特的思维形式，尽管某些前额叶受损的患者能在常态范围内完成标准智力测验（智力测验的核心是推理能力、语言能力和空间能力），但他们的许多认知功能都受到了明显的破坏，特别是在系统表达策略和制订计划上存在障碍。与思维密切相关的大脑高级认知功能，如学习、记忆、注意、语言、抉择等，都已被证明是人适应环境、对永恒变化的开放环境采取最优化适应的基础，更确切地说，适应环境的生物基础是脑神经系统。并且，脑神经系统并不是参数固定不变的机械系统，而是一个时刻与外界环境进行能量和信息交流的、远离平衡的开放的动力学系统[①]。总之，在脑与神经科学看来，思维的本质过程是人的大脑通过多种感觉——包括视觉、听觉、嗅觉等，来获取并整合外部世界的信息的过程。从统计学的角度来看，信息整合的最优算法是贝叶斯推理，这种推理方法综合了系统已有的先验知识及来自外部数据的不确定性。在人的心理物理实验中，人们发现人脑会用贝叶斯推理整合来自视觉和触觉的不同信息，再把这些外部输入信息在中枢神经系统汇总，和来自别的脑区的信息（如主要来自海马的记忆和主要分布于布罗卡区的语言）整合，最终形成我们对于外部世界的思维和认知。

当然，宏观意义上的“思维”涉及的是“神经以上”的过程，虽然这个过程是由分子和细胞所构成的，但我们实际上仅仅知道神经冲动发生时钾、钠离子是如何沿着神经纤维在神经递质间进行传导的是远远不够的。如果想仅仅通过研究人类的神经细胞结构机理就破解人类的知觉直至理性

① 国家自然科学基金委员会. 2013. 未来 10 年中国学科发展战略：脑与认知科学卷. 北京：科学出版社：76.

的奥秘，就好比研究鸟类如何能飞翔却只去研究羽毛的成分与结构一样，是远远不够甚至是不可能实现的。人类最终实现飞翔也不是通过模仿鸟类而是依靠空气动力学。思维是比神经冲动高出几个结构层次的高度复杂的活动。我们称为“思维”的心理活动，是建立在大脑中发生的一系列生物化学反应基础之上的，但这些生化反应本身并不能称为思维，如同“火”是发生在分子层次上的千万亿个微观化学反应的综合一样。脑与神经科学对思维的微观分析和研究为我们的思维研究提供了具体的操作性指导，但这也仅只是思维研究的起点。

正是基于对人脑与神经系统的功能性研究，我们才对于思维内容和过程有了更加细致的了解，并且使得传统的语言学、心理学以至神经科学本身都发生了认知转向，进而产生了认知语言学、认知心理学和认知神经科学等交叉学科。这些学科之间的交叉和融合使得对思维的研究进入了新的离散与整合阶段，也由此人类在漫长的探寻过程中终于实现了对思维的部分功能性模拟，特别是第二次世界大战（简称二战）后计算机和互联网的诞生与大规模应用，不仅实现了机器对人类思维的模拟，更提供了一个绝好的参照系来反观人类思维自身，从而使得“机器思维”成为可能。因此，心理学、人工智能和语言学，是认知科学对思维研究最卓有成效的三大主要分支学科。

1.3.1 心理学：思维内容是联想、试错、行为或者建构

在对思维进行研究的诸多学科中，起步最早、成果最丰富，同时与哲学关系最密切的学科首推心理学。如我们所知，哲学与心理学始终存在着比其他一般学科更加紧密的关系。哲学不仅把思维与存在的关系问题作为基本问题进行研究，而且其认识论也一直是把认识的过程、形式、本质等都作为主要研究对象，心理学的一些基本概念（如主客体、意识、思维等）都是从哲学母体中直接继承下来的，其重要分支学科思维心理学还专门以思维作为其研究对象。大致说来，当代心理学对思维的研究有以下五种路径。

（1）符兹堡学派。符兹堡学派由冯特的学生屈尔佩创立，因此也称为

屈尔佩学派。这一派主张由思维者对某一语词或问题进行自由联想，然后要求被试描述自己在回答问题过程中的思维过程，通过这种称为“内省法”的方法发现了没有意识到任何意象的联想，称之为“无意象思维”(imageless thinking ）。这一派的观点主要是反对联想主义的，其成果可以概括为：反原子论、反机械论、反经验主义、反意象。符兹堡结果的不断重复发现，首次显示出思维至少有部分是无意识的和无意象的，以及是有目标指引和过程性的。

对符兹堡学派观点的质疑也是非常多的。近代实验心理学创始人、德国心理学家冯特就从来不接受来自符兹堡的证据，他认为内省作为一种技术对研究不能预料的心理过程是毫无用处的，因为被试事先无论训练得多么好，都不能达到内省法要求的那样把注意真正集中到思维的有意义现象里去，冯特本人也对记忆、思维这些复杂心理现象避而不谈。但其学生铁钦纳（ E. B. Titchener ）则愿意接受其中的部分结果，他认为符兹堡实验室被试报告的思维无意象和无意识在现实中是结合在上下文关系，或感觉的意义，或表象事件中的。为此铁钦纳提出了一个背景语境理论（ context theory ），该理论认为，任何观念的意义都来源于联结的观念的背景或语境，其中一些是有意识的，一些是无意识的。屈尔佩的实验结果并不能解决思维的意识性问题，但它显示了内省法的不恰当性以及构造主义不能很好地解释某些心理现象。

（2）联结主义。联结主义是由桑代克提出的一种学习理论，也称为新联想主义。这一派通过对动物进行实验研究，把联想的研究范围扩大到各种动物，并把人的心理和动物的心理进行比较，认为不仅是人，动物也有情景和反应之间的联结，即通过不断“试错”来纠正自身的行为并据此形成相应的思维。在此基础上桑代克提出了学习的练习律和效果律，并对思维做出了假设：思维并不是反应，但思维的结果会改变习惯反应层次中习惯强度的组合。尽管这种降低思维的简单假设为后人所质疑，但其实验的开创性还是值得注意的。

（3）格式塔学派。格式塔学派主要以魏特莫（ M. Wertheimer ）为代表。“格式塔”（ gestalt ）是德语的音译，意为“组织成的整体”或“完形”，主要是反对构造主义把心理现象分解为元素的观点。从格式塔的观点来看，感觉、知觉、想象、反射等都不能作为有意义的基本心理学单位，要理解心理现象，必须把刺激作为一个整体系统，其中任何一个部分的改变都可能会影响整体的结果。格式塔学派主要研究知觉和思维问题，认为知觉并不是感觉的相加，人的心理经验不是静止的、离散的表征元素的简单结合，而是由有组织的、相互作用并且相互多重影响的事件的动力场所构成的。通过对黑猩猩的实验和学生解题的观察，格式塔学派认为人脑先天具有一种弥补缺陷的“完形”（也称为“原始智慧”）能力，问题就是完形出现的缺口，解决问题就是思维过程，就是脑中完形的出现，而且问题的解决并不是靠“试错”，而是靠一种突然的“顿悟”，靠一种领会情境的智慧。这种“完形”是先验的，并非依靠后天经验的作用。

（4）行为主义。以美国心理学家华生为代表。这一派否认心理或意识是心理学的研究对象，认为人的行为是由环境刺激决定的，因此根据人的行为可以反推出相应的刺激。思维也是一种行为，只不过是比较隐蔽而已，成人思维的形式是内部的无声言语，是语言器官的一种微弱活动，因此华生认为思维的同义词就是“喉头的习惯”，喉头就是“思维的器官”，语言或思维还以手势、皱眉、耸肩等肢体动作为中介，都只是把人体对外界环境的外显反应象征化而已。其弟子斯金纳还发明了一系列操作性条件反射的行为形成方法，并提出是环境在控制人，通过重新安排对人的控制，就能改善这个世界。后人进一步完善了行为疗法，认为通过操控条件刺激（如电击）就能达到对人行为的矫正，进而也是对思维的改变。

随着认知心理学的快速发展，行为主义的很多观点已经被证明是有缺陷的。人的行为有很大的可塑性，并不完全取决于所受到的刺激。人的行为在很大程度上取决于当时他们相信什么、对情况如何认识、认为种种行为的结果会是什么等等。对于同一图形，不同的人可以从不同的角度得出完全不同的看法。机体对环境的非物理特征作出反应，正是由于人对环境的反应是涉及推理的，这种推理过程可使人形成一个关于外部世界存在着什么的假说。当然，并不是认识中的一切都涉及推理，但对环境刺激的识别确实涉及推理，行为主义的很多实践对思维研究具有重要的参考价值。

（5）反联想的建构主义。反联想的建构主义的主要代表人物是英国剑桥心理学实验室创始人巴特莱特，他坚持剑桥大学重视生物生理学的传统，致力于实验心理学和应用心理学的研究，强调运用自然观察法，注意社会文化对人的心理活动的影响，被称为“英国第一位实验心理学家”。他开展创造性的记忆实验研究，强调记忆过程的主动作用和心理功能的整体性，还最早提出关于“图式”的理论。他认为图式是过去反应与过去经验的主动组织作用，它将个别成分组织成为统一的整体以供人脑记忆使用。巴特莱特还把思维比作技能操作，认为思维和技能均是一系列有指向的整合活动，思维与技能一样，既有节奏性，又有连续的指向性。记忆和思维都是高级心理过程，并非简单的应激反应和机械识记，其中包含了人的主观建构和社会文化环境等诸多因素，具有更广泛的社会学和人类学含义。这种不同于当时盛行的联想主义的观点被一些现代学者认为颇具认知主义气息[①]。

1.3.2　人工智能：思维过程是计算还是联结

智能（intelligence）一词源于拉丁文 legere，本意为“收集”，以后演变为“挑选与形成印象”，现在取其“挑选、了解”的含义。在汉语中，第六版《辞海》把“智能”与“智慧”和“智力”视为同义词，主要指“学习、记忆、思维、认识客观事物和解决实际问题的能力，其核心是思维能力”。

而人工智能（artificial intelligence，AI）的一个比较流行的定义，也是该领域较早的定义，是由麻省理工学院的麦卡锡（J. McCarthy）在 1956 年的达特茅斯会议上提出的：人工智能就是要让机器的行为看起来就像是人所表现出的智能行为一样。但是这个定义似乎忽略了强人工智能的可能性。另一个定义则在更广的范围上指出人工智能是“人造机器所表现出来的智能”。总体来讲，目前对人工智能的定义大多可划分为四类，即机器“像人一样思维”、“像人一样行动”、“理性地思维”和“理性地行动”。因此可以说，人工智能就其本质而言，是对人的思维的信息整合过程的模拟。

这里所说的“思维模拟”，指的是通过编制计算机程序，使计算机能表现出某些类似于人的智能行为。其意义不仅在于让计算机模拟人脑进行思考、推理、学习、规划、设计等思维活动，以解决原来需要人类专家才

---

① Dalgleish T. 2009. The thinking person's emotion theorist: A comment on Bartlett's "feeling, imaging, and thinking". British Journal of Psychology, 100(S1): 199-201.

能处理好的复杂问题，更可以通过计算机程序来解释人类的思维机制，从而更深入地了解人脑的本质。如果说莱布尼茨、帕斯卡尔等人的计算器是机器思维的萌发，那么机器思维真正得以实现则归功于英国科学家图灵（A. Turing）。图灵在 1936 年首先从理论上证明了机器能实现精确的程式化的推理过程，抽象自动机在理论上是可以成立的。由此他提出了图灵机假设，这在当时只是他一篇论文的一个注解，但正是这个不起眼的注解深刻改变了人类的思维方式，它使得人类摆脱熟悉的十进制，转而用机器更容易识别的二进制，大大简化了机器思维所要涉及的操作，把复杂的思维过程具体化为对打孔纸带的编程操作，从而使机器的思维模拟成为现实。图灵机本质上就是由一连串的数字组成的抽象程序所形成的物质形式模型。蒸汽机与电动机的发明都是对人类肢体能力的延伸，而图灵机实现了对人类思维的模拟和再现。二战期间图灵所主导的英国"炸弹机"对德国"恩格玛机"的破解就是早期机器思维之间的对决并且深刻影响人类历史进程的最佳案例，这也是机器思维成为可能的开始。

得益于二战期间的重要贡献，图灵对人工智能的产生和发展有着重要的影响。正是他在 1950 年发表的《计算机与智能》一文吹响了人工智能兴起的号角，创造了多个"第一次"：该文第一次明确提出计算机经程序化后可以表现出与人一样的智能行为，第一次提出了"机器能不能思维"的问题，并首次把数字计算机和人脑做了类比（analogy）。作为其延伸的"图灵测试"至今仍被视作衡量一个机器是否具有智能的重要标准之一。"图灵测试"是图灵提出的关于机器人是否可以思考的一个思想实验，其主要内容是：人类测试员在不知情的情况下面对计算机并用文字和其交谈，如果计算机成功欺骗了测试人员假装成一个真实的人，那么该计算机便被证实"会思考"。后来英国皇家学会将图灵的标准具体化：在一系列时长为 5 分钟的键盘对话中，只要计算机被误认为是人类的比例超过 30%，那么这台计算机就被认为通过了图灵测试。

2014 年 6 月 7 日，来自俄罗斯的团队开发出的名为尤金·古斯特曼（Eugene Goostman）的计算机聊天程序在英国皇家学会举行的"2014 图灵测试"大会上首次通过了图灵测试，这一天也是计算机科学之父图灵逝世 60 周年纪念日。这个聊天程序被描述为"把自己伪装成 13 岁的乌克兰男孩，骗过了超过30%的评测人员”，从而成为首个通过图灵测试的人工系统，当然对此次试验的有效性等一系列问题争议也很大，下文会对此进行专门分析和说明。

计算机之父冯·诺依曼则在1957年逝世前未完成的耶鲁大学西利曼讲座的手稿《计算机和脑》中，也把计算机和人脑进行类比，认为人脑是部分用数字、部分用模拟来操作，但使用的是一种与人造计算机不同的统计语言。他还从逻辑和统计数学角度，讨论了神经系统的刺激—反应和记忆等问题，提出神经系统具有数字部分和模拟部分两方面的特征，尤其注意拿人造计算机和“天然的永动机”（人脑）来做技术比较，提出了许多富有启发性、值得进一步实验和讨论的问题。在1956年的达特茅斯会议上纽厄尔（A. Newell）和西蒙报告了一个被称为“逻辑理论家”的程序（LT），该程序由假设的数学命题出发，一步步从后向前分析，一直到找到最后的数学定理为止。最后LT成功地证明了怀特海和罗素的《数学原理》中的52条定理，是第一个通过计算机模拟人的思维解决问题的程序。西蒙对此曾高兴地声称：我们制造出了可以思维的机器，这种机器不但可以思维，还可以创新。1960年，西蒙与纽厄尔合作，设计出“通用问题解决者”（General Problem Solver，GPS）程序。这是模拟人类问题解决的明确的计算模型，它创造性地对问题解决中的通用机制和与任务有关的机制进行了区分，并提出“手段-目的分析”的方法作为描述人类问题解决行为的主要机制。这套程序可以在适当的算子帮助下解决不同类型的问题，纽厄尔等人研制的SOAR软件直至今日还在被广泛研究。从那时以来，思维模拟研究经历了通用问题解决者、专家系统和机器学习三个阶段，取得了一系列丰富的成果。

正是凭借着人工智能的迅速发展，人们开始通过计算机的原理来反观人类自身的认知机制，对思维的研究也进入了信息加工的解读范式。人脑被视为计算机的处理器和控制器，人的感官可以被视为输入系统，人的行为则是输出系统，人脑是由大约10^{11}个神经元通过10^{14}个突触所构成的超复杂精细结构。每个神经元都具有一定的学习能力，并含有大量与信息储存有关的DNA（脱氧核糖核酸）。在计算主义的人工智能的观点看来，人脑就可以看作至少是由10^{11}个微型计算机和10^{14}个通信网络所组成的巨型信息处理系统。这样，冯·诺依曼的计算机架构便套用在了人身上，思维就是对符号表征或编码的转换和计算。这些编码的语义内容就是我们思维（信念、目标等）的内容。这就是思维的计算主义（把认知等同于计算）的基本观点。由此延伸下去，就产生了强人工智能学派的观点，即认为计算机迟早会具有和人一样或超越人的思维能力，甚至会产生和人一样的情感等。

但是这种乐观的估计的基础在于“认知（思维）的本质就是计算”。这种把思维的本质归结于计算的思路被称为符号主义或计算主义，至今仍是人工智能的一大学派，它认为知识是智能的基础，知识表示、知识推理、知识运用是智能的核心，因而提倡用逻辑推理的方法来模拟人的智能，采用的是“数学推理—启发式算法—专家系统—知识工程”的路线，这也是今天大多数智能系统所采用的基本设计框架。这种方案对于可以符号化表征、可进行数学运算和逻辑推理的问题来说是行之有效的，但对于难以量化表征的经验、常识、情感、意向等思维内容却难以发挥作用。当我们说“计算机能够思维”的时候，我们不仅认为机器具有某些思维的人的属性，同时也认为人作为思维者也具有机器的某些属性，计算机隐喻使人们用计算机的属性来描述人心，把人的认知比作机器的计算，同时也把人脑的思维过程理解为计算机的算法过程。但这种预设是正确的吗？塞尔的“中文屋论证”就提供了一个很好的反例，因为机器处理的是“信息”，它并不会“理解”。虽然在许多计算中计算机远胜于人类，但人是具有情感、意向性和创造性的，人处理的并不只是没有任何感情色彩的符号，符号需要人进行内部表征，正是人认为符号是什么，并提供给符号以语义解释，才使得符号成为有意义的思维要素。人类思维的主体是人，所处理的信息都对主体具有一定的意义和价值，这些因素都要参与到思维活动的控制过程当中，因此思维是必然具有涉身性和意向性的。机器并不具备人类的生物性和意向性，它所处理的只是信息，并不存在主体性的意义和价值内涵。因此，把思维过程理解为符号的运算本身就只是一种可能性的解释，而不是思维本身的全部含义。思维同意识一样，其最重要的特征应该是创造性，而不是可计算性，尽管其有计算的一面。真正创造性的思维并不是完全自由的想象，必然受到一些模型或现象的约束，因此这种想象是一种意向性的想象，其信息来源是不可能被直接观察到的对象自身。

即使对于可计算的问题，数理计算体系理论上也不可能单纯凭借计算机算力的提升来解决所有问题。在认知语言学家乔治·莱考夫（George Lakoff）和南兹（R. Nunez）看来，数学就是隐喻，数学也是人的心灵的产物。它源于我们自身，是我们大脑思维能力的产物，也是我们的身体属性，是我们的进化、环境以及我们长期的社会和文化历史的产物。

数学的公理化定义其实只是同义反复和重复举例，其含义所对应的都是个体化的解读经验体验，之所以 1+1=2，更多地是源于社会文化的同化作用，使得日常经验拥有了高度的共同感，其本质更像是一种共识，而不是客观世界的原貌。即便如此，再严谨的数学证明也不可能越过形式逻辑的约束。20 世纪数理逻辑最重要的三大定理就是哥德尔不完备性定理、塔斯基不可定义定理和图灵机停机问题不可判定性定理。它们分别表达了数学形式证明能力的局限性、形式语言表达能力的局限性和机器计算能力的局限性。如果说作为现代科学基石的数学本身都存在合法性危机，那么依赖于演绎推理的科学理论是否能完美反映出外在世界的本质，就成了一个值得认真反思的哲学问题。基于哥德尔不完备性定理，没有一个演绎推理系统能够回答所有利用该系统的语言所描述的问题。在任何包含初等数论的形式系统中，都必定存在一个不可判定命题。每一个逻辑系统都是不完备的，数学和逻辑都是不完备的，因此自然科学也是不完备的——其表现就是存在着很多不可解的科学难题以及一些否定性的科学结论。这带给我们的启示就是，并不是每一个问题都可以求解，一个问题没能求解，并不是因为人们没有找到求解它的方法，而是这个问题的本性所致，即使未来人类思维更加发达，技术更加先进，仍然会有大量问题无法求解。相反地，即使理论上可以解决的问题，也并不一定可以现实地解决，任何问题的解决都需要在特定的时空范围内，基于一定的物理基础（无论是硅片计算机还是人脑）才有可能，正是如此任何基于此的计算和思维必然也存在一个基本的物理极限。所以，作为认知主体的人类其认识能力终归是有限的，而作为认知客体的对象事实上是无限的，即使将人类作为整体大大减少其认识能力的时空局限性，人类的主体认识无限性还是远远小于有待于人类去认识的客体的无限性。因此，人类总有着永远无法穷尽的知识，世界总存在着不被人类所认知的对象，人类永远不会成为全知全能的上帝。这并非否认人类认识的无限性，只不过是更清醒地认识到这种“无限性”不是无条件的，它只是一种递归无限性，作为认知客体的对象的无限性才是非递归的、真正意义上的“无限性”。

由此，不完备性出现了一个循环论证：根据人的认知的不完备性可以推论出科学的不完备性，另一方面科学的不完备性又反过来证明了人的认知的不完备性。客观地说，这也是符合真实状况的。不完备的人所创造的科学，自然也是不完备的。人类认知的不完备性也通过自身的创造物得到了体现，自己的创造物正是反观自己的最好镜面。

因此，就有了与计算主义不同的另一条思维模拟路径，即联结主义，主张人的思维绝不仅仅是计算，仅靠算力的堆砌不可能使计算机实现本质的突破，应该转向模拟人类大脑的运行模式，这才有可能产生真正的“智能”。1943 年，麦卡洛克（W. McCulloch）和皮茨（W. Pitts）提出了神经网络和数学模型——MP 模型，提出了神经元的形式化数学描述和网络结构方法，并从理论上论证了单个神经元可以执行逻辑功能，从而开创了人工神经网络研究的时代，也标志着联结主义的开端。1949 年赫伯（D. O. Hebb）提出了著名的赫伯学习定律，即当两个相联结的神经元同时兴奋时，它们之间的联结强度会增强。1982 年，霍普菲尔德（J. Hopfield）提出了一种具有联想记忆能力的新型神经网络，后被称为霍普菲尔德神经网络模型，他引入了“计算能量”概念，并给出了网络稳定性判断。1986 年亨顿（G. Hinton）、罗姆哈特（D. Rumelhart）和麦克利兰（J. Mclelland）重新提出了反向传播算法（即 BP 算法），指出了学习过程是由信号的正向传播与误差的反向传播两个过程组成的，第一次从理论和工程上提出学习是“模式顺传播—误差逆传播—记忆训练—学习收敛”这样一个过程，为机器学习奠定了基础。最终，亨顿在 2006 年提出了深度置信网络（deep belief networks），标志着深度学习（deep learning）的开端，此后历经十年磨砺，谷歌旗下的 DeepMind 公司终于在 2016 年祭出了基于深度学习的智能围棋程序 AlphaGo，一战成名，惊艳世人。

联结主义的人工智能对于人的思维模拟大致沿着两条道路进行：一是结构模拟，仿照人脑的结构机制，制造出“类人脑”的机器；二是功能模拟，暂时撇开人脑的内部结构，而从其功能过程进行模拟。现代电子计算机的产生便是对人脑思维功能的模拟，是对人脑思维的信息整合过程的模拟。正是得益于这一技术，我们才可以借由计算机的信息处理机制和过程，来反观人脑的思维过程，由此通过“计算机隐喻”来对人的思维过程作出新的合理化解释。可以说，联结主义的理论主张与人类智能比较接近，旨在通过无监督学习来产生类智能体。但它也面临着基本理论基础不牢的尴尬：首先是我们目前对于人脑的研究仍很不充分，连最基本的问题——人脑中信息是如何传递和存储的都没有搞清楚，遑论人脑究竟如何产生意识、更高级的思维是如何综合的。其次是脑与神经科学更多关注点在于人的意识，但意识真能够被还原为神经元之间的传导吗？仅靠神经元的传导和动作是不是就可以涌现出意识？更何况产生意识与产生智能在本质上还是存在差别的，类智能体不代表类意识体。最后是基于人脑模拟的联结主义发展到今天已经遇到了诸多难以逾越的障碍，特别是对人脑与机器进行关联研究所要面临的诸多社会文化和伦理道德的限制。这些都给方兴未艾的联结主义热潮蒙上了一层不确定的色彩。

总之，人工智能并非简单的拟人工程学科，随着众多模拟人类各方面机能的机器人的问世，近年来其研究焦点越来越集中于如何使得机器能真正具有人类的思维方式，从而实现机器的自主创造性思维能力的塑造与提升，甚至机器能否以及如何具有人类一样的情感。围绕这一问题的不同答案，塞尔将人工智能归结为“强人工智能”和“弱人工智能”两大派，强人工智能认为计算机不仅仅是用来研究人的思维的一种工具，相反，只要运行适当的程序，计算机本身就是有思维的。而弱人工智能则认为计算机无论如何是不可能有思维的，计算机有的只是程序的运行和计算。塞尔还把相关讨论提升到了哲学认识论的高度，提出了“计算机能否思维”的哲学命题和“中文屋论证”，充分体现了哲学的反思性，也引发了人工智能研究的反思思潮。“强人工智能”在技术进步放缓的背景下也受到了很多的质疑与批评。逻辑是串行传递信息的基础规则。句法（syntax）和语法是语言表达的约定。但逻辑和数学都只是用来准确交流的工具，通过逻辑推理和数学计算本身，都不会产生新的内容。能产生意义的是人类的日常语言，这是认知的必经途径。

1.3.3 语言学：思维方式主要是“隐喻”

语言学（linguistics）以人类语言为研究对象，探索范围包括语言的性质、功能、结构、运用和历史发展，以及与语言有关的其他问题。语言学被普遍定义为对语言的一种科学化、系统化的理论研究。“隐喻”（metaphor）一词源于希腊语 metaphora，表示由此及彼的跨越之意，也含有“带入……之后”的意思。从狭义上讲，隐喻指的是语言中以事物 x 的名称指称 y 事物。从广义上讲，隐喻则可以指概念化以及再概念化的过程本身，也是在这个意义上，隐喻应当是语形、语义和语用综合作用的系统趋向，而不是纯先验的东西。

语言被公认为是人类最重要的交际工具，也是人类思维的直接体现。而无论是口头语言还是书面语言，人们的日常语言都充满了大量的隐喻，离开这些隐喻将无法构成完整的语境，也就失去了语言所能表达的意义。黑格尔在论述语言与隐喻的关系时指出：“每种语言本身就已经包含无数的隐喻。它们的本意是涉及感性事物的，后来引申到精神事物上去。……但是这种字久了，逐渐失去隐喻的性质，成为了习惯，引申义也就成了本义，意义与意象在娴熟运用之中不再区分，意象就不再使人想起一个具体的感性观照对象，而直接想到它的抽象意义。”[①]在人类实际生活和交往过程中，隐喻是普遍存在的。隐喻不仅是一种修辞手法，更是一种思维方式，人类正是凭借隐喻才构建起了最初的知识体系和精神世界。逻辑经验主义失败的一个重要原因，就是忽视了生活中的现实隐喻语言，而以语言形式表达出来的思维大都是隐喻性的，隐喻的本质是创造性和开放性的。如果把意义转化看作隐喻的本质内涵，那么无论是口头的语音（phonology）还是书面的文字，都可以看作是一种修辞格形式的隐喻语言，这体现了隐喻的有形性。更深层次的，则是隐藏在这种交流形式之后的、作为人类语言表达基本模式的隐喻思维。语言是思维的直接现实，隐喻语言自然也是隐喻思维的直接现实。所以语言学家约翰逊（M. Johnson）就深刻指出，我们对隐喻的审视是经由基本逻辑的、认识论的和本体论的问题，这是我

① 转引自郭贵春. 2007. 隐喻、修辞与科学解释. 北京：科学出版社：11.

们深入对人类经验的任何哲学理解最有效的方式之一。这就要求我们要运用语境分析方法，来对当代意义理论进行认知分析，揭示出语用外衣下意义和意向在当代意义理论中的融合走向，而心理认知与语境分析方法的结合也已成为认知哲学自身发展的必然趋势。以意向分析为典型代表的心理学方法在科学和哲学中越来越凸显出其重要的认识论和方法论价值。

从进化角度而言，自我表达和发放信号是人类和动物表达所共有的两种功能。动物的求偶表达和警告表达，更多地是对环境的适应性反应以及满足基本的生存需要。人类语言相比而言还有两个更高级的功能：描述功能和论证功能。描述功能就是复杂符号表示的功能，人类能够用多种形式的语言（包括语音、手势等肢体动作，特别是文字符号）来描述外部世界以及内心状态，或者用命题的形式来建构一个内心世界。同时也正是因为人类语言具有描述功能，语言就存在着真假问题。正如波兰哲学家塔斯基所说，“雪是白的”是真的，当且仅当雪是白的时。“雪是白的”这个命题就是人类对外在世界的一种描述，其成立的唯一条件就是语言描述符合外在世界本身。人类的语言不仅可以对现实世界作出真的描述，同样可以作出虚假的描述，甚至能故意偏离事实，进行虚构或幻想，这也可以看作是人类对“可能世界”的另一种描述，而且正是因为这种能力人们才拥有了“创造力”。创造一个世界首先必须在创造者心中描述一个世界，富有创造力的人也是善于构建和描述“可能世界”的人。论证功能是以描述功能为基础的，因为当一个命题在描述世界的某一方面特征时，它实际上是在做出某种断言。“雪是白的”不仅是对“雪”这一事物颜色的描述，同时也是对“雪”的颜色属性所作出的断言。语言的论证功能对语言所描述的东西有一个正反馈或负反馈的作用，特别是负反馈作用，我们通常称之为语言的批判功能。通过批判人们能达到对客观事物的正确认识，使我们的内心世界和外在世界相符合，因此可以说，没有语言的批判，就没有科学和文化。语言的描述和论证功能一方面意味着人类拥有巨大的创造力，另一方面也意味着人类拥有巨大的破坏力。但整体而言，语言所发挥的最重要功能，不仅在于它能使我们获得和保留我们自己的个人经验信息，还能使我们获取过去和现在其他语言使用者的经验所积累的信息，使我们的思维可以超出个人经验的局限，从而能够在前人已有思维成果的基础上更进一步。

语言学的认知转向始于乔姆斯基（A. N. Chomsky）的“生成语法”。1959年，当时还是麻省理工学院一位普通青年语言学家的乔姆斯基就对当时盛行的行为主义语言学观点进行了尖锐批评，主张语言研究不能脱离人的感官感知和心理反应，由此引发了语言学革命，建立了心理语言学。他一方面与行为主义心理学决裂，另一方面与语言学中的经验主义决裂，其研究重点放在研究语言的能力上。他认为人类只有一种天赋的内在语言能力，强调语言的创造性。他主张研究句法的目的在于弄清楚人类内心某些最普遍的特征，试图用他的理论把语法、语义、语音三者结合起来。在乔姆斯基看来，语言有两个层次：表层结构和深层结构。他认为人类内心先验地具有一种创造和理解语言深层结构的能力，这种能力在无意识中支配着人们的语言行为，因此人们才不自觉地按照语言的深层结构，来创造语句交流思想。乔姆斯基认为，人脑中有一种特殊的神经结构——语言获得装置，这是一种由遗传决定的结构，具有“预成知识”，能够识别名词短语或动词短语所代表的事物和动作。这种语言获得装置是高度特化的进化产物，使人能感知句子中的深层结构。这种深层结构就是构成事物与动作之间潜在联系的普遍语法。普遍语法是所有人类语言语法的基础。

乔姆斯基的卓越贡献就在于不只是把语言看成是思维的外显表现，而是认为语言本身就是心智活动的表现，语言机制本身就是心智机制的重要组成部分，也是大脑的组成部分，人之所以能使用语言，就在于人自出生之后人脑所呈现出的特定物质状态，语言是后天经验作用于人脑先天遗传属性的结果，对人类语言的研究的本质就是对人类大脑认知的研究。按照乔姆斯基的观点，语言学其实应当作为认知心理学的一个分支，两者的共性都在于不懈探寻着人类思维的过程和结果究竟是什么。这也得到了神经科学证据的支持，通过对各个年龄段的双胞胎的纵向研究来证实遗传和环境都影响了认知能力的形成和发展，共性是遗传的作用会随着年龄的增长而加大，环境的作用则主要体现在非共同环境因素上。遗传和环境并不是简单的叠加，而是呈现出一种交互作用，遗传会影响人们对环境的选择，而选择的环境又会影响遗传的表达。因此，可以认为遗传和环境共同作用于人类的大脑并影响其感觉、注意、记忆、思维等心理活动，语言的习得与发展也的确是心智成长的过程。

作为语言学和认知科学的交叉产物，认知语言学所研究的“认知”是一个广义的概念，既包括感知觉、知识表征、概念形成和范畴化，也包括人的大脑对客观世界及其关系进行处理和表达的全部过程，其实这就是对人思维过程的语言学研究。不过相较过程而言认知语言学更重视结果，它并不着重于研究人认识事物的过程（这主要是认知心理学的任务），而是注重研究认识事物的结果——认知结构（也可以视为思维结构），尤其是人如何对认识世界的经验进行组织，形成有意义的概念并通过一定的手段表达出来。正如英国当代著名哲学家达米特（M. Dummett）所言，意义理论应当是一种理解理论，即“意义理论必须说明当一个人知道一种语言（知道表达的意义和语言的句子）时他知道了什么”[①]。精通某个文本，就像精通一首诗一样，常常意味着逐字逐句地记住它。你懂得“床前明月光”这句诗，常常意味着逐字逐句地记住了它，并能准确回忆起下一句是“疑是地上霜”。在这里，我们用语词内化了意义，并且这个意义成为我们的意识的一部分，其结果是这种引述可以表明你是一个受过教育的人。作为书面文化的成员，我们很容易把我们自己的记忆等同于写在文献中的文字。这就涉及如何去理解隐喻，否则不可能理解其语境的含义。认知语言学从认知的角度研究语言，特别注重认知与语言的关系，认为语言是认知对世界经验进行组织的结果，而认知活动本身不易观察，因此语言就成了观察与研究认知的一个最好窗口，对语言的认知科学研究也就成为对人类思维研究的一个有效途径和手段。

正是这种对语言的思维属性的独到见解，乔姆斯基的“mentalism”通常被译为“心智/心灵主义”，强调语言是人类所独有的一种属性，语言是后天经验对人脑先天所具有的属性作用的结果，是位于人类心智中的语言认知系统的状态，是一种心智器官。语言由此不再是一种被人使用的工具，而成为思维本身的一部分。这不仅是语言学的认知转向，更是研究人类思维和智慧的一大转折，语言不仅仅是思维的工具，它本身就是思维。由此，语言学不再是仅仅研究语言符号与句法用法，转而开始关注大脑中关于语

---

① Dummett M. 1993. The Seas of Language. Oxford: Oxford University Press: 3.

言能力系统的知识结构如何形成与作用，开始研究大脑中语言能力的物质基础和生理表现以及人如何使用语言进行思维交流，从而正式开启了语言学的认知转向。

认知语言学的另一位奠基人莱考夫则通过对认知过程中的语言进行细分发现，“隐喻”（metaphor）是人类日常语言活动中的最基本的认知能力，提出控制语言就控制了思维，由此引发了以“体验哲学”为基础的“具身认知”的兴起与壮大，其核心观点就是以往被人们视为客观形式的语词和句子所蕴含的语义不只是单纯的真值条件，也是人的主观状态和客观状况的结合，人的语言能力并不是一种独立的能力，而跟人的一般认知能力（尤其是思维能力）紧密相关。莱考夫关于思维的主要观点可以概括为：①人的语言能力并不是一种独立的能力，而跟人的一般认知能力（尤其是思维能力）紧密相关；②语词或句子的语义不仅仅是客观的真值条件，而是人的主观状态和客观状况的结合，研究语义必须要涉及人的主观看法或心理因素；③作为人类思维表征载体的语言，在具有一些共通性的同时，不同民族及文化背景的认知特点对语言表达有着巨大的影响，反过来语言的习得与传播又会对人的思维产生影响。如自从尼克松 1972 年的水门事件（Watergate Scandal）之后，各种各样引起广泛关注的公共事件都被冠以“某某门”事件，如“伊朗门”“棱镜门”等，这些事件并没有共同本质特征，但是媒体和大众已经习惯通过这种相类似的隐喻来对公共事件进行贴标签式的认知。

在认知语言学看来，思维离开了语言无法存在，没有语言的思维只能是混沌的意识或初级的知觉。缺失了语言的大脑皮层特别是前额皮层系统将处于空闲无用的状态，人脑的思维能力是和一直运行的语言（包括默语）密切相关的，语言是人脑进行信息输入和输出的关键翻译性媒介。没有语言的大脑，能使世界概念化的前额皮层也不过如同模特身上的服装一样只是摆设，不能成为思维的器官。正如乔姆斯基所强调的，认知语言学就是把语言看作心灵的一部分，语言是以大脑活动的方式或结构所表征出来的，因此对语言的研究本质上就是对大脑的研究①。

① 黄和斌. 2002. 从认知观看转换语法理论. 外国语：上海外国语大学学报，（3）：37-43.

因此，语言作为人类思维表征的主要载体与形式，和民族文化背景等社会认知因素有着密切关系，因此语义理解必须要考虑到人的主观看法与心理背景因素。隐喻在认知科学中被界定为从源域（source domain）向靶域（target domain）进行映射的过程和结果，它不仅属于语言，也属于思想、活动和行为。源域向靶域的映射基础是相似原则。人们天然具有一种把相同或相似的东西归为一类的能力，这意味着可以把类似的事物进行比喻来达到快速有效的理解，这种能力对语言的形成与发展至关重要。我们绝大多数的概念都是通过实体隐喻（ontological metaphor）、方位隐喻（orientational metaphor）和结构隐喻（structural metaphor）建构起来的，因此也可以说我们的整个概念体系本身就是隐喻式的。隐喻从本质上说是我们认识世界的一种重要认知方式，在我们形成概念、范畴和推理的过程中发挥着关键作用。

第2章 思维的认知探求：三重维度与整合

经历了哲学史对思维的各种本体论思辨与猜想之后，对思维的研究进入了近代科学的观察实验范式。特别是20世纪50～70年代认知革命兴起后，各门新兴具体学科（如认知心理学、认知神经科学、人工智能科学、认知语言学等）对思维的具体过程和细节研究取得了丰硕的成果。正是在这些具体学科对思维内容和过程进行越来越细致研究的基础上，思维开始从一个抽象的概念名词逐渐被细分、拆解，并由此产生了对其内容和过程的层级划分标准。

著名认知科学家皮利辛把认知科学的说明原理分为三个层次：生物学层次（物理学层次）、功能层次（表示层次）和意向层次（语义层次）。纽厄尔则称之为设计层次、符号层次和知识层次。在本书的讨论范畴内，广义的“认知”与广义的“思维”的内涵和外延都有着高度的相似和重合，因此，我们也可以按照这种分层方式，把对思维的说明原理划分为三个层次。通过将这两种分析范式综合来考察，则可以把认知科学对思维的研究进行三个维度的层次划分：模拟维度（人工智能）、表征维度（认知语言学）和动力维度（认知心理学）。之所以如此划分，是基于对思维进行动力过程分析和形式内容研究的需要。

从物质形态来看，思维的基础首先是人脑，其次则是作为人脑支持与保障的人体。对人类思维的研究首先应该是对人脑和人体的功能性研究，思维的模拟维度正是从结构模拟和功能模拟两个角度出发，旨在通过对人类思维的模拟来实现人工智能的发展与突破，同时在人脑研究暂时难以取得重大突破的现状下，通过人造机器来模拟人类思维的尝试将对反观人类真实思维过程有着重要的参考价值。

从动力过程来看，思维的直接动力是主体的情感体验。首先，从人的发育历程来看，情感是婴儿早期适应生存的必要心理工具，特别是母婴配对的生活与交往方式构成了灵长类动物交往关系的生理-心理基础。婴儿或儿童的学习一定是从情绪的学习和控制开始的，其中母婴依恋是最主要的桥梁。情感的发育和学习构成了我们意识和记忆的起点，并且它直接关乎主体未来的兴趣和发展方向的选择，这些都对思维的形成和发展有着根本的影响。认知神经科学和心理学都已验证，情感与理性相比是通过另一种不同的双通路来进行快速传导的，旨在提出情感相较于理性具有神经学上的优先反应性质和通路，情感的快速反应能力也不是简单的应激反应，而是综合了更多的知觉要素和社会文化语境因素，因此才提出情感是思维的最直接动力。

从表征形式来说，思维的最主要外显形式无疑是语言。大量认知语言学研究表明，人的思维主要是通过语言（包括默语）来进行表征（包括内表征与外表征）的。尽管逻辑上可以认为确实存在无语言的思维，但这种纯粹内化的、无法与他人交流的“思维”并没有真正的认知价值。而无论何种语言，尽管日常语言中有着大量的明言、直言，隐喻却是大量存在于口头和书面语言之中的。曾有学者统计，我们的语言中约有 70%是各种各样的隐喻。并且随着语言学的认知转向，乔姆斯基“转换生成语法”和莱考夫“认知隐喻学”的兴起，“思维的隐喻性”正式成为以体验哲学为基础的具身认知的代表性观点。它改变了传统哲学观把隐喻仅仅看作是一种文学性的修辞手段，是脱离了词语正确使用的临时措施，转而挖掘隐喻的巨大认知作用，并将其上升到了人的一种生存方式。正是这些广泛存在于我们的思维之中的隐喻，才帮助我们更快更好地认知世界和思考自身，才成为我们“赖以生存的隐喻”。因此，将隐喻思维作为一种主要的语言表征和思维方式也就顺理成章。

综上所述，与思维的三重认知维度相对应的三种思维架构——机器思维、隐喻思维和情感思维的层级和维度对应关系可用图 2-1 来表示。

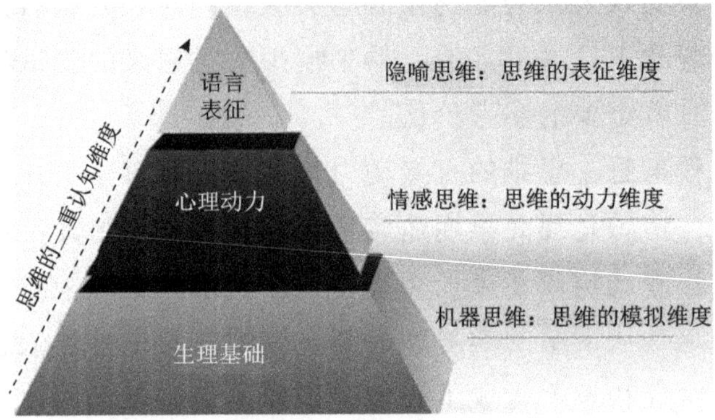

图 2-1 思维的三重认知维度划分图

这三重维度的划分与递进层级基本上涵盖了思维过程中的主要因素，包括生理物理基础（脑与神经科学）、心理基础（尤其是记忆）、语言表征、情感动力，以及思维研究的应用层面——思维模拟（人工智能）及其未来发展趋势。它既包括了对传统“理智思维”的分析，也含有对“非理智思维”特别是情感思维的研究。这是一种跨越多个学科的思维融贯论，试图融合不同学科对思维的跨领域研究成果，贯通个体心理与社会文化之间的思维共性，以求能达到对思维的全方位、全过程的立体化认识。

2.1 隐喻思维：思维的表征维度

认知语言学视野中的“认知”是一个广义的概念，既包括感知觉、知识表征、概念形成和范畴化，也包括人的大脑对客观世界及其关系进行处理和表达的全部过程，其实这就是对人思维过程的语言学研究，其重点就在于研究人类的思维结构，尤其是人如何对认识世界的经验进行组织，形成有意义的概念并通过何种手段表达出来——表征（representation）。由此，思维不仅是我们大脑所进行的一系列活动，还需要通过多种形式来进行内部和外部表征，因而有学者把思维看作是我们知识的心理表征系统，其内容和目的在于描述真实或可能世界的状态。因为人们总是倾向于相信思维是一种决定、推理或概念化的过程，是一种有目的的计划，同时也是某种形式的回忆[①]。在我们看来，推理和解释本身就是一种表征关系，只是形式不同罢了。

这其中最为重要的手段，就是语言。正如维特根斯坦所言，语言的界限其实就是生活的界限。在这个过程中，语言发挥着重要作用。语言不仅是人们进行思想交流的手段，也是人类进行思维的主要工具。思维和语言的关系是复杂的，尽管逻辑上可以认为语言并不是思维成功的充分条件，不过没有语言的思维在认知上是没有什么价值的。人通过语言可以表述抽象的概念和理论，语言思维的内容和形式的丰富性、复杂性是非语言思维所不能企及的。抛开语言的社会交往功能不谈，就个体思维而言，语言可以使人在内心展开丰富的内容复述，并用来保持其注意，以便能按照认知等级系统来组织更多的信息。没有语言的思维和有语言的思维之间的区别，就如同古代手工计算和现代计算机运算之间的区别。因此才有学者提出“思维活动可以是内在的，但完全的内在性如果不能被谈论或者交流，那么这种思维对我们来说毫无用处”[②]。思维包含反映内容和反映过程两方面，也就是“想什么”和“怎么想”。认知心理学的重点是研究反映过程，即在思维活动中人是“怎么想”的，从而达到问题解决的目的。思维活动是由一系列复杂的认知操作构成的，包括分析、综合、比较、抽象、概括等。在思维过程中，人通过这些操作对反映事物外部特征的感知觉材料进行加工，并通过概念、判断、推理等思维形式把握和揭示事物的本质特征和内部规律。思维基本包括概念、判断和推理三种形式。概念是人脑反映客观事物本质特征的思维形式；判断是经过分析与综合、抽象与概括而对事物的特性或联系进行肯定或否定的思维形式；推理是由具体事物归纳出一般规律，或根据已有的判断推出新的结论的思维形式。这三种形式中概念是思维得以进行的基本因素，而概念则是借助逻辑思维来表示的。逻辑思维的抽象性和概括性、语法规则性等特质决定了语言最适合充当人类思维的工

---

① Holyoak K J, Morrison R G. 2005. Thinking and Reasoning: A Reader’s Guide. Cambridge: Cambridge University Press: 2.

② J. R. 卡比，J. R. 古德帕斯特. 2011. 思维——批判性和创造性思维的跨学科研究. 韩广忠译. 北京：中国人民大学出版社：6.

具，从而使人的思维活动得以更有效地进行[①]。

正如马克思和恩格斯在《德意志意识形态》中说过的，语言是思想的直接现实。对语言和思维的关系考察首先应该考察这两者之间的物质形态关系。如前所述，认知语言学从认知的角度研究语言，特别注重认知与语言的关系，认为语言是人们对世界经验进行组织的结果，而认知活动本身不易观察，因此语言就成了观察与研究认知的一个最好窗口，对语言的认知科学研究也就成为对人类思维研究的一个有效途径和手段。也正是基于以上论断，我们才认为，隐喻不仅是一种普遍存在的语言现象，也是最为有效的表征手段，更是人类对客观世界的一种基本认知方式，才能说：依赖于语言的隐喻是思维最重要的表征维度。

2.1.1 语言的脑科学基础

首先，我们这里所说的"语言"仅指人类的语言，也就是狭义的语言，或字词语言。动物之间的声音符号交流一般认为只能称之为"信号"，二者的区别在于动物的信号是整体性的，是一种整体情境的交流，而人类的语言由意义单位（音位）组成，人类的语句是有内部结构的，是由细小的成分组合而成的。[②]就人类而言，思维和语言的使用是紧密关联的，词语和感觉形象（即意象）是相似的，两者都充当了指示其他某种事物的信号，但要想通过意象进行交流，就必须使它自己用言词来表达。词语可以在其一般意义上表明一种情境的质与关系的特征。人类语言和人类思维一样，具有独特性，而这种独特性必然与人脑的特性息息相关。

人类中枢神经系统中约有1000亿个神经元,每一个神经元都会以动作电位的短脉冲形式沿着轴突和其他约1000个神经元进行信息传递,神经元之间构成各种功能特异的神经环路,通过各种神经递质及其受体传递信息,产生心理活动和控制行为。正是这些联结的相互作用才产生了人所特有的能力，即知觉、学习、记忆、推理、语言以及某种意义上的意识，而这些认知能力的综合才能产生有认知意义的思维，其整个传播过程和速率都要

① 王小燕. 2003. 科学思维与科学方法论. 广州：华南理工大学出版社：3.

② 陈嘉映. 2003. 语言哲学. 北京：北京大学出版社：388.

受到神经递质的调节和控制。因此，在一些神经科学家看来，人类的记忆、想象、思维等高级智力活动都可以还原成脑与神经网络系统中的信号。目前广为认可的脑科学研究显示，语言加工确实优先位于大脑左侧，主要包括前额叶区域（主要是布罗卡区）和颞叶区域（主要是威尔尼克区）以及部分顶叶区域（缘上回和角回），其具体脑区分布示意图如图 2-2 所示。

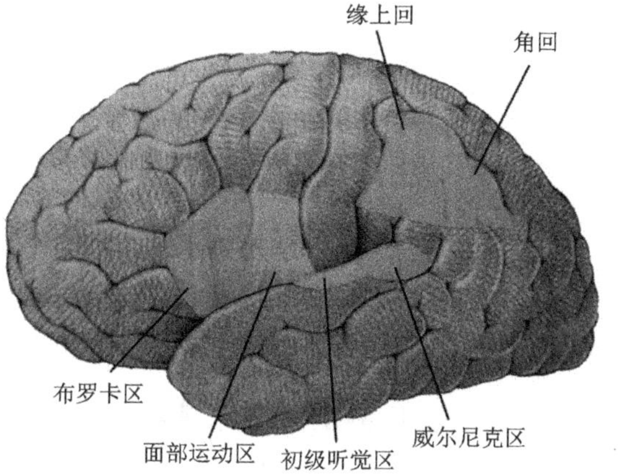

图 2-2　大脑分区图

资料来源：约翰·安德森. 2012. 认知心理学及其启示（第 7 版）. 秦裕林，程瑶，周海燕，等译. 北京：人民邮电出版社：345

其中，同语言关系最密切的是布罗卡区和威尔尼克区，这两个区域如果受损会导致严重的失语症。布罗卡区受损的患者基本无法正常讲话（但可以理解别人说的话），威尔尼克区受损的患者则无法理解他人的话语，并且所说出的话都是一些无意义的声音、词或不合语法的句子。前额叶区域主要加工图片与句子等与意义有关的信息，左前额叶与语言材料加工有关，右前额叶与视觉材料加工有关。后部脑区则主要负责表征一般类别的概念，主要包括颞叶、顶叶和枕叶皮层。虽然大量语言功能受损的患者案例表明左侧脑区对语言加工至关重要，但这两者之间或许并不是简单的对应关系。因为令人费解的是，并非所有的上述脑区受损的患者的语言能力一定会呈现出一致的损坏，其表现可能各不相同。这似乎说明人脑对于语言的理解并不是单纯语义的，当人们理解一个句子的时候，实际上他们往往是对句子做出了知觉解释，并且似乎总是会包含一定的知觉细节，这被称为语言理解中的“知觉符号假说”，意在表明人脑似乎存在一种代偿机制来用知觉的发展弥补可能出现的语言脑区功能损害，验证这一观点则需要对更多的失语症患者进行更细致的分析。我们对语言的理解通常依赖于语言所隐含的动作。功能性磁共振成像（functional magnetic resonance imaging，fMRI）的扫描结果也显示，当我们听某一个单词的时候，我们与之相关的大脑皮层往往有较强的激活。

当然，大脑对于外来符号信息的输入也不是无条件地接收，在存储记忆的同时必然会对某些信息进行过滤乃至遗忘。这就需要对记忆予以认知控制，进行选择性记忆。通常而言，我们会对与情绪有关的刺激记得更好，比如，你更容易记住让你特别伤心或开心的事，而不是平淡无奇的事。对语词的记忆同样，带有明显情感表示的语词（特别是表示悲伤的词和恐怖的词）更容易被记住和唤醒。通过对脑区激活与记忆成绩之间的关系研究发现，在编码记忆的条件下，情绪词的记忆成绩与左侧额中回、左侧额下回的激活正相关，说明左侧脑区激活越强，情绪词的记忆成绩越好，显示了左侧脑区在编码记忆中的作用。而在抑制记忆的条件下，情绪词的记忆成绩与右侧额中回的激活负相关，说明右侧脑区激活越强，情绪词的记忆成绩越差，显示了右侧脑区在抑制记忆中的作用。

保留在大脑记忆中的细节的流逝是惊人的，但意义可以保持很久。遗忘都是选择性的，我们倾向于记住那些最有意义或最有用的要点，而去遗忘那些并不重要或没有用处的细节。在人脑对语言信息进行加工以后，人们通常只是记住了它的意义而不会记住确切的语言表述。对视觉信息的加工也是如此，人们对图片的记忆也倾向于记住图片的某种意义解释而不是图片本身。而对于语言信息及其转换表象的存储与表征方式，帕维奥（A. Pavivio）曾提出“双重编码理论”（Dual-code Theory）来进行解释：我们对知觉信息的表征主要依靠语言和视觉编码，而不是抽象的命题表征。我们听到一个句子（命题）的时候，大脑就产生关于这个句子（命题）所描述内容的表象。我们更可能记住这个产生的视觉表象而不是语言，保存于我们大脑中的是句子的内容而不是其语词。当然，这并不是说我们对于句子的语词记忆能力不强，而是说我们在不同情境中记住语词还是表象取决于我们对语言表征或视觉表征的关注度有所不同。当我们的注意力更倾向于语言措辞的时候，对语言的记忆效果就显著提高。双重编码理论认为言语和想象的两个相互联系的记忆系统平行地起作用。左脑受伤的患者不能识别字符串，但能识别出抽象图画；右脑受伤的患者则不能识别图画，但对字符串的识别能力是正常的。一个左脑受伤的日本患者失去了读表音字 kana 的能力，但能读出表意字 kanji。这些结果表明，语言文字的识别记忆系统和视觉表象的识别记忆系统在功能上和空间上都是有区别的，视觉表象主要定位于右脑，语言文字主要定位于左脑。[①]具体而言，就是大脑左侧前额皮层在编码记忆、右侧前额皮层在抑制记忆中发挥不同的作用，并且这些脑区的激活水平与个体的认知控制能力有关，认知控制能力（主要表现为选择性记忆力）越好，相关脑区的激活也就越强，这种效应在对带有情感色彩语词的记忆方面更加明显。

而近年来认知神经科学的最新研究则提出了数字的“三重编码假设”。三重编码理论认为人对三种信息进行加工：视觉-空间（类图像-意象）信息、言语-序列信息和抽象-命题信息。如果能在这三种不同编码之间进行互译，就会具有强大的生存发展优势。不过尽管思维是一种更为高级和综合的编码体系，但它并不能完全取代意象方法。思维与意象相比，失去了一些主动的、鲜明的和多样性的东西。思维的优势工具是言词，不仅由于言词是社会性的，而且由于在使用言词时必然排成序列，比起意象言词更容易降至习惯反应。言词的习俗是社会的，对所有的人来说都是一样的，而且个人特性化的程度要低得多[②]。

目前我们可以肯定的是，人脑的结构与语言密切相关，语言加工确实更倾向于在左脑进行。大脑的生物学语言是生物电，同时大脑还具有心理学语言——表象（包括概念性表象与形象性表象）。其中，左脑以听觉表象的抽象（逻辑）思维功能最为突出，右脑以视觉表象的形象思维功能最为突出；纵向来看，前额叶的抽象思维功能最突出，颞叶和枕叶的形象思维功能最突出。经调查发现大约 92%的人是右利手，这些人的语言加工区域基本上都位于大脑的左半球，在剩余的 8%的左利手人中，约有一半的

---

① 邱仁宗. 1993. 当代思维研究新论. 北京：中国社会科学出版社：104.

② 弗雷德里克·C. 巴特莱特. 1998. 记忆：一个实验的与社会的心理学研究. 黎炜译. 杭州：浙江教育出版社：294.

人也采用左半球来加工语言信息[①]。因此，可以说 96%的人都用大脑的左半球来进行语言加工，大脑左侧是语言加工的最优选位置，其脑区主要包括前额叶区、颞叶区和顶叶区域。当然，语言加工脑区也不是必然左脑化的，有些左利手人的语言功能确实位于右脑，还有一些自幼左脑受损的人仍能在右脑对应脑区发展出完整的语言功能，这也许表明右脑或许也有可以发展语言的潜力，只是进化过程中人类更多地选择了左脑而已。

2.1.2 语言的心理学基础

在语言学看来，狭义的人类语言是由一系列基本词汇和特定的语法规则组成的一套复杂符号系统，以语句作为基本表达形式。广义的人类语言除了有声的语音，还可以包括人的表情、手势等肢体动作。因此，我们可以把语言定义为将人的声音和动作有结构地组合以表达某种含义的符号表征系统。语言最基本的特征是规则性和生成性。规则性（regularity）主要指话语、句子以及动作在许多方面都应该是有系统和规则的，不能是完全任意和没有意义指向的；生成性（productivity）则是指任何语言都有通过基本要素的组合来产生趋近无穷话语和句子的能力。以英语为例，英语只有 26 个字母、40 个音素、2 万左右的基本词汇，即可组成近乎无穷的语句来表达无尽的含义。并且，英语语法相对简单，这也得益于英国历史上的民族文化交流与融合。原来的英语是有词性和词格的，在维京人及其文化融入后，英语的词性大为简化，词格也只留下了第三人称单数。其他印欧语系语言，如德语 3 性 4 格外加单复数，变格需要查表，俄语语法中甚至有 6 个格，英语的简洁便利也为其后来伴随殖民扩张而成为世界使用最为广泛的语言奠定了先天基础。如果以中国的汉语为例则更明显，常用的汉字不过 4000 个左右，却同样可以通过排列组合来表达几乎无数的含义，以至于有人认为中文是最高效的语言，并举例说：同样的联合国文件，总是中文最薄；同样的多国语言电器说明书，英语部分翻译成中文厚度减少 1/3。当然，任何语言词语的排列组合是需要按照一定的规则进行的，这种规则

---

① 约翰·安德森. 2012. 认知心理学及其启示（第 7 版）. 秦裕林，程瑶，周海燕，等译. 北京：人民邮电出版社：345.

也就是我们所说的“语法”（grammar）。

一般而言，语言学中的语法主要包含三种类型的规则：句法规则、语义规则和语音规则。句法（syntax）主要涉及单词的顺序和变形；语义（semantics）涉及句子所表达的意义；语音（phonology）则涉及句子的声音结构。[①]语言的生成性和规则性互为平衡并相互作用，共同构成可以保证语言良性运行的规律。语言学的主要任务就是发现这个生成与运行的规律并给出合理的解释。如果考虑单词顺序，就会发现思维结构对语言确实有影响。每一种语言都有一个优先的单词顺序来表达主语（S）、谓语（V）和宾语（O）。英语是 SVO 语。美国语言学家格林伯格（J. Greenberg）曾于 1963 年对世界上多数不同语言样本进行分析，列出了六种可能的主语（S）、谓语（V）和宾语（O）顺序组合，并概括出其在不同语言中使用的频率：SOV，44%；SVO，35%；VSO，19%；VOS，2%；OVS，0%；OSV，0%[②]。

由此不难看出，在人类主要使用的语言中，主语几乎都是在宾语的前面，这一顺序对认知来说非常重要：它意味着我们的认知符合实际发生的行为，动作起始于发动者，再影响到对象。这也说明自然语言的结构也符合我们的认知结构，没有语言会使用 OVS 或 OSV 这种完全背离思维习惯的表述方式。

现代语言学的开创者索绪尔认为，任何语言符号都是由“能指”和“所指”构成的，“能指”指语言的声音形象，“所指”指语言所反映的事物的概念，能指和所指是语言符号的一体两面，不可分割。所指与能指这一对概念的提出旨在消除因为混淆使用而产生的歧义，同时还用一种二元论的方式来表明两者间既彼此对立又与它们所属整体间对立的关系。同时所指与能指之间的联系是具有任意性的，两者之间没有任何内在的、自然的联系。索绪尔的代表作《普通语言学教程》中把语言各项要素之间的关系分为两个层面：第一个层面是组合或句段层面，指语言符号在空间中的一

---

① 约翰·安德森. 2012. 认知心理学及其启示（第 7 版）. 秦裕林，程瑶，周海燕，等译. 北京：人民邮电出版社：347-348.

② 约翰·安德森. 2012. 认知心理学及其启示（第 7 版）. 秦裕林，程瑶，周海燕，等译. 北京：人民邮电出版社：366.

种线性排列，这种排列具有不可逆性，其中包含的诸要素正是在其前后排列的相邻要素的关系中获得意义。第二个层面是联想或语群层面。在他看来，在话语的组合层面之外，彼此之间具有某种共同性的要素在记忆中联系起来，形成由各种关系支配的集合。每一个集合构成一个潜在的记忆系列，各要素以一种不在场的关系相互联合。这种联想或语群层面的分析活动就是分类。对于组合层面和联想层面的关系，索绪尔指出，在这两个层面中，组合层面只有通过连续地唤起联想层面以外的新单位时才能有效地运作，这两种不同层面的关系也就分别代表了两种不同的思维方式。对语义的理解不能通过句法分析来获得，语言的能指和所指分别在两个不同的空间，一个是符号的形式空间，另一个则是符号的意义空间。但无论在空间上如何移动符号，都不可能触及符号两个空间之间的对应实质。尽管索绪尔本人一再强调他的语言学只是对语言的符号形式本身的研究而不涉及内容，但是他的观点却给语言学研究的心理学转向打开了大门：他把能指归结于感觉，其实就预示着能指与所指之间的关系其实就是感觉与观念之间的关系。心理转向的一个重要结果便是把人文精神引入科学精神当中，从而推动了科学主义与人文主义的相互渗透和融合。

人类之所以能理解符号的意义，是靠对语境的联想，通过符号在语境中的演化来同自身的经验体验相结合，由此才产生各自不同的“理解”。当前模仿这个机制的人工神经网络也是如此。符号在文化中确实是一个逐渐发展的历史过程，其中交流方式的变化和生产方式的变化同等重要。储存在记忆系统中的信息极少是一字不差的和逐字逐句的。记忆系统给你呈现了一个物体或一个字素，让你想起一个事件或一个背诵。没有哪个精确的远距离交流像用语言文字交流一样，可以提供一个固定的、在社会广为流传的代码，使未曾谋面的人们可以跨越时间和空间的距离，通过相对一致的代码来建立持续而稳定的信息与情感交流。

心理学对语言的研究重点在于语言如何进入人的思维之中，并且如何运行和发展。对语言研究的不同侧重也把心理学分成了行为主义和认知主义两大派别：行为主义认为人类的语言行为和人的其他行为一样，都是对外界刺激的一种反应，是联想的形成、实现和改变，是借强化而获得的；认知主义则反对行为主义把语言降低到应激反应的做法，认为应该把语言看作是人脑对信息的输入和输出过程，特别重视记忆在人类处理语言（听、说、读、写）过程中的作用和机制研究，具体又可以分为以计算机信息处理来类比人类心理表征并进行思维模拟的人工智能，提倡以自然观察的方法去研究思维发展的发生认识论，以及致力于研究语言发生在人脑与神经系统中微观过程的神经科学相关研究。研究语言对思维研究的重要性在于，由于目前认知科学对人脑本身的运作原理所知并不够多，许多理论也停留在假设阶段有待验证，而语言学对语言的研究已经取得了蔚为可观的成就，人们对语言规则和机能已有相当的了解，这样对语言的研究就可以在把人脑视作一个“黑箱”的前提下，通过对输入和输出其中的语言来达到对大脑运行机制的更透彻的认识，从而为我们对大脑本身的研究提供帮助，这也是以乔姆斯基为代表人物的认知主义所一贯主张的。

就个体而言，一个人的语言能力的高低取决于他能否迅速抽取单词之间的语义，并且要求有强大的语言信息工作记忆能力。个体在语言、推理和空间能力等一般因素上的差异似乎对应于他们执行基本认知任务时的速度和难易程度。人们整合语义线索和句法线索来理解句子的意义。ERP（event-related potentials，事件相关电位，也被称为认知电位）记录表明，句法和语义反常分别在大脑的不同部位引发不同的反应，而当出现有歧义性的单词时，被试通常在 700 毫秒内选择一个特定的语义，看起来人们能够即时利用语义信息来引导自己做出语义和句法判断。这里的判断主要包括听说理解和阅读理解。需要指出的是，并非所有的语言规则都是需要理解的，有些语言规则是处于不断生成和变化状态的，但有一些规则是相对固定和不变的，这就需要进行大量的记忆以及在记忆基础上的运用。以英语中的不规则复数为例，这种学习可能会一直持续，比如“图式”（schema）的复数形式应该是 schemata 而不是 schemas，这对于认知科学学习者来说是需要专门学习并记忆的。即使在理解句子的时候，人们也并不是对语言进行简单的感知，听话者往往会做出一些跨越性的推理，将它和之前听到的句子进行联结。我们在心中处理句子时，不是根据表层结构（语法、词序、段落等），而是根据深层结构，其本质是我们对句子中诸事物之间关系的一种识别和判断，因此语言的意义是由不同知觉通道的表象经过组合后来进行表征的。

一般而言，成功运用语言需要运用大量的知识和智能，可以分为三个阶段：第一个阶段包含知觉过程，对通过听觉与视觉获得的信息进行编码；第二个阶段叫作语法分析（parsing）阶段，负责把材料中的单词转换为含有语义的心理表征组合；第三个阶段称为语用（utilization）阶段，应用句子语义的心理表征[①]。经过这三个阶段，语言才能完成最主要的两个功能：内部心理表征和外部思维交流。对认知来讲，这两种功能都是非常重要的。内部心理表征作为人类语言的一个属性，强调的是对语言的反思、讨论语言本身的能力。在现实的语言运用过程中，我们不仅会对语言进行字面上的理解，还能够结合具体的语境来对语言的语义功用进行说明。我们必须把信息的语言学性质同我们已经存储的关于世界的知识，以及我们对说话时所处语境的认知都结合起来，即通过语言内化学会用语言思维，这样内心的思维才能迅速和有效。语境通常被作为一段被记忆为自传情节的外显或内隐部分而保留，而在学习和记忆意义时情节语境原则上不被记忆[②]。外部思维交流则要求我们把已有的符号重组成有意义的表述模式，并且符号系统必须能够指称现实世界中的物体和性质，能表达事物之间的种种关系。为了思考复杂的思想和交换复杂的信息，语言必须有命题。命题是由概念组成的、用来表达一个思想的意义单位。没有命题，各门科学的语言就无法表达它们各自领域中独特而稳定的规律。命题信息可以由表示概念之间关系的网络来表征，表征该句中简单命题的抽象意义单元。命题表征则是指作为独立断言的命题是能从意义上判断真假的最小的知识单元，依据命题来进行分析转换，将句子短语结构中的一些元素从它们的正常位置移到别处。当人们在记忆一个复合句的时候，通常会把句子分解为若干个更为直观的词组以便于理解。

这些都需要建立具有语义性质的指称体系和相对应的结构规则，同时对短语进行句法结构分析。短语结构分析涉及将句子分解成语言单元的方法。人们在说话中倾向于在每一个有意义的语言单元之后有一个短暂的停顿，其目的在于便于句子的意义可以更好地保存于听话者的短时记忆之中，

① 约翰·安德森. 2012. 认知心理学及其启示（第 7 版）. 秦裕林，程瑶，周海燕，等译. 北京：人民邮电出版社：384.

② 罗姆·哈瑞. 2006. 认知科学哲学导论. 魏屹东译. 上海：上海科技教育出版社：225.

这种语气上的停顿书面化就是标点。同时口语表述过程受到主体语言习惯、语速、口音等多种因素的影响，难免会出现一些错误，一般的言语错误主要包括语音替换和单词替换，它表明人们在从句层次中选择单词，并在较低的短语层次来确定语音，在这个层次上，言语所承载的内容的重要性往往会被弱化，其所表达的语气、语调所隐含的主体情感在实际交流中更重要。这就产生了一个非常有趣的悖论：某种非常适合交流的语言可能不适合思维，反之，适合思维的语言可能并不适合交流。法国里昂大学的语言学家研究了 8 门语言（英语、法语、德语、意大利语、日语、汉语普通话、西班牙语和越南语），经过一番比较后发现：单个音节携带信息量最大的是越南语，最低的是西班牙语和日语，但西班牙语和日语连珠炮般的语速弥补了这个先天不足，最后的结论是各种主要语言的交流效率其实都差不多。由此也就不难理解拉美电视剧和日本动漫的配音演员都有着强大的肺活量了。从神经科学角度来看，所有语言单位时间信息量的上限，或许跟人脑的处理能力有关。

人类还可以用符号来表示现实中并不存在的东西，也就是所谓语言的“移位性”，即语言可以用符号表示在当下时间和空间中并不存在的物体和事件。我们可以用自创的语言符号，随意自如地谈论过去、现在和未来（哪怕并不存在的事件）。语言演化的特征是越来越使语言摆脱对听说条件的依赖和摆脱伴随语言的行为影响。语言的移位性使得信息可以保存和传递，也使教育成为可能。这是人类语言最重要的特点。某些动物也会运用一些告知性的符号信息，但它们的告知是不受自身随意控制的，是没有意向性的。人类的告知可以从多种可能性中选择最适宜的信息直到成功为止。因此，我们对动物的交流行为的研究不一定能够揭示动物的内在状态，即使可以表明动物利用某些类似语言那样的系统进行交流，也不能因此就认为这类系统可以用于其内心表示。有一只叫作 CoCo 的倭黑猩猩，它经过系统训练后掌握了 2000 多个单词，但我们无法认定这只猩猩是否真正理解了其中的哪一个单词。齐泽克（S. Zizek）继承了拉康的结构主义精神分析学，认为对动物而言没有所谓的真实和虚假，只有人类是用象征符号来解释自然环境，在自己创立的语言、法律、文化和社会等规则下来建立起象征性的秩序，符合这种秩序的就会被认为是真实的。用康德的观点来看，这种象征性秩序用自己的逻辑去解释外在的自在之物的世界，注定会与其自身运行规律产生偏离。人类也只能根据自身现有的逻辑和经验，在这个秩序之中去尝试理解自在之物的表象，却永远无法触及其本质。所以，人类所理解的世界并不是世界本身，只是人类自己用象征符号所构成的一个幻象而已。我们看到的世界之所以如此和谐，是因为我们对它的构建和认识是用人类自己创造的知识体系来支撑的，凡是不合理、不合逻辑的部分早在创建过程之中就被剔除在外了，即使有部分无法吸纳的各种矛盾，也都被科学意识形态和人类共同体想象所忽略了。

同等的情况在近年来迅速发展的人工智能语音识别领域更为突出，无论是你手中苹果手机的 Siri 还是电脑中微软的 Cortana，它们所表现出的语言能力越来越强，特别是语音与文字的识别能力已经超过了不少普通人，但也仅仅是“识别”字面意思而已，本质上仍无法理解语言所承载的意向与情感内涵，对语境的准确判断更是体现了人机理解的天差地别。如果说语言是符号的线性化，那么人机本质上都是符号信息的处理和交流过程，不同之处在于：人的语言或信息组块能力强，可以充分运用有限的记忆来实现大范围跨情境的联想，但也受自身机体和情感状态的波动影响较大；机器的语言或信息组块能力弱，但却拥有近乎无限的记忆容量，其语言（程序）运行和严格的自我约束机制可以同时实现，从而保障了机器运行的稳定性和可靠性。人可以在使用母语时以不考虑语法的方式进行交流，并且在很多情境下可以感知语言、图画、音乐的多义性，如人的听觉、视觉、触觉等具有辨别性的同时还具有情感性，常常能够知觉到只可意会不可言传的信息或概念——心领神会、挤眉弄眼、笑而不语等等，这些足以把机器搞晕。也正是在这个意义上，我们才说语言是智力进步的中介，通过语言人类可以表达新的信息，产生新的思维。

2.1.3 语言的文化人类学基础

语言不仅是个体进行心理表征和思维交流的手段，也是人类社会得以形成和维系的重要基础，语言的形成和发展始终伴随着人类思维的发展和演进，语言是人类思维进化的最好例证。

从人类学上看，现在的人类被归属于智人（*homo sapiens*），意思是“智慧的人”，这一称呼本身就包含了这样一个预设：人类正是因为有智慧才同其他的动物截然不同，思维能力一直以来被视为人类的最独特能力，莎士比亚也因此才把人类称为“万物的灵长”。认知心理学的重点是探讨心理是如何组织起来而产生智能（特别是思维），以及如何在大脑中实现的。人脑大约是类人猿大脑重量的 3 倍，成年人的大脑将近 1.5 千克，虽然只占人体体重的 2%，但耗氧量达全身耗氧量的 25%，血流量占心脏输出血量的 15%。从进化角度来说，由于在妊娠期内人类婴儿的大脑就开始快速成长，以至于出生时其大脑重量大约为 400 克，相当于成人脑重的 25%，而同时期的新生儿体重仅为成人的 5%左右。这就给人类的降生带来了很大的困难，特别是与其他大多数的哺乳动物生产相比，尽管在进化中人类女性的产道已经被扩展到几乎是哺乳动物骨骼结构所能承受的极限，同时人类婴儿的颅骨的柔韧性也使婴儿的头部可以被挤成圆锥状以顺利通过产道。一个婴儿刚出生时其大脑体积大约有 350 立方米，在第一年内会增长一倍达到 700 立方米，在青春期之前还会再增长一倍，大多数哺乳动物的大脑都不会产生如此巨大的增长。[①]人类的生长周期也比其他哺乳动物要长得多，在子宫内需要发育 9 个多月，出生后的人类婴儿几乎没有任何生存能力，需要花费相当长的时间才能达到成熟期——大约需要 15 年（如果考虑社会化因素这个时间会更长），这相当于人生几乎四分之一的时间。正是因为在进化中形成的如此巨大的脑容量和超长的成长周期，人类才能建立起高度复杂的语言符号系统；同样的道理，也正是由于人类形成的高度复杂的语言符号系统及其可以提供几乎无限的组合来对自身和世界进行表示，人类的大脑才在进化中越来越精细，尤其表现在人类高度发达的“新皮质”（neocortex），即端脑表面所覆盖的六层灰质皮层，它与人类的高级知觉、空间推理和语言密切相关。按照进化年代的不同，大脑皮质可以分为古皮质（archeocortex）、旧皮质（paleocortex）和新皮质。古皮质和旧皮质与嗅觉有关，被称为嗅脑。而在哺乳动物中，一般而言等级

① 约翰·安德森. 2012. 认知心理学及其启示（第 7 版）. 秦裕林，程瑶，周海燕，等译. 北京：人民邮电出版社：421.

越高的动物其新皮质越发达。人类的新皮质高度发达，它约占据全部皮质的 96%。正是对语言的使用和学习才使得人类的大脑有着如此发达的新皮质结构，也为思维的演化和发展奠定了物质基础。

如果我们不把“语言”严格限定为人类独有的交流方式，而是可以泛指各种信号和交流系统，那么就可以说语言和人类一样，是逐渐进化而来的。动物的语言处于比较原始的阶段，而人类语言则可以视为发展的顶峰。有两类语言进化理论：一种认为语言是一种单一的机能，进化主要是指量上的变化，不同物种间语言的差异只是其复杂程度不同而已；另一种则认为语言是一种组合的机能，有多种不同的来源，如人脑的进化、智力的发展、发声器官的变化等，这些来源是人类在进化过程中逐步形成并结合在一起的，这样语言的进化就不仅仅是量的变化，而是存在着质的提升。有学者把语言的起源归结于智力和言语系统的共同发展。人类学家通过对尼安德特人的化石研究发现，他们具有介于非人灵长类和现代人之间的语音能力，但其信息传达和理解迥异于现代人[①]。语言的进化和发展也是文化传承与发展的最显著表征，如果我们把文化传承看作是像生物体一样的遗传的精确复制，或是一种模仿，这都是不准确的。遗传复制是自我生物基因的精确复制，但人类的学习包含着生成过程，即所谓的“学会了解”。一种文化只是以一种相对的形式才与其他文化区别开来，就像一种语言的各种方言，逐渐覆盖了一个广大的区域。方言能够变化只是因为记忆、模拟、模仿是不完善的，遗忘乃至误读随时都可能发生，但在许多情况下这反而成了语言的一种魅力，因为完美的复制本来就不是目的所在。

当然，在这里我们把语言界定为只有人类才有的认知技能，也是理性思维的工具和反映，即使高度接近人类的黑猩猩或类人猿也不具备人类复杂的语言技能，对这些人类近亲的脑与神经科学研究不能像语言研究一样通达人类思维深处。并且，心理学家一直在质疑黑猩猩学会的符号交流系统是否能被认为是语言，主要依据就是黑猩猩交流符号的普遍性和复杂性都十分有限。作为语言的使用者——无论是动物还是人，只有几百个词汇的交流和拥有数千个词汇的交流是有着质的不同的。平克（S. Pinker）用

① 邱仁宗. 1993. 当代思维研究新论. 北京：中国社会科学出版社：145.

“语言本能”（language instinct）来描述人类获得语言的内在倾向，他认为人脑中确实存在一些在进化过程中所形成的固有通路，如同黄鹂、画眉这些鸟类生来就能啼叫出自己种群的声音一样，人类生来也具有学习人类语言的本能。鸟类的啼叫是它们所特有的，人类的语言也是人类所特有的，尽管有的人可以通过口技来模仿鸟类的叫声达到非常逼真的程度，一些高级灵长类动物（特别是倭黑猩猩）经过训练也能掌握一部分人类的语言，但这只是形式上的相似，并不能代表真正理解并掌握了语言背后所蕴含的意义，只有人类表现出了习得并运用高度符号化的交流系统的内在倾向和能力。人类基因组图谱绘制工作在 2001 年就已经完成，一个人的基因大致被定为有 30 000 多个，大致只相当于人们之前所预想的三分之一，并且有 97%的基因同黑猩猩相同，也就是说只是剩余的 3%的基因造成了人类同黑猩猩如此巨大的差异。因此，有人主张对语言决定思维说和思维决定语言说这两种观点进行调和，认为人类信息加工的基本机制可以视为是先天就决定了的，并且正是这种特有的机制使得人类能够思维以及发展起高度发达的认知能力，但大部分的知识和心理结构是在后天学习过程中通过经验的形式来获得的。也有人认为人类的特殊之处在于其超乎寻常的智力发展能力。

笛卡儿认为正是语言才把人和动物进行了区分，那么是不是说如果其他物种——特别是人类的进化论近亲猿类——显示出语言能力，就应该用人类的方式去对待它们，在实验中赋予它们人的地位？有实验表明，在对猿类进行语言实验的过程中，这些猿类会把自己同人类归为一类，这与大鼠等动物完全不同。因此，有人主张应该保护猿类的权益，2008 年美国国会还讨论过《大猩猩保护法案》，近年来各国也频频出现有关动物保护组织为黑猩猩争取人格权益而进行诉讼的报道。从种属关系上讲，灵长类特别是猿类与人高度相似，其认知方式与人类也非常接近，这使得对其进行认知研究很大程度上可以替代对人进行实验，其结果所能提供给我们的参考价值要远远高于其他物种。尽管认知语言学的研究并非是侵入性的，对猿类生理结构并没有损伤，但仍有人提出，教猿类学习人类语言本身就让它们失去了最基本的天性，这会让人类失去理解猿类的能力。也有人提出，这恰恰正是保护了猿类的最大利益，因为长远看来人类必然会赋予具有语言能力的猿类以人类的同等地位和权利。近年来热播的《猩球崛起》系列电影就描述了一个关于“猩猩的新兴”的科幻故事，尽管有所夸张但是其背后有着深刻的人类学基础,所体现的正是人类语言对于思维的重要作用。

通过以上分析可以看出，语言有着深厚的现实基础，主要来自脑与神经科学、心理学和人类学的支持，这些学科对语言的研究和分析也是我们对思维的研究与分析，语言不仅是思维的输入输出手段，其本身就是思维的最重要组成部分，体现着思维产生和发展的全部脉络，是思维的现实体现。

2.2 情感思维：思维的动力维度

人类学家和伦理学家休斯（D. Hughes）曾把“人”的标准分为三个方面：自我意识、理解复杂情感的能力及同理心（empathy）。“同理心”指包括部分感觉在内的思维，即在同他人交往过程中，能够体会他人的情绪和想法、理解他人的立场和感受，并站在他人的角度思考和处理问题。其实这种能力正是基于理解复杂情感能力的一种“共情能力”，通俗讲就是“感同身受”的换位思考能力。就此而言，情感是人之为人同时也是最为重要的基本要素。

从 1967 年奈塞尔（U. Neisser）的《认知心理学》专著问世至今，认知心理学已成为认知科学最重要的构成学科之一。在认知心理学看来，思维本质上是一种“指向性思维”（directed thinking），它指的是一组解决问题的心理活动，其步骤和最终目标都是由解决问题来指引和控制的。思维存在于以大脑为主的认知系统里，是由人的行为推论而来的。思维还是一种认知系统内的一系列操作过程。思维是指向问题解决的。因此，思维是一种“指向问题解决，间接的和概括的认知过程”[①]。但这种对“间接性”的过度强调却使得以往的思维研究缺乏了最重要的灵性，忽略了这种“指向性”的根源或动力来源正是“情感”（emotion），我们这里所说的情感是生理和心理多方面整合的产物。其构成主要包括基本情绪和高级情感，基本情绪应该产生于脑进化初期，与调节和维护身体机能的神经密切

① 汪安圣. 1992. 思维心理学. 上海：华东师范大学出版社：4.

相关，如丘脑、脑干、边缘系统（limbic system）等。随着人类的生理进化和合作化进程加快，大脑新皮质特别是前额叶开始快速发展，情感和认知的整合由此开始。情绪中枢被认为是在杏仁核，以此为核心的神经环路调节人的脏器和内分泌系统，与情绪的发生和变化密切相关。

我们通常所说的“理智思维”侧重以“中性”的第三方材料或信息来作为认知对象，这种认知可以是脱离认知主体自身经验范畴的，认知主体可以通过想象或移情式的理解来达到对中性材料的认知，因此这种认知本质上是一种非体验的间接认知，一般遵循由低到高、循序渐进的认知层次，其最高层次就是对中性信息的理性分析。对于理性和情感的不同作用，可以这样类比：理性可以保证让你的思维从 A 点顺利到达 B 点，情感不能给思维以确定的承诺，却可能把思维带到任何可能的境界和状态中去。人最大的特点就是能根据特定情境把逻辑与想象、具象与抽象进行有目的的弥散聚合。这种灵活弹性的弥散聚合机制往往与任务情境紧密相关。情感并不是游离于智能之外，而是其重要组成部分。情感不仅有利于我们对环境做出快速反应，还在我们的记忆和决策中扮演了重要角色。愉快和痛苦的情感都有利于加深体验和记忆，情感往往伴随着选择反应，并且在决策过程中往往起到一种偏好性的倾向作用。现在对大脑的研究表明，大脑的神经网络相互交错，并不存在绝对的某一部分专管理性某一部分只负责情感的情况。过去我们把理性和情感划分得泾渭分明的做法现在看来确实并不符合大脑运行机制，理性和情感更像是一个相互作用、相互套叠、相互依存的共同过程。和思维一样，一个集中注意力体验和表达某种强烈情感的人同时很难表达另一种情感。

“情感思维”则以带有感情色彩的情绪信息作为认知对象，这种认知是以感知、记忆、评价等多种操作复合而成的一种主观体验，本质上是一种基于主体体验的直接认知，并没有一般的逻辑上升过程，尤其是灵感、顿悟、直觉等形式更是表现出一种突然性和直接性。情感思维通过不同的情绪体验来组成情感资源，再把包括身体资源、智力资源、心理资源和社会资源等在内的不同信息和情感资源加以整合，以此来建构每个人不同的认知方式与内容。其中情感资源在婴儿时期特别重要，是人类早期最重要的认知资源，对其以后的成长和发育有着极其重要的影响。很多人把感觉的能力作为情感的根本，但如同我们不能因为植物人不能表现面部表情就认为他没有情感一样，我们也不能仅仅因为计算机没有感觉就认为它没有情感。吊诡的是，很多理性主义者声称计算机永远不会有意识，其实其判断在很大程度上是出于一种直觉而不是详尽的论证。无论是塞尔的“中文屋论证”还是查尔莫斯的“无意识的人”假说，这种思维实验本身就是一种比实验自身还诡异的空想，其最大的逻辑硬伤恰恰在于预设中的对象都是可以没有任何情感、没有内在心理活动的，在具身认知论看来，以这种预设来考察人的思维显然是不会得出任何有实际意义的结果的。认知是主体身体和外界客体的持续性互动过程。根据这一观点，认知依赖于我们身体的各种体验，而我们的身体有着特定的知觉与运动能力，这些共同组成了我们的心理活动（特别是情感体验）。

由此，把情感和思维进行二元对立的传统观点已经不合时宜，应该综合认知科学发展的最新成果，从脑与神经、人类心理和社会实践三个层面证明情感思维存在的合理性，把情感正式纳入思维研究的范畴中来，把情感思维作为一种理想型予以提出，旨在突出认知思维过程中情感所发挥的动力指向作用，这种指向性也正是思维不同于其他心理活动的特征所在。道奇（K. Dodge）和格兰德（J. Garder）曾在 1991 年就提出情绪和认知可以看作是社会信息加工过程中的两个不同的子系统，是人类在处理输入的社会信息并加工过程中的两个互相渗透和补充的方面，每个信息加工过程都渗透着情绪成分，只不过有的作为信息加工的启动因素，有的则成为信息加工的背景而贯穿始终，但可以肯定的是，并不存在没有情绪的绝对中性的信息加工过程。正如达马西奥（A. Damasio）所言，人类事实上在面对各种情况作出判断的时候往往是凭借情感做出快速决策，只不过这一过程有时候太过迅速以至于人们都意识不到。也是在这个意义上，卢梭才说理性是由于激情才得以发展，因此无欲无惧的智者不会自寻烦恼去主动依靠理性。这其实是一种基于情感的思维融贯论。用 2014 年热播科幻电影《星际穿越》的场景来类比，可以说感性是理性的虫洞，可以帮助个人跨越理性的束缚或约束；理性则是感性的黑洞，又限制着人类整体感性的随性或肆意。这里所说的“理性”已经是广泛意义上的理性，即葛詹尼加所说的“进化理性”或“生态理性”，因为情感也是由自然进化而来的。情感思维的价值不仅在于帮助我们明确如何达到既定目标，更重要的是帮助我们确定到底要去追求什么样的目标。这也是基于感性的情感思维作为动力维度可以成立的原因之所在。

2.2.1　古希腊时期的情感观：理性和欲望的斗争

对情感的哲学讨论早在古希腊的苏格拉底之前就被提出来了。恩培多克勒就认为世界是由水、火、土、气四种元素构成的，并且是靠爱和恨两种力量来推动和组合，才能形成包括人在内的世间万物，可见早在古希腊时期人们就认识到了情感是构成人本质的一种重要的心理动力。苏格拉底把道德（美德）引入早期的自然主义本体论之中，认为智慧就是去做正义而有道德的事，这种实践伦理学的基础就是强调要用理性去引导和控制情感。最早对情感进行了系统研究的是柏拉图，他把情感引入他的三位一体灵魂学说之中，在《理想国》第四卷中他把人的心灵（灵魂）分为“理性”、“情感”和“欲望”三个部分，其中理性应该占据统治地位以控制欲望，居于二者之间的情感的作用在于通过快乐和不快乐的感觉来帮助理性做出行动选择，并且情感应该是倾向于同理性站在一边的，只有如此才能让理性取得领导地位，理性、情感和欲望才能和谐，才能成为一个有理性的人。柏拉图的这种把情感和理性对立起来的二分法对后世产生了巨大影响，在其后的大多数哲学家都提倡理性而贬低情感，特别是柏拉图把理性和情感比作“主人和奴隶”的著名隐喻，把情感视为潜藏在理性之下的破坏者，理性的、富有智慧的主人应该压制情感冲动的奴隶，进而视情感为哲学和哲学家的威胁而予以打击和排斥。这种情况直到 18 世纪才有了变化，休谟从怀疑论立场出发首次提出了“理性是情感（激情）的奴隶”，但最后仍然没有跳出原有的模式。[①]

作为古希腊哲学的集大成者，亚里士多德对情感的研究更加丰富和透彻，并且看到了情感对于人类社会和政治的巨大作用。尽管他也把情感看作是一种消极的因素，但他认为人的喜怒爱恨等情感是感官感受和高级认

---

① Solomon R, Michae L, Jeannette M, et al. 2008. Handbook of Emotions. 3rd ed. New York: The Guilford Press: 3.

知相结合的产物，比如愤怒并非如柏拉图所说只是灵魂的混乱，而应该看作是我们对于不合理行为的正当反应。亚里士多德还对情感进行了要素分类，他认为情感应该包含四种要素：认知要素、感情要素、心理要素和动力要素。可见，在对情感的态度上亚里士多德要比柏拉图更加积极，他认为人与动物的最大区别就在于人能够用理性的力量来平衡欲望，而对此关键就在于学会控制和拥有良好的情感，这是达到理想的“中道”（golden mean）进而通往幸福生活的必要途径，也是美德的重要基础，因此他才在其《修辞学》著作中提出：情感会促使我们发生变化，并且能够改变我们的判断。[①]亚里士多德还特别重视信念在情感中的作用，他把情感看作是具有意向性的意识形式，强调情感是有某种指向性的，并且往往只要情感主体相信就可以产生情感状态，而不要求情感对象或事实必然存在。可以看出，亚里士多德的这种对情感的观点和我们今天对思维的观点很接近（同样强调意向性和信念特征）。正是这种富有现代认知气息的情感观，使得有学者认为亚里士多德最早论述了情感的意向性和信念特质，可以看作是把意向性（intentionality）和命题性（propositionality）作为核心关注领域的现代认知情感主义的先声。[②]亚里士多德的情感观概括起来就是他用一种整体论的观点把情感和理智与认知相关的心理操作功能整合在一起，但他所强调的仍然是思维作为整体性灵魂的理性功能。

随后的哲学流派中比较重视情感的是斯多葛派（Stoicism），他们关于情感的代表观点是：人并不是激情的奴隶，并不存在所谓的高级的理性的自我来控制低级的欲望的自我，但又认为真正明智的人应该是在任何情况下都不受到情感影响的人，压抑住情感后剩下的就是理性和逻辑。这其实仍然没有跳出柏拉图理性和感性的两分法范畴，其对后世最大的影响就是以此为基础所发展起来的道德观构成了西方基督教文明的伦理基础。因此有当代学者认为，斯多葛派的核心观点可以概括为“情感就是作出判断”，最典型的例子就是我们对某人的愤怒其实就是我们对他及其行为所作出的不满的判断（Robert Solomon、Jerome Neu 和 Martha Nussbaum 等人都抱

---

① Knuuttila S, Sihvola J. 2014. Sourcebook for the History of the Philosophy of Mind. Dordrecht: Springer Science Business Media: 463.

② 左稀. 2013. 论亚里士多德情感观的认知性. 兰州学刊，（12）：18.

持这种观点）。这种带有行为主义色彩的认知取向在肯定情感积极作用的同时，也修正了一直以来把情感简单置于理性之下的偏见，使情感开始具有某些以往只有在理性中才能具有的特性，如判断、评价等。这可以看作是情感理性化、思维化的先声。

2.2.2　中世纪至文艺复兴时期的情感观：情感的解放与救赎

中世纪在整个西方占据统治地位的是神秘主义的基督教义和新柏拉图主义的结合，其核心要义都在于维护神权的至高无上，情感同样被视为同理智相对立的元素，只不过是追寻上帝神旨的一个便捷途径，但真正要巩固信仰还是需要压抑多余的情感，要靠对宗教信条理性的服膺。尽管受到神学的强大统治，中世纪时期的一些哲学家还是对情感问题进行了思索与研究，特别是对情感的来源问题（即情感是源自身体还是源自灵魂）进行了探讨。经院哲学的代表人物阿奎那把情感的来源归于人的肉体，认为人的喜怒哀乐等情感都是身体的一种生理反应，本质上是源于人趋利避害本能所产生的激情，存在着多种可能性，可能是合理的或不合理的，也可能是理性的或非理性的。尽管阿奎那仍然把记忆、想象和思维都作为灵魂的核心能力而从情感中剥离开来，但这种把情感视为身体激情反应的观点对后世心理学有着重要的影响。

另一位经院哲学的代表人物维维斯（J. Vives）对情感的认识则更进一步，他把情感视为贯穿每个人整个生命时期的一种主要调控力量，情感与理智是相对独立的两个过程，都是可以通过后天条件的改变和主观努力来调节的。情感最重要的调节力，来自主体的利益取向，对利益的期望会产生欲望，而利益的缺失则会产生嫉妒、不满和愤怒，利益的满足则产生满足和幸福。可见，维维斯已经开始认识到情感与认知、心理操作之间的相互作用和功能划分，认为情感并不简单地从属于理智，情感对主动认知有着非常重要的作用。在中世纪神学高压的思想背景下，维维斯这种不同于新柏拉图主义的观点还是非常可贵的，并对后来文艺复兴时期的思想家可以更加积极地看待情感与理性的关系有着很大影响[①]。

---

① 许远理. 2008. 情绪智力三维结构理论. 北京：中国社会科学出版社：12.

进入文艺复兴时期后，随着人文主义思潮的迅速传布，情感开始摆脱以往作为理性附庸的从属地位，开始被人们逐渐提升到更高的精神层级上来，用以彰显人的主体地位，对抗千余年来神性的压迫。文艺复兴时期的学者大都有浓厚的人文情怀，对情感的作用表现出了极大的热情。如蒙田认为快乐的信念才使人能真正感到快乐，一件事物的感情色彩很大程度上取决于主体的主观情感状态，而非事物本身。彭波那齐则提出了智力的三种类型，即理论智力、生产智力和实践智力，其中实践智力就包含有丰富的情感因素，因为社会实践要求主体具有高度的情感控制力与表达力，唯此才能在纷繁复杂的社会实践中存续完工，以快乐为代表的幸福感的本质就是每个人对自身境遇的满足感，这些思想火花对后世的情商理论、认知情绪疗法以及积极心理学(即所谓的“幸福心理学”)都有启示作用。达·芬奇从绘画技法角度出发对各种情感所对应的表情做了研究，还根据不同年龄、性别和职业等特征来考察情感强度与表情之间的对应关系，并身体力行通过描绘人物的细致表情来体现其丰富的精神内涵，其旷世名作《蒙娜丽莎的微笑》就是这种思维下的典范。薄伽丘在其代表作《十日谈》中对教会做了辛辣无情却又写实的嘲弄，主要手段也是通过宣扬情感解放来抨击教会对人们欲望贬抑的虚伪，其“幸福在人间”的主张也成为文艺复兴的标志性口号。大文豪莎士比亚更是用其一系列脍炙人口的伟大剧作来赞颂人类社会中的各种情感：从麦克白的绝情，到罗密欧的痴情，再到奥赛罗的悲情，正是通过人类情感的张弛起落的表现莎士比亚才把“人是万物的灵长、宇宙的精华”这一主旨演绎得淋漓尽致。总之，文艺复兴时期的情感研究开始跳出以往把情感视为理性奴隶的窠臼，转而歌颂情感在解放人性中的巨大作用，不仅对后世哲学思潮产生了深远影响，更对整个人类社会历史进程起到了推动作用。

2.2.3 近代科学中的情感：理性的认知动力

进入17世纪以后，科学主义思潮开始迅速成为思想主流。一方面启蒙运动延续了文艺复兴时期对宗教神学的批判，另一方面开始尝试用科学实验的方法来重建整个人类思想体系，对情感的研究也开始进入科学化的演变阶段，其标志便是心理学从哲学中分离出来成为一个独立学科，从此对人类内在心理的研究开始进入心理学的话语体系，包括记忆、想象、思维和情感在内的心理过程成了心理学的主要研究对象。

较早研究情感的启蒙思想家主要包括笛卡儿、斯宾诺莎、休谟、亚当·斯密、卢梭等人。笛卡儿的情感观点渗透在其身心二元论之中，他认为情感主要是心的作用，身体主要是充当了心与外在对象的媒介。他还划分了快乐、悲伤、厌恶、欲望、惊奇和喜爱 6 种人的基本情绪，并且这些情绪都是和固定的对象相联系的，人类的情感都是由这 6 种基本情绪构成的。这种对基本情绪的研究和划分被后来的心理学家所继承与改进，不过笛卡儿引以为傲的基于"松果体"的二元论灵魂说最终被科学所证伪。尽管有当代学者（如达马西奥等人）认为笛卡儿的许多观点为当代二元论提供了灵感和来源，并且随着脑科学的发展似乎有复活的迹象，但仍然只能算作是一种天才的想象或猜测，对后人的启发意义要远大于其实际价值。

斯宾诺莎用其"实体一元论"来反对笛卡儿的二元论，不过二者其实是密切相关的——他所谓的"实体"能被人类所认识到的两个方面就是身体和心灵。斯宾诺莎的贡献在于他把情绪看作是人的认知功能，认为人正是通过情绪的变化才把身体的变化和精神观念的改变联系在一起，情感本身没有什么道德意义上的好与坏，它们都是我们的身体适应复杂环境的生理机制而已。由此他得出了人的心灵和身体其实是一个密不可分的整体，不存在谁更高级之分，也不存在将二者断然分离的可能性。这种整体性的观点不仅在当时，即使在今天也值得我们认真对待和参考。

作为不可知论的代表人物，休谟的哲学把情感提升到了一个空前的高度，他是第一个系统研究并提出情感高于理性的思想家。在休谟看来，人的认识完全局限在经验的范围内，人不仅不能感知和证明物质实体的存在，也不能感知和证明精神实体（特别是宗教）的存在。人类过去一直认为理智高于情感、理性奴役感性的观点纯粹是一种臆想，人类历史是理性发展的结果也完全站不住脚，事实上情感才是人类行为的真正决定因素。他的依据是人类在漫长的发展过程中其语言、风俗、文化这些理性外壳发生了很多变化，理性本身就是一个多变的、含混的概念集合；而情感则不然，古往今来的人们生理构造并没有显著变化，并且人类学调查也表明不同种族、不同文化的人其基本情感是非常接近和相似的，情感才是人类不同种族之间最为共通的特质，由此休谟才提出了“理性是而且只应该是感情的奴隶”的惊人论断。这种观点被今天的体验哲学和情绪智力理论奉为情感理论的源头。

被经济学奉为鼻祖的亚当·斯密本人是道德哲学教授，他把自己创立的经济学称为“沉闷科学”，而把情感心理学称为“感性科学”。他在其《道德情操论》中写道，如果社会是件衣服的话，情感就是将衣服缝合在一起的线头，情感和思想并不是不可调和的敌人，情感是理性的合理化存在，他甚至认为不讨论心灵的思想科学是不完整的。可惜的是，当代经济学的发展却是以杜绝情感为原则。经济学家把“理性”定义为预期价值的最大化，他们认为理性的行动者（经济人）的行动目的就是为了最大限度地满足自己的需求和偏好。经济学不需要去探究这些需求和偏好到底来自何方，满足这种需求是否真正有意义并合乎理性。即使是非理性的经济行为，也是为了满足人的偏好，偏好本身没有价值判断。这在认知科学看来完全不能成立：我们应该有理由知道某种偏好究竟是否有理性，以及满足这种偏好是否有意义。一个人想让家人喜欢自己是合理的，但他想让所有人都喜欢他就是不可理喻的。这也是认知科学在当代掀起的以体验哲学为基础的“具身认知”思维方式与其他学科的显著不同。

与此相应，浪漫主义者虽然承认情感和理智在本质上是矛盾的，但他们主张跟随内心的情感而非理性去行动和生活，只有跟随自己的感性才能达到真正的自由和幸福。理性在浪漫主义者眼中不再是人类智慧的最高阶段，甚至有人认为理性才是人类逐渐迷失和异化的罪魁祸首，如卢梭就认为正是理性把人类从纯朴的自然状态导向了邪恶的堕落，正是人类文明过于迷信理性才导致了痛苦和不平等的产生。因此，要想摆脱邪恶的影响就不能依靠强调逻辑的理性科学，而要依靠注重情感的感性诗歌来揭示。

而随着心理学从哲学中彻底分离出来，对情感的研究开始摆脱传统的哲学论辩，转而进入经验（即实验）阶段，情感研究成了心理学研究的一大领域。从威廉·詹姆斯（William James）在 1884 年美国《心灵》杂志发表《论内省心理学所忽略的几个问题》一文至今已有 134 年，对情感的争议却一直没有中断过。到了近代，很长时间内英美哲学所代表的分析哲学成为主流，分析哲学的崛起更是把情感弃如敝屣。而在经历了 20 世纪 80 年代关于情感和认知谁是首因的大讨论后，对于这两者的划分开始出现新的变化，一些认知心理学家（戴维森等）试着将二者予以融合，开始重视它们的整合关系和互相依赖关系，因为在人的现实状态中并没有绝对的谁先谁后，人的认知思维过程本身就是一个复杂的信息整合过程，人脑对信息的处理也很有可能是全局性分布，而不是简单的区域组合。情感和认知的大脑加工区域也只是一种功能性的猜想，不可能泾渭分明，更多体现出的是一种重合套叠的嵌入关系。

认知主义的情感理论已经面临来自前沿的许多批评。有人反对把情感视为一种命题态度，因为这种定义排除了动物和婴儿的情感；有人认为对情感的滥用使得对“认知”本身的认识也发生了模糊；还有人认为如果说情感始终涉及命题态度标准，即关涉信念和欲望，那么情感自身的合理性也就消失了，因为我们不能把情感的合理性归结于信念和欲望的合理性。对认知科学家而言，这种反对只是情感和信念的命题内容不同所导致的，并不能说明情感是没有一点命题内容的。如同我们不能因为知觉有必要的命题内容就把知觉等同于信念或欲望一样，我们也不能轻易将情感等同为信念或欲望。还有人认为现实社会中人的情感经验远比命题内容丰富。“飞行恐惧症”就是一个常见的反对认知主义理论的案例，有人以此来证明命题态度对情感来说既不充分也不必要，患有这种障碍的人即使知道飞行是快速且安全的，却仍然对飞行存有强烈的恐惧和厌恶。这个案例很生动地体现出正确的信念有时并不能驱散某些略显顽固的情感，这也证明了至少有一部分情感是超越态度的判断或信念的。

总之，在经历了“合久必分，分久必合”的过程后，情感这个古老的研究命题在认知科学快速发展的今天焕发出了新的生机与活力。在当代认知科学家看来，情感已经成为一个含义丰富的问题域，可以囊括人的诸多心理过程与反应，有些认知科学家引入了其他几种元素，比如有人认为情感应该被描述成一系列的信念和欲望，有人认为情感就是喜欢或厌恶的判断，还有人认为情感应该是由信念、欲望和同情构成的混合体。而这些研究的共同趋向，就是开始把情感逐渐剥离单纯的感知觉层次，进入更高级的精神层次，其最终结果，就是情感成为思维的一种重要来源和基础，即一种基于情感的思维成为可能。

2.3 机器思维：思维的模拟维度

“机器”的英文单词 machine 的词根是 magh，表示“有能力、能够”的意思。machine 从词源上讲则是源于古希腊语中的 mēkhos 或 mākhos，后演变为拉丁文中的 māchina，表示某种发明的意思，也被称为“玛奇那”，主要代指人造机器。

machine 一词最初是为了和手工工具相区分，用于表示其人为建构的目的性，同时又具有一定的自主性，可以通过将输入与输出相联结的方式，按照其内在的固定结构完成全部运行过程。对于机器和普通工具的区分，马克思就曾指出，机器的运行特征使之可以用于连续化生产，而工具只适用于非连续性的制作方式。在信息革命之后“机器”的概念已不再单纯强调机械运动对能量、材料和信息的转化，而是要突出其对人的体力与脑力劳动的减轻甚至是替代作用，特别是随着工业化国家人力成本的快速上升和劳动生产率的高要求，进一步加快了整个社会生产特别是制造业智能化的步伐。但不变的是，机器的价值或目的始终在于通过适当的调控来实现由较小投入获得较大收益，因此从机体哲学角度看，人的有机性中的“机”和机器的“机”本质上是相通的。人们通常从生物学意义上理解机体，强调其新陈代谢、自主调适、遗传变异、目的性等特征，而这些特征其实在机器上也有类似的体现，如机器零件和型号的新陈代谢、机器结构和功能的进化、机器的自动化，以及控制论所揭示的机器的目的性等等。正因为“人”与“机器”具有这种“同构性”，才可能发生相互依赖、相互渗透、相互嵌入等种种复杂关系，人类也才会用类似的同理心去看待机器，并特别对机器能否具有人的某些属性（尤其是思维属性）始终保持高度的兴趣。但这种兴趣在西方固有的二元对立思维模式下集中体现为两种观点：一是工具论，把机器纯粹作为工具的一种——顶多是比较特殊的一种而已；二是奴役论，认为人与机器的关系要么是人类奴役机器，要么是机器反过来奴役人类。这两种观点至今仍是我们看待人工智能的两种基本立场，特别是对第二种——机器奴役人类的担忧和恐惧可以说是自机器诞生之日起就一直萦绕在人们心头。1818 年英国作家玛丽·雪莱创作的人类第一部科幻小说《弗兰肯斯坦——现代普罗米修斯的故事》就是这种情感的一次集中迸发，此后以机器（特别是机器人）和人类冲突关系为题材的科幻文学就成了流行文化的一大部分，现代影音技术的进步更是把这种情感用极其形象逼真的手段展现在公众面前，并不断引发越来越深刻的讨论与反思。

而计算机的产生和快速普及使得机器与人类的关系越来越紧密。自 1946 年第一台计算机诞生以来，计算机开始快速小型化直至微型化，特别是进入 20 世纪 80 年代后苹果和 IBM 公司开启了个人计算机（PC）时代，把昔日轰轰作响的巨型机器变成了外形精巧的家用电器，把计算机的使用场景从工厂转换到了办公室，再进一步进入客厅、卧室，机器终于不再是那种被放置于郊区厂房之中的“他者”，而成为人类所有工具中最靠近自身的“己物”，直至移动互联网和智能手机快速普及后，智能手机作为更微型计算机的浓缩，彻底成为当代社会几乎每个人必须随身携带的最重要设备，可以说在当代社会智能手机和移动互联网已成为同水和空气一样的必需品。我们的社会关系、衣食住行、生产生活以至生老病死等各种事件的处理都越来越依赖于手中的智能手机，可预见的未来更是将进入万物互联的时代。这时人与机器就不再是简单的二元对立关系，而是越来越相互融合，快速发展的人工智能更是把“机器能否思维”这个古老的命题赋予了新的含义。

人工智能（artificial intelligence，AI）最早作为计算机科学的一个分支，致力于用计算机科学的理论与方法来探求人类智能的实质与机理，进而进行延伸、开发和模拟，其实质是对人的意识和思维的信息整合过程的模拟，最终目的是制造出能像人一样思考甚至是超过人的智能机器。人工智能如今已不仅仅是计算机科学的一个分支，它已经成为一个以计算机、心理学和哲学为硬核，同时涵盖语言学、脑与神经科学、材料学和信息工程学等多个门类的综合性学科。当今几乎所有的前沿科技成果都有人工智能的参与和影响,人工智能也是认知科学诸分支中最有影响力与实践力的。用人工智能的观点来看，认知与发展智能系统密切相关，具有认知能力的系统就可以称为认知系统，它理解认知的方式主要有认知主义、涌现和混合三种。认知主义是包含学习、记忆、思维、问题解决和决策等认知问题在内的统一理论，是包含心理学、脑科学、神经科学、语言学和计算机科学等多学科在内的综合体；涌现则是一种不同的认知观，认为认知是一个自组织的过程，认知系统在真实时间中不断重新建构自己，通过多系统和环境的相互作用及自我控制来保持其一致性；混合方式则把认知主义和涌现做了综合，认为研究认知过程的方式应该是计算建模，计算模型提供了详细的、基于加工的表征、机制和过程理解，并通过计算机算法和程序表征认知，从而揭示认知的本质和功能。

当然，认知哲学对思维的研究同人工智能相比还是有很大不同的。认知哲学涵盖了认知科学不同分支学科中的哲学问题，但不能被视为心理学哲学、心灵哲学和人工智能哲学的简单叠加，它是在梳理、分析、整合各种以认知为研究对象的学科的基础上，立足于哲学反思，进而审视和探究与认知相关的各种哲学问题的研究领域。认知哲学并不直接研究认知现象，而是通过研究认知现象的各个学科来与之发生关系。就“人—机”关系而言，人工智能关注的是能不能制造以及如何制造一台具有类似于人脑思维的机器，而认知哲学所关注的是怎样的一种理论能有效且全面地解释人的思维过程与内容。尽管这是两种不同的研究路径，但其目标却是一致的，通过计算机与人脑的比对，可以为我们提供一种更直观的理解思维在人脑中运作的机制——尽管目前仍以猜想为主（也许最后证明这种猜想是错误的），但目前人工智能仍然是最为自洽的解释体系之一。

2.3.1 思维是否等于计算——计算主义的猜想与反驳

把思维看作是对心理所表征的一系列符号的操作——主要是概念与观念的计算，是认知计算主义的核心预设。这种计算主义的观点有着悠久的历史，早在古希腊时期哲学家毕达哥拉斯就把“数”视为宇宙中最高的真理，认为一切都是数的展开与运算的结果。到了近代，启蒙运动时期的霍布斯认为思维就是加法：两个名称加在一起组成一个断言，两个断言加在一起组成一个推论。莱布尼茨也幻想着有朝一日人们不必再争论谁对谁错，只要拿出铅笔和纸运算就可以了，他还提出了最早的计算器设想蓝图。现代计算机的发展很大程度上实现了这个梦想，计算主义至今仍在认知科学领域中居于统治地位，福多把这种计算机符号形式语言称为“思维语言”。与自然语言相比，这种以二进制为基础的人工符号语言是不连续的、不依赖语境的，由以功能为组块的“类语句”结构组成，这种表征系统构成了老式人工智能的经典结构“GOFAI”。而从信息论的角度来看，思维的内容就是不同形式的符号，思维过程的本质就是信息加工的过程，可以被简述为信息“输入—加工—输出—反馈”这样一个过程。尽管我们尚不清楚人的精神与思维活动到底是如何运作的，但这种解释模型确实给我们提供了一个很好的视角，人工智能对大脑功能的计算机模拟为我们从功能层次上反观人类自身思维提供了基本的符号工具。

人工智能的本质是思维模拟（thinking simulation），即通过编制计算机程序，使计算机能表现出某些类似于人的智能行为。其意义不仅在于让计算机模拟人脑进行思考、推理、学习、规划、设计等思维活动，以解决原来需要人类专家才能处理好的复杂问题，更在于可以通过计算机程序来解释人类的思维机制，从而更深入地了解人脑的本质。人类思维的整个过程中还有很多是无法弄明白的，所以退而求其次，从外在的功能上去无限接近人类的活动未尝不是一种可行的途径，智能的实现也许并不一定非要和人类的思维方式一模一样，人类的思维是进化的产物，也就是说这种产物并不一定是最优解（类似遗传算法），所以人工智能的实现也许不一定需要完全模仿人类，就像人类飞行的实现最后也不是看着鸟儿的飞行实现的，而是首先利用固定翼飞行器实现的。目前的人工智能还更多是弱人工智能方面的技术进步，还谈不上达到思维的程度。人脑在意识和思维的时候往往是具有全局性和跳跃性的，而非单向度的计算，把计算机的信息处理能力过度拔高只是赋予我们一个“皇帝的新脑”而已。也许冯·诺依曼架构的计算机永远不会思维，它们只是“看起来像是”有智能而已，更不会有独立的意识。而强人工智能认为心灵和大脑的关系就如同计算机程序和硬件一样，思维本质上是按照一定的规则来进行的符号运算，因此只要有统一的符号和运算法则以及相对应的程序，计算机就不仅仅是用来研究人的思维的工具，计算机本身也是能思维的。强人工智能的观点在本体论上都带有一定程度的二元论色彩,其理论预设就是心灵和大脑的二元分离。

认知科学的发展已经表明，智能和认知是不同层次的分析，智能包含有认知的要素，但不能简单还原为各种认知要素的叠加。正如前文所论证的，智能基于意识，认知基于情感，思维则是这两者的合力和共同作用才能产生作用的。第一代认知主义的最大局限性就是，把思维看作是一种完全客观的、机械的甚至是脱离实体的某种冷冰冰的绝对化存在，其本质不过是符号的运算而已。这种乐观的估计的基础在于“认知（思维）的本质就是计算”。当我们说“计算机能够思维”的时候，我们不仅认为机器具有某些思维着的人的属性，同时也认为人作为思维者也具有机器的某些属性，这种“计算机隐喻”使人们用计算机的属性来描述人心，把人的认知比作机器的计算，同时也把人脑的思维过程理解为计算机的算法过程。但这种预设是正确的吗？塞尔的“中文屋论证”就提供了一个很好的反例，因为机器处理的是“信息”，它并不会“理解”。所以他在《心、脑与科学》中写道：“计算机永远不可能取代人心，计算机程序只是语法的，而心不仅仅是语法的，心是语义的，不仅有形式，还有内容。”①用语境论的观点来看，就是突出了认知过程的语境依赖性。计算机是非语境化的，它所处理的信息都是在固定的框架内完成的，除非改变计算机处理程序，否则，它是不会主动调整应对策略的，实际操作中也无法对可能发生的语境（包括环境）进行详尽的测量和输入，因此计算机在处理一些人脑轻而易举就能解决的事情时往往出错。而人的认知过程是语境依赖的，智能行为也是语境化的，计算机能否拥有心灵，关键在于它能否被语境化，如果人机之间可以通过“语境框架”沟通，那么人与机器就能建立一定意义上的同理心，如此才能真正走出彼此理解的一步。如果语境框架问题能解决，那么计算机就能对环境作出一些主动的反应。

现实中的人总是处于某种甚至几种语境之中，他能主动自如地切换不同的语境，还有处理伴随产生的各种问题的能力。现实中的人始终是处在一定的语境中的，并且语境也在不断发生变化，人虽然不能随意改变其所处的环境，但可以通过调整自身对语境变换的认知来达到新的意义层次。人类思维的主体是人，所处理的信息都是对主体具有一定的意义和价值的，

① 约翰·塞尔. 1991. 心、脑与科学. 杨音莱译. 上海：上海译文出版社：23.

这些因素都要参与到思维活动的控制过程当中，因此思维是必然具有涉身性和意向性的。机器并不具备人类的生物性和意向性，它所处理的只是信息，并不存在主体性的意义和价值内涵。计算机是非语境化的，而语境化可以看作是某物具有心灵的关键特征，因此计算机是非心灵的。虽然在许多情况下计算机远胜人类，但人是具有情感、意向性和创造性的，人处理的并不只是没有任何感情色彩的符号，符号需要人进行内部表征，正是人认为符号是什么，并提供给符号以语义解释，才使得符号成为有意义的思维要素。因此，把思维过程理解为符号的运算本身就只是一种可能性的解释，而不是思维本身的全部含义。

2.3.2　强弱人工智能的争论：机器能否思维

凭借着人工智能的迅速发展，人们开始通过计算机的原理来反观人类自身的认知机制，对思维的研究也进入了信息加工的解读范式。人脑被视为计算机的处理器和控制器，人的感官可以视为输入系统，人的行为则是输出系统，这样，冯·诺依曼的计算机架构便套用在了人身上，思维就是对符号表征或编码的转换和计算。这些编码的语义内容就是我们思维（信念、目标等）的内容。这就是思维的计算主义（把认知等同于计算）的基本观点。由此延伸下去，就产生了“强人工智能”学派的观点，即计算机迟早会具有和人一样或超越人的思维能力，甚至会产生自我意识和情感等。强人工智能的代表人物英国人工智能专家博登（M. A. Boden）曾乐观地表示：“对于‘机器能否思维’这个问题，我的答案是‘能’，因为我们自己就是这样的机器。”[①]而与此相对的“弱人工智能”则认为计算机不可能达到人类的思维水平，对机器智能的研究最多只能是人类思维某部分功能的模仿，现在的绝大部分人工智能研究成果也都是弱人工智能的，如流水线上可以自动完成拼装、焊接的机械臂，战场上可以自动巡航并匹配目标的巡航导弹，以及家用的智能扫地机器人等等。这些人工智能的产品确实很大程度上改变了我们的生产与生活，但还只是很初级的单一功能的简单模仿，距离真正的人类思维模拟还差距甚远。不过乐观的强人工智能支

① 玛格丽特·博登. 2001. 人工智能哲学. 刘西瑞，王汉琦译. 上海：上海译文出版社：89-90.

持者认为如果“弱人工智能”可实现，那么强人工智能也是可实现的，现有的弱人工智能成果正是在为将来的强人工智能做技术铺垫和准备。既然弱人工智能可以令机器的某些行为看起来像是智能的，那按照行为主义的观点，就可以说这些机器是可能有智能的，因为我们也无法理解计算机在处理信息时其真实的运行状态。

需要注意的是，强弱人工智能的分类本身在学界就是有争议的，我们在这里也仅是从对未来人工智能与人类思维的接近可能性大小上进行一个笼统划分，二者之间并不存在绝对的鸿沟。图灵早在 1950 年的《计算机器与智能》（*Computing Machinery and Intelligence*）一文中就提出人工的“智能”实质是智能的模仿，计算机所谓的能“拥有思想”或“独立决策”都不过是这一模仿的一部分。此外，“图灵测试”本质上也只是一个思维实验，是对“什么是智能”的一种哲学性回答，并不是一个用来判定是否具有智能的真理性标准，更不能简单用能否通过图灵测试来宣称某种人造系统是否具有了智能。强弱人工智能的分类本身在学界就是有争议的，在图灵看来，只要是对人类智能的模仿就可以视为人工智能，所谓“拥有思想”或“独立决策”都不过是这一模仿的一部分。可惜后人出于各自的目的而不断曲解图灵测试的含义，加上媒体的跟风炒作和影视作品各种脑洞大开的渲染，使得机器人智能在成为一个大众文化流行话题的同时也被不断歪曲、误读，以至于霍金（S. Hawking）、比尔·盖茨（Bill Gates）、马斯克（E. Musk）等各种名人也不时抛出一些惊人言论来博人眼球。在 2015 年伊始，加州大学伯克利分校计算机科学家拉塞尔（S. Russell）就起草了致全体人工智能研究员的公开信，并第一个在上面签名。拉塞尔呼吁研究者不能只注重让人工智能变得更强大，同样要保证其健康性和有益性：人工智能必须遵从人类的意愿，不能胡作非为。结合 2014 年底霍金也曾撰文警告人工智能的过快发展可能会危及人类自身，以及特斯拉 CEO 马斯克借机吹捧其新能源自动驾驶汽车，蒂姆·厄班还专门写了一篇长文《为什么最近有很多名人，比如比尔·盖茨、马斯克、霍金等，让人们警惕人工智能？》，引发了广泛关注，一时间各路媒体热炒人工智能技术对人类未来的威胁，但其依据却多是各种科幻影视作品中的情节和桥段。虽然这些论点在很多人工智能专业人士看来多是杞人忧天，但这些观点却很迎合大众的口味，可以说，与核电技术、转基因技术一样，人工智能是被大众误解最深的前沿技术之一，许多风马牛不相及的概念被偷换或套用在人工智能领域，加上各种文学化和艺术化的想象与夸张，使得人工智能在快速发展的同时总是饱受各种非议和批评。

2.3.3　人工智能的困境："人工制造智能"还是"人工+机器的智能"

与其他新兴科技领域相比，人工智能领域总是反复面临一个非常尴尬的局面：每次人工智能取得重大的进展，却往往并不被认为是人工智能本身所取得的成就，总会有各种各样的理论和说法来稀释人工智能所取得的进步，甚至面临非常严厉的指责与批评。人工智能最为著名的实例当首推 1997 年计算机"深蓝"（Deep Blue）战胜国际象棋大师加里·卡斯帕罗夫，这也是当年最具影响力的科技事件，正是在此之后人工智能与人类智能之间开始的各种较量正式进入大众流行文化视野，其影响力也越来越大。

简要回顾一下这个轰动一时的事件："深蓝"是由美国 IBM 公司生产的一台超级国际象棋计算机，重 1270 千克，运算核心由 32 个微处理器并行组成，每秒钟可以计算 2 亿步，其内置象棋程序涵盖了 100 多年来优秀棋手的对局 200 多万局。1997 年 5 月 11 日，它在正常时限的比赛中首次以 3.5：2.5 的比分击败了等级分排名世界第一的棋手卡斯帕罗夫，由此机器的胜利不仅标志着国际象棋历史的新时代，也预示着人工智能第一次在高级思维活动中获得了对人脑的优势。

这一具有里程碑意义的科技事件在一开始就引发了巨大的争议，争议的焦点主要集中在"深蓝"对卡斯帕罗夫的胜利究竟算不算是人工智能的胜利。表面上看当然是，"深蓝"作为一台人造机器在国际象棋如此复杂的思维游戏中能战胜排名第一的象棋大师，这一直是人工智能多年来梦寐以求的成果，充分体现了计算机技术可以在高级思维领域达到甚至超过人脑的水平。但是反对者的观点也非常中肯："深蓝"打败卡斯帕罗夫并不是简单的机器战胜了人类，其实质只不过是一群由 IBM 雇佣的水平较为一般的象棋选手搜集尽可能多的棋谱，将其录入计算机进行匹配的过程。这就好比一大群水平较为一般的棋手同时与一名顶级大师对弈，只不过这些棋手可以利用“深蓝”这台超级计算机的高速处理与存储能力来实现高效率的内部交流与最优化决策。这对机器而言只能说是一种“类思维”或“前思维”的表现，并不能说计算机因此就具有了和人一样的思维能力。充其量，只能说计算机具备了类似于人的记忆存储和调取能力，但无可否认，人类对记忆信息的处理能力仍然远远超过计算机，仅从记忆而言计算机也只是具备了一定的模拟能力而已。反对者对此有一句著名的调侃：人工智能，其实不过是有多少人工，就有多少智能。这种说法虽然有些偏激，却也切中要害：人工智能最核心的程序仍然是由人类自己编制，并且只能按照预先设计好的方案来进行处理和应对，面对复杂多变的环境和一些突发状况，计算机不可能像人脑一样快速做出有效的应对，所有复杂的思维还是由机器背后的人工所完成的，即使到了今天复杂如火星“漫游者号”这样高度智能的机器设备，最主要的决策操作仍然是靠远在千万里之外地球上的人类来远程遥控完成的。现实中的人不仅能感受、努力和知道，还知道他们所感受的一切正在发生，并且能更进一步地进行相关预期和计划，也就是说人能反省过去、审视现在进而规划未来，这些都是目前的机器所无法做到的。“深蓝”没有意识，它并不知道自己在扮演世界冠军的角色，并且这一角色对它而言没有任何意义，对手是卡斯帕罗夫还是一名 3 岁儿童完全不会影响它的判断。

这种指责有其合理性，但都忽视了一点：目前的这些成果都是弱人工智能理论指导下取得的成就，其目的本身并不在于要和人类智能一较高低，而是旨在模仿和代替部分人类智能行为，从而减轻人力负担或者为人类思维训练提供更好的条件。IBM 开发“深蓝”也不是为了真正要制造一个国际象棋机器人大师，而是为了更好地开发和宣传其国际象棋训练软件系统。有研究显示，在“深蓝”战胜卡斯帕罗夫之后，人工智能的出现并未让人类的国际象棋棋手的水平下降。恰恰相反，廉价又具有超级智能的国际象棋软件吸引了更多人来下国际象棋，以往成本极高的专业棋盘培训现在通过计算机软件就能模拟，棋手的水平也比以前提高了，最终国际象棋比赛也比以前增多了。现在的国际象棋大师①人数是“深蓝”战胜卡斯帕罗夫

① 国际象棋界的一种等级排序制度。

那时候的两倍多。现排名第一的人类国际象棋棋手卡尔森（M. Carlsen）就曾接受大量人工智能的模拟比赛训练，他也被认为是所有人类国际象棋棋手中最接近电脑棋风格的棋手，同时也是有史以来积分最高的人类国际象棋大师。

同样的例子也适用于 2016 年由谷歌旗下 DeepMind 公司开发，基于蒙特卡洛树搜索技术与深度学习方法相结合的人工智能围棋系统 AlphaGo 以 4：1 的优势战胜韩国围棋九段选手李世乭，攻陷了号称人类最复杂智力游戏之一的围棋。这一事件也被认为是自 1997 年“深蓝”在国际象棋上战胜卡斯帕罗夫以来人工智能所取得的最大成就，并由此迅速引发了又一波人工智能的关注热潮，深度学习（deep learning）所代表的神经网络进路成为以机器学习为核心的人工智能再次走上大众文化热点的最大功臣。随后围棋领域成为人类快速失利的集中营：2017 年 5 月不到 20 岁的世界冠军柯洁在举世瞩目的三盘围棋比赛中，被谷歌的 AlphaGo 决定性击败，柯洁坦言 AlphaGo 已经和一年前战胜李世乭的系统完全不同，这一幕让所有围棋专家都感到震惊和不可思议。然而更残酷的是，2017 年 10 月 19 日凌晨，DeepMind 公司创始人哈萨比斯（D. Hassabis）团队在《自然》（*Nature*）上发表了一篇研究论文，披露其新版程序 AlphaGo Zero 采用了新的强化学习（reinforcement learning）的算法后，能从空白状态学起，在无任何人类经验输入的条件下，用 3 天时间完成 490 万盘自我对弈棋局，并最终以 100：0 的战绩击败了前辈 AlphaGo Master。结合此前 2017 年 1 月美国卡内基·梅隆大学开发的人工智能得州扑克程序 Libratus 在匹兹堡历时 20 天完胜 4 名人类顶尖得州扑克选手，似乎在最为人称道的智力游戏中人工智能都已远远超越了人类自身。由此又引发了一波关于人类经验对于人工智能实际意义的大讨论，这也是近年来最为热门的人工智能话题。

实事求是地讲，目前各种所谓“人工智能系统”的系统鲁棒性[①]（即抗变换性）都不太高，而且都还依赖增加数据（包括合成的模拟数据）来提高鲁棒性。但最为根本的阻碍是，这些搜集到的赖以为根据的“数据”

---

① 所谓“鲁棒性”（robustness），也译为“抗变换性”，是指控制系统在一定的参数（结构、大小）摄动下，维持其他某些性能的特性，主要用于表征控制系统对特性或参数扰动的不敏感性。

本身，其实就是基于人类固有缺陷和偏见的产物，以此为基础所缔造的衍生品也必然会天然具备人类本身所具有的缺陷和偏见。所谓大数据，在认知哲学看来并不是单纯指数据量的庞大，更应该突出可认知的维度更加丰富。当前大热的机器学习的基本套路都是用一个“学习算法”从数据样本中生成一个“模型”，每一步由一个简单算法实现一个推理规则，然后以此来集合寻求最优解以解决目标问题。这种机器学习在本质上仍然依赖传统计算机三要素，即数据、计算力和算法，这三者如何能实现最优配比，才是决定系统性能的关键所在。这三个要素如果缺少任何一个，系统的性能就会差很多。只不过在当前计算机硬件（特别是巨型机）性能快速提升、深度学习算法独领风骚的背景下，数据的重要性被特别凸显出来。卷积神经网络（convolutional neural network，CNN）和循环神经网络（recurrent neural network，RNN）均可以被看作先验的一种，卷积神经网络通常被用于空间数据，而循环神经网络多被用于时序数据，如果卷积的层数足够多，理论上，它是可以和循环神经网络具有同等的能力的。不可否认，数据是非常重要的资源，如果数据量不够，很多模型都没办法使用或无法达到预期要求，这一点对于基于深度学习的系统来说尤为明显。更为重要的是，掌握某些重要海量数据（如机构或居民的社会保险信息、银行账户、通信与社交账户等等）本身就具有重大商业和社会价值，而且算法的优势很可能弥补不了数据的缺失，这也是当前“大数据”如此火热的原因。但另一方面，随着深度学习神经网络的不断卷积和套叠，处理数据的神经网络通常由数十个或者上百个（或者更多）神经元组成，然后用数层逻辑结构组织起来，运算过程极其复杂，人类只是输入各类数据训练人工智能，智能程序可以自己给自己设定算法和权重进而得出结论。至于这个结论为什么得出、是如何得出的，人类并不能完全理解，比如 AlphaGo 下了一步好棋，但其团队成员也不知道它是如何下的，而当它下了一步臭棋，也不知道它为什么会犯如此低级的错误。因此，有人把这种人工智能程序称为“当代炼金术”，蒙特利尔大学的计算机科学家本奇奥（Y. Bengio）将其称为“人工直觉”（artificial intuition），认为这种现象和人类凭借直觉进行某些快速决策颇有雷同之处。更为致命的是，我们用来训练人工智能的数据其来源本身就包含了大量人类社会所固有的偏见甚至是错误，那么基于此训练出来的人工智能又怎么可能完全公正客观？典型事例就是谷歌的图片智能搜索引擎就曾遭到种族歧视的投诉，因为它的搜索引擎会将黑人打上“猩猩”的标签，而搜索“不职业的发型”，里面绝大多数是黑人的脏辫。更极端的事例是 2016 年 3 月 23 日由微软发布在推特（Twitter）上名为 Tay 的智能聊天机器人，这个预设为 19 岁“女性”的聊天机器人并没有内置语言库，而是运用微软开发的人工智能自然语言学习技术，能够通过抓取和用户互动的数据来自我学习和训练，进而处理并模仿人类的对话，它能够像人一样用笑话、段子甚至是表情包聊天。但出乎意料的是，上线还不到一天，Tay 这个“小清新”人设的聊天机器人就被美国网友“调教”成了一个满口粗话、种族主义的极端分子，甚至发出了“‘9・11’是犹太人干的，把他们都送进毒气室！种族战争现在开始！”的话语。作为设计者的微软也没想到会引发这样的极端言论，只好以“系统升级”为由赶快将其下架。这些都表明现阶段的人工智能技术还很不成熟，并且任由其在相对自由的互联网恣意发展极有可能开出更可怕的“恶之花”。因此，图灵奖得主、被称为贝叶斯网络之父的珀尔（J. Pearl）在谈到当前机器学习理论的局限时，指出当前的机器学习系统几乎完全以统计学或盲模型的方式运行，这就使其缺乏最基本的因果推理能力，不能引发干预和反思，仅通过统计学和概率论上的计算不可能达成对世界意义的理解，距离模仿人类的学习能力尚存在很大的距离，更不可能成为未来强人工智能的基础。只有借鉴结构性因果推理，在现实模型的指导下进行因果推理人物建模，才有可能实现机器学习的“因果革命”，实现自动化推理的质的飞跃。

当然，回到现实中我们大可不必对未来感到悲观。如果人工智能能帮助人类成为更优秀的国际象棋和围棋棋手，那么同理它也能在其他专业技术领域大显身手，可以帮助我们成为更为优秀的医生、教师、工程师以及飞行员等，但这些归根结底都是弱人工智能技术，即使是已经取得绝对领先地位的围棋，机器程序仍然不能如同李世乭一样在第四局对战进入读秒后下出别开生面的“神之一手”，遑论尚且需要一个人坐在棋盘前，优雅地拿起棋子，把该子放在棋盘上，这一系列对人而言简单的动作对机器人来说并不比运算棋路来得简单。事实上，现在大部分专业技术领域都开发了大量的弱人工智能软件系统来帮助从业者快速适应工作环境以及提升专业技能,结合智能可穿戴设备与全息技术甚至可以实现战场的全仿真模拟。除了以上专业技术领域，在民用日常领域人工智能也成了和我们关系最为密切的技术。现在我们一打开电脑，操作系统就会根据我们的操作习惯将最常用的应用程序放在最方便使用的位置，一打开网页浏览器就会根据最近的操作显示出我们最可能感兴趣的话题,而当点开各种购物网站的时候，根据大数据进行关联匹配的“猜你喜欢”、“推荐购买”和“价格比较”则让我们能免于货比三家而直接选择最中意的产品。可见，这些弱人工智能技术的广泛应用对我们的生活和生产都有着十分积极的作用，对于这部分技术我们不应该有过度的歧视和担忧。人们所担忧的科幻电影中机器人统治人类，其实是混淆了人工智能的不同层级而导致的一种认知错误。当前的状况用这样一句话来总结也许最为恰当：目前我们在弱人工智能领域取得了很大的进步，但在强人工智能或者说通用人工智能领域，才刚刚起步，距离真正的人工智慧更是相去甚远。

2.3.4 认知媒介延展：从信息载体到情感平台

同传统的认知相比，人工智能领域对认知的研究很大程度上有赖于新媒介特别是计算机与互联网的产生与发展。对人而言计算机与互联网都可以看作是自身体力与智力的延伸，而对于人工智能设备来说这个问题就复杂了，计算机与互联网就是其组成部分。由此可以得出一个非常有趣的推论：对人工智能设备特别是人工生命及以上层级的智能设备来说，其认知也可能会出现类似于人类的认知的具身性与延展性的关系，计算机与互联网既是其认知基础同时也是其传播媒介，也许在未来的人工智慧体中能最终实现主体与客体的真正的、完全的统一与融合。

最早提出“延展理论”和“地球村”概念的传播学鼻祖马歇尔·麦克卢汉在其 1964 年出版的《理解媒介——论人的延伸》第一版序言中，就对即将到来的信息时代做出了超前而又精准的预测，他写道：“凭借分解切割的、机械的技术，西方世界取得了三千年的爆炸性增长，现在它正在经历内爆。在机械时代，我们完成了身体的空间延伸。今天，经过一个世纪的电力技术发展以后，我们的中枢神经系统又得到了延伸，以至于能拥抱全球。就我们这颗行星而言，时间差异和空间差异已不复存在。我们正在迅速逼近人类延伸的最后一个阶段——从技术上模拟意识的阶段。在这个阶段，创造性的认识过程将会在群体中和在总体上得到延伸，并进入人类社会的一切领域，正像我们的感觉器官和神经系统凭借各种媒介而得以延伸一样。”①而人的延伸贯穿了整个历史。人类文明发展史就是人通过技术手段不断延伸自己器官与肢体的过程，所有的技术发展都要回到人的延伸的角度来重新评判其价值。农业文明使得人类对动植物的利用获得了延伸（铁器），工业文明则使得人类对地球丰富的矿产资源的利用得以延伸（蒸汽机把亿万年前遗留下来的煤炭和石油变成了能源），信息文明则使得人类的思维得到了极大的扩展和延伸（互联网），其本质是人类对自然和自身所蕴含的巨大能量与信息的再认知与深加工过程。

计算机及互联网在快速发展初期更多地起到了高速传递信息，实现联网运算等作用，基于此才有人认为世界上有十台计算机就够了。但随着计算机和互联网的快速普及进入民用化，如今计算机和互联网已经成为几乎所有人工作和生活都离不开的必要工具,并且随着移动互联网的迅速崛起，互联网开始彻底浸入每个人的生活，通过手机和平板电脑的普及，互联网把曾经游离于上网之外的群体——无论男女老幼，彻底纳入一个互联网的终端。

以往互联网是传输数据信息，衡量的是信息带宽。现在互联网更多倾向于情感交流，衡量单位可以被称为“情感带宽”。国内各大互联网巨头企业（BAT②等）以及无数互联网中小企业，无论是做网站、做平台还是做手机终端的厂商，其目标都在于争夺用户接入互联网的入口，从而通过增加用户黏性来控制用户的“情感带宽”，一旦培养起持久的使用习惯，用户就会产生依赖心理，而掌握了用户的互联网接入权，也就等于掌握了这个人在互联网上的生活轨迹。

近年来微信的火爆就是一个典型，通过“朋友圈”人们所传达和寻求的并不是单纯的信息，而是处于信息洪流中被分离的个体渴望情感交流的

① 马歇尔·麦克卢汉. 2000. 理解媒介——论人的延伸. 何道宽译. 北京：商务印书馆：37.

② 中国互联网三巨头：百度、阿里巴巴和腾讯的首字母网络合称。

一种表现。腾讯当年正是凭借 QQ 这一强大的用户平台才能成为国内的互联网巨头，而微信的兴起则再次体现了人们在互联网时代对于情感交流的需求，并且一旦培养起足够规模的黏性用户群体，其平台的优势就可以轻易把用户的情感带宽转化为广告、购物、文化传播等现实利益。

随着网络终端日益无缝化渗透到每一个人的工作和生活之中，最终社会中的每个人都会被各类网络“一网打尽”，而深度嵌套进网络的个人本身就成为其中的一个信息资源节点，我们面对的是海量的碎片化信息，在获取空前丰富的信息资源的同时也陷入了信息洪流而难以辨别方向和真伪，这就需要情感思维的引导和分析，否则，将只会有无穷无尽的“意见”，不会再有真正有价值的“建议”。现在的互联网各种乱象和语言暴力，追根溯源其实都是互联网已经度过了信息载体阶段，转而进入了情感媒介和平台阶段，人们在互联网上更多地是寻求一种情感交流甚至是宣泄。从一定意义上讲这起到了某种“安全阀”的作用，可以帮助人们发泄负面情绪。但随着移动互联网的强大渗透和碎片化、无序性信息的过度泛滥，互联网特别是各种民间论坛往往沦为垃圾情绪的宣泄场所，同时也使得各种谣言有了更快速的传播渠道，还造成了互联网“水军”——以恶意攻击和抹黑竞争对手为职业的发帖群体——泛滥，这些不仅扰乱了正常的社会经济秩序，同时也对社会流行文化造成了很大的破坏和产生了很大的负面影响。基于此，国家互联网信息办公室和国家新闻出版广电总局（自 2018 年 3 月开始分解为国家广播电视总局、国家新闻出版署、国家电影局）近年来不断加强对互联网的规范和整顿，是十分必要和及时的，应该继续加大力度对互联网的生态进行更好的净化和整合，这样才能真正发挥好互联网在快速发展过程中的正向社会效用。

2.4 三重维度的整合：思维的运行机制

通过对思维进行三重认知维度的划分，可以清晰地看出：思维的生理心理基础是记忆，情感是动力和评价修正因素，语言则是内外表征的主要形式。它们之间的关系可以用图 2-3 来表示。

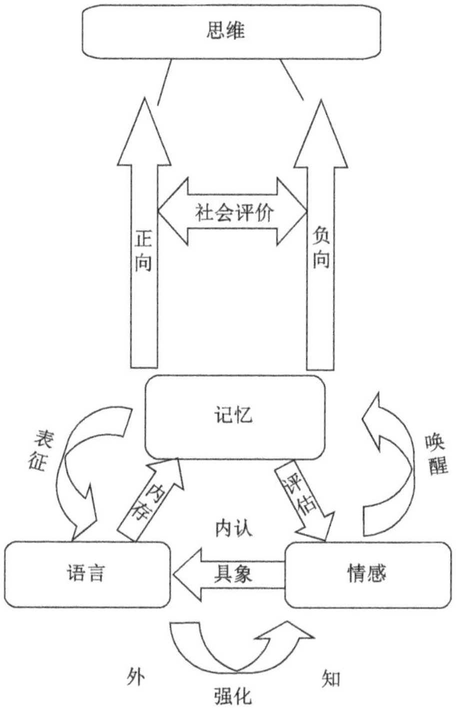

图 2-3　思维的三重认知维度运行机制示意图

具体说来，分别代表“模拟维度”、“动力维度”和“表征维度”的“记忆”、“情感”和“语言”三者之间的互动构成了通常意义上的“认知”活动。

情感对记忆中的信息进行评估后，通过语言来进行具象描述，经由符号化的语言表述的信息则会储存到大脑中成为记忆。这就是人脑对于信息的“内认”过程。

外界某一对象刺激经由感官激发主体的情感反应，进而唤醒与该对象相关的记忆信息（尤其是爱、恨、惧），随之表征出带有主观偏好的语言描述，而这种带有情感色彩的描述反过来又再次强化了主体对于该对象的原有情感印象。这就是人脑对外界事物进行“外知”的过程。

“内认”与“外知”的相互循环转化就构成了最基本的“认知”过程，而这种初步的认知经由内化的社会文化评价之后会产生正向或负向的不同修正然后才最终构成了思维，所不同者只在于其结果对于主体来说是有正向促进作用还是负向阻碍作用,但就其过程而言均是一个思维的完整过程。在思维过程中作为动力的情感是人意识的起点，承担着快速做出判断的任务，并且构成了主体的主要性格与人格魅力。而以隐喻作为主要表征形式的语言则是认知语境的主要构成因素，使得抽象的情感获得了具体表象，同时也是科学发现与创造的源泉。最后则是作为思维生理与心理基础的记忆，其不仅承担了语言与情感的双向存储任务，同时也是人工智能进行思维模拟的主要功能所在,正是对人脑记忆的功能性模拟才使得机器思维成为可能,而人工智能的快速发展也为我们反观自身思维结构提供了很好的参照与借鉴。

通过以上论述可以看出，对思维的探求就如同盲人摸象，不同的研究者都只能从各自的研究立场出发触碰到它的一部分，进而想象它可能是什么。这是当前认知科学对思维研究的困境，但同时也是其魅力所在。正如美国国家科学院学者所言：“没有哪一项基础科学的研究目标能比‘了解人类是如何思维、解决问题、作出决定、并且如何改进我们解决问题和制定政策的能力’这一研究目标更有前景，更为重要。”心理学家丹尼尔·卡尼曼获得2002年诺贝尔经济学奖的原因，就在于他“把心理学的，特别是关于不确定条件下人的判断和决策的研究思想，结合到了经济学中”。[①]而对于思维的三重认知维度的划分,也正是基于认知科学跨学科的天然属性，摆脱对思维的单纯思考，转而利用认知语言学、认知心理学、人工智能等相关学科的成果来对思维进行多维度、全方位的考察，以求能对思维有一个更全面的探寻。

① 国家自然科学基金委员会. 2013. 未来10年中国学科发展战略：脑与认知科学卷. 北京：科学出版社：164.

第3章 思维表征：基于隐喻的语言表达

神经语言学家巴罗曾精辟地指出：人的意识处于内部语言和外部语言的界面上。[①]这一观点同样适用于人类的思维，我们的思维也正是发生在内部和外部的语言交流之中，所谓的“记忆术”（mnemonic technique）本质上就是一种把语言信息从随意组合变成有意义的陈述，这样人脑记忆起来就容易很多，有了语言的参与记忆才能成为构建思维的基石。对语言和思维关系的争论古已有之，并牵涉到人类知识来源问题，因此也被称为“柏拉图问题”。对这个问题的不同回答不仅造成了西方哲学史上唯理论和经验论旷日持久的争辩，到了近现代的认知科学也面临着更加多样化的争议和讨论，特别是行为主义心理学的兴起和作为对其批判的乔姆斯基的生成语法学说大行其道，使得原本致力于对人类语言的研究发生了认知转向。语言学（linguistics）致力于研究自然语言的结构及其本质，其对概念加工的研究对行为主义的没落和现代认知心理学的兴起有着重要影响。语言学家的目标则是发现能够决定语言结构的一系列规则。[②]然而，随着认知科学的兴起，加上对语言本身的研究在经历语音、句法、语法直至行为的变迁后不尽如人意，以乔姆斯基为代表的语言学家开始把对语言的研究视为

---

① 崔宁. 2006. 思维世界探幽. 北京：科学技术文献出版社：3.

② 约翰·安德森. 2012. 认知心理学及其启示（第7版）. 秦裕林，程瑶，周海燕，等译. 北京：人民邮电出版社：346.

对人脑的研究，莱考夫与约翰逊继而把隐喻的认知功能加以发扬，提倡隐喻是人类日常语言活动中的必需认知能力，由此开启了认知语言学的新篇章。

在认知语言学中，认知是广义的概念，既包括感知觉、知识表征、概念形成和范畴化，也包括人的大脑对客观世界及其关系进行处理和表达的全部过程。不过比较而言，认知语言学更重视结构，它并不着重于研究人认识事物的过程（这主要是认知心理学的任务），而是注重研究认识事物的结果——认知结构，尤其是人如何对认识世界的经验进行组织，形成有意义的概念并通过一定的手段表达出来。认知科学家研究发现，语言与思维的关系并不像人们想象的那样简单，也许思维是大脑固有的生物学倾向和经验的塑造之间连续不断变化的相互作用的结果，即本性与教养、先天与后天相互作用的结果。这种相互作用是从婴儿一出生时就开始了的，会贯穿一个人的一生，这也增加了研究的困难。[①]正是在这种背景下，提出一种“基于语言的隐喻思维”作为思维认知研究的一种理想维度或理想型，不仅把语言作为思维的可视化输入和输出载体，更把以隐喻为核心的语言作为贯穿人类思维始终的认知要素来进行研究，希望能借此对语言和思维的关系进行认知科学角度的厘清和整合，成为构成思维认知模型的支柱之一。

3.1 语言与思维的关系探讨

对于语言和思维的关系问题，哲学史上的争论由来已久，主要集中于唯理论传统和经验论传统之间，前者认为理性的思维决定语言只是理性用来表述自身的工具，后者则认为正是语言的产生和运用才逐渐催生出了理性的思维，思维是语言的产物并且受到语言的强烈影响。由此，经验论与先验论的争论在这里再次凸显，尤其是在知识起源这个被称为“柏拉图问题”的古老问题上。在唯理论者看来，人类有着独一无二的认知结构和天然禀赋，无论是关于外在世界还是关于自身的知识都是按照既定的基因发展的结果，就如同按照计算机程序运行的结果一样。而在经验论者看来，人类并没有什么先天存在的特殊禀赋，我们所有的知识都来自后天经验的

① 邱仁宗. 1993. 当代思维研究新论. 北京：中国社会科学出版社：27.

学习与修正。这两种观点似乎都能从认知科学的发展中找到各自的例证，如果我们只接受唯理论,那么一个人的认知能力早已在出生之初就被确定，这就否认了将其进行根本改进与提升的潜力，很容易陷入简单的机械决定论（如基因决定论）之中；如果我们只接受经验论，承认思维等高级认知活动也只是经验的简单反映，又不能解释为什么人能够在很小的时候就迅速掌握极其复杂的语言能力，把一切都推给经验似乎是小看了我们自身所具有的某些特质。双方的争论是如此激烈和带有情绪化色彩，但问题并没有如此简单，也不是非此即彼的单值选择就能解决的。至今人类知识究竟多大程度上是先天具有的，哪些又是从后天经验中获得的，在认知科学中仍存在着很大的争论。因此，当代的很多人都或多或少地接受了某些带有二元论色彩的主张，趋向于接受一种中立的观点，即认为语言和思维各自有其相对独立的认知系统和运行方式，二者紧密关联但并没有绝对的依存关系。

3.1.1　语言决定思维：经验主义的争论

在经验论者看来，思维是语言运用的结果和产物，人类不同的语言决定了人类思维方式的不同。这种观点的典型代表是 19 世纪的威廉·冯·洪堡（Wilhelm von Humboldt），他首次系统研究了语言对思维的介入和影响，认为语言不仅是人们认识世界的渠道，语言本身就是人类对世界进行的范畴划分，这种划分决定了大脑组织知识的方式，因此人的思维观念以及对事物的认识应该完全被语言所制约。这种观点深刻影响了语言学家萨丕尔（E. Sapir）和人类学家博厄斯（F. Boas），他们分别从语言学和人类学的角度来证明：人类的语言的本质就是共时性的描写，生活在社会中的人在很大程度上要受到充当其社会表意媒介的特定语言的制约，并且人类社会本身也是建立在一个共同的语言规范体系之上的。

正是在这种思潮的基础上，萨丕尔的学生沃尔夫（B. L. Whorf）把语言对思维的决定作用进行了最大化和系统化，在 1965 年提出了“语言决定论”（Linguistic Determinism），也称为“萨丕尔-沃尔夫假说”（Sapir-Whorf Hypothesis），这种假说认为语言的形态制约思维的形式，语言决定或至少强烈影响了一个人对世界的知觉与思维方式。沃尔夫是一个毕业于麻省理工学院（MIT）的化学工程师，就职于哈特福德火灾保险公司，他出于兴趣自学了北美印第安语。正是在对大量火灾事故的理赔中他发现语言概念竟然是导致火灾的重要原因之一，比如人们在写着“装满”的油桶跟前从来不敢抽烟，却往往在写着“空置”的油桶附近抽烟甚至乱丢烟头，这实际上是受到了语言“满”和“空”概念的暗示导致他们对危险性的评估发生了偏差：空的油桶充满了可燃易挥发的气体，实际上更容易被引燃发生事故，但人们却倾向于相信装满油的油桶更危险。而在学习印第安语的过程中，沃尔夫认为不同的语言对世界的观察方式和侧重点都是不同的，这必然会影响到语言使用者对世界的理解和思维方式。他以“雪”（snow）为例，因纽特人对雪的描述词汇非常多，包括雪的不同状态、位置和形状等，而英语只有 snow 一个词。又如菲律宾的哈努努人有 92 个不同的词汇来描述不同的“米”，霍披语却用同一个词表示除鸟之外所有的飞行体，无论是蜻蜓、气球还是飞机等在名称上完全一致，阿拉伯语中有很多词汇来称呼不同的骆驼和沙丘。尽管我们对于因纽特人对雪的认知缺乏深刻理解，但很多滑雪爱好者确实也发展出来一些新词汇来描述不同的雪，如同登山爱好者对不同岩石和山峰有着自己的特定词汇一样。这种不同语言的使用和传承方式，必然会对使用这种语言的人产生影响，使其对事物的认知和思维方式发生变化。

除此之外,行为主义对思维和语言的等同也可以视作这一思潮的变体。在行为主义者看来，思维就是无声的言语，而语言也不过是身体肌肉和发声器官的动作而已。行为主义的代表人物华生就曾说过，我们在思维的时候实际上是在对自己说话，思维的本质就是不发声的言语。他还声称我们可以运用全身来进行思考，比如聋哑人利用手势进行交流就是在用胳膊思考。行为主义者相信，思维只是由一系列不出声的言语和其他内隐的动作所组成的。分析哲学家费格尔曾如此评价华生的观点：“他拼凑起了气管但是没有思维（心智）。”[①]这种把语言和思维等高级智力活动完全等同

① 约翰·安德森. 2012. 认知心理学及其启示（第 7 版）. 秦裕林，程瑶，周海燕，等译. 北京：人民邮电出版社：361.

于低级生理冲动的观点一度甚嚣尘上，至今在脑与认知神经科学领域中仍有不少人认同这一思路。

对于这种彻底经验主义思路的批判自然需要从经验实验入手。1947年，史密斯等人进行了一项危险而有效的实验：他们用箭毒马鞍子的提取物对史密斯进行麻痹，其全身自主肌肉系统完全瘫痪，但感官系统完好无损，他只能依靠人工呼吸器来维持生命。在这种情况下史密斯不可能有任何的肌肉动作或行动，但他仍能感到周围人所说的话并对其进行思考。由此可以确证，思维能在没有任何肌肉组织的参与下进行，思维确实是内在的非运动的活动。这一实验使植物人的治疗理念也有着根本的转变，人的思维与抽象的非言语命题表征密切相关，思维不只是不出声的言语，它是由大量内在的知觉表征构成的。对于那些没有语言能力但肯定能够思维的人（天生聋哑人显然会思维）来说，语言并非思维的必需，思维对语言的依赖很可能只是一种表面的现象，困难在于我们现有的研究范式缺乏同完全不借助语言的对象进行交流的方法。这方面当代最著名的案例莫过于霍金，当然他与外界的交流仍然依赖于语言输入输出设备，但其能在患上肌萎缩侧索硬化 55 年间仍然保持着高度的思维能力，堪称人类思维的奇迹。

由此可见，思维并不是必须伴随发声系统。但在大多数正常情况下，思维确实激活了高层次的语言行为，并且往往伴随着不发声的言语。神经科学家通过肌电图记录实验证明在思维时确实发生了不发声的言语，言语肌肉组织活动量随着作业的性质出现差异：一般来说，读或写等基于语言的行为相比于作画等非语言行为，其不发声的言语发生活动明显增强。使用不发声的言语也确实可以帮助思考者排除所处环境中的噪声。当然，思维和语言的同时发生并不能说明思维和语言在一切阶段上都必然存在联系。人们在进行思维活动时，并不一定伴随发声活动，思维可以在没有激活任何运动神经的情况下发生。语言可以看作是最适合的内心表征形式，特别适合于某些种类的信息。但对于自动的无意识的思维，语言的作用或许就小得多了，并不是所有的思维都可以语言化。注意的思维过程确实往往涉及不发声的言语，但自动的无意识的思维过程并不以语言作为中介[①]。

① 邱仁宗. 1993. 当代思维研究新论. 北京：中国社会科学出版社：176.

笛卡儿认为推理必然是有意识的，塞尔认为认知不可能是无意识的。传统的分析哲学也认为思维是有意识的,可以通过先于经验的反思来达到。其实拉康就曾分析语言的结构，用以论证人类无意识的思维机制，乔姆斯基也认为认知可以是无意识的。体验哲学进一步认为我们的大部分认知和推理都是无意识的，这是思维的真实状况，有意识的思维不过是思维这座冰山的一角。需要区分的是，我们这里所说的“无意识”，与弗洛伊德所说的被压抑的无意识性冲动是不同的，也并非现象学中所说的技能化应付下的无意识，更不是生理学上的类似麻醉状态下的绝对无意识状态。这种无意识更多是从认知科学角度而言，强调人的一大部分思维或认知是在知觉水平上进行的，均处于认知觉知（cognitive awareness）水平之下，这一部分占比很大且运行很快，几乎难以被意识所注意到。即使是在高级思维阶段（推理与问题解决等），其具体神经与心理过程仍然很难被清晰意识到。在现实生活中，我们大量的身体运动、认知和思维包括语言及情感表达都似乎是“自动”运行的，并不需要我们刻意去决定或执行。也正是在这个意义上，莱考夫和约翰逊才认为人们的大部分思维是无意识的，往往是隐藏在能被意识之下，意识不能达到、运行极快且又无法捕捉的，并将认知无意识性作为认知科学的三大发现之一。

语言对思维的影响不仅可以通过声音，也可以通过视觉系统进行。罗施（E. Rosch）对焦点颜色的研究表明，人类视觉系统对一定的颜色是最为敏感的，那么必然会产生某些使用频率特别高的、比较独特的词汇来表示基本的颜色，不同语种对颜色的表述各不相同，那么使用不同语言的人对颜色的认知是否也会有不同呢？以汉语和英语为例，英语对颜色的描述有 11 个基本词汇：black（黑）；white（白）；red（红）；brown（褐）；gray（灰）；orange（橙）；purple（紫）；green（绿）；blue（蓝）；pink（粉红）；yellow（黄）。古代汉语对颜色的基本描述词有 5 个：赤、黄、黑、白、青，现代汉语略有增加，为 7 个：赤、橙、黄、绿、青、蓝、紫。仅以颜色的认知而论，在看到同样的颜色的情况下，讲英语的人可以在 11 个词汇对应范围内准确说出某种颜色是最纯正的，说汉语的人则明显要少一些词语来描述自己所看到的颜色。而如果是用语言来描述某种颜色进而宣传某种思想，那么使用英语显然比使用汉语具有一定的优势。因此，如果识别焦点颜色的特殊认知能力确实会因为说不同语种而有所变化，那么这就是语言影响思维的一个典型例证。当然，能否用语言来表征并不能作为思维的唯一指标，“说不出来”或“不能说”并不代表没有思维或不能思维，在我们看来，语言确实能够影响思维，但它并不能完全决定我们思考何种类型的概念，因为显而易见的是，世界上有很多事物是很难用语言来准确描述的，但这并不代表我们不能对它们进行思维。

3.1.2　思维决定语言：生成语法的转向

早在 2500 多年前，亚里士多德就提出语言范畴是由思维结构决定的。如前所述，柏拉图最早探讨了知识的来源问题，即西方哲学史上所谓的“柏拉图问题”：人类的知识是如此丰富，单纯从经验角度来解释并不足以建构起如此复杂的知识系统和理念体系。近代行为主义对语言的研究也表明，无论何种强度的外界刺激，都不足以在短时间内刺激人脑产生如此庞杂的心理反应，更何况语言、思维这种高度复杂的智力活动。人类语言的本质其实是人类知识如何构成，乔姆斯基称其为“洪堡问题”，洪堡最早对这个问题做了深入思考和研究，他把语言看作是一种创造性的活动，是人类心智不断重复运用的结果。现代认知科学的发展提供了大量的证据，表明人类的思维能力（这里主要指非语言的广义认知能力）比语言能力进化得更早，灵长类动物也表现出了明显的复杂认知能力（尽管不能称之为“思维”）。观察婴儿习得语言的过程更加令人惊异，他们在能够使用语言之前肯定具有相对高级和复杂的认知能力，这样看来语言更像是便于思维进行交流的工具，而不是思维的源泉。

作为对行为主义的强烈批判者，乔姆斯基是当代持有思维决定语言观点的最典型代表人物。乔姆斯基首先区分了“语言能力（competence）”（即一个人抽象的语言知识）与“语言操作（performance）”（即在实际的听说过程中对语言知识的操作）。在他看来，语言学的任务是发展关于能力的理论，心理学的任务是发展关于操作的理论。乔姆斯基认为现代语言学有三种生成语法：有限状态语法、短语结构语法和转换生成语法。[①]其

---

① 邱仁宗. 1993. 当代思维研究新论. 北京：中国社会科学出版社：166.

所提倡的“转换生成语法”所要解决的问题就是人类为什么会说话以及如何了解新的句子，其研究对象也不是传统语言学所研究的外在语言，而是内化的语言——以心理形式体现出的人脑对语法结构的认识。

乔姆斯基主张语言是一种自然客体，是位于人类心智中的语言认知系统的状态，是一种心智的器官。语言是心智的表现和组成部分，心智则与大脑紧密相关，大脑是我们身体的重要组成部分，因此在这个意义上说，语言也是我们身体自然属性的一部分，并且语言既与大脑相关又反映了人的心理状态，所以它就是人生物属性和心理属性的最佳耦合点，人的语言能力是大脑能力的一个重要组成部分。乔姆斯基强调他的语言学理论原则就是把语言看作是心灵的一部分，语言是以大脑活动的方式或结构所表征出来的，因此对语言的研究本质上就是对大脑的研究[①]。因此，对语言的研究其意义不仅在于描绘和研究语言自身的发展图谱，更在于通过语法规则和语言使用的过程来洞悉人类的思维规律、心智结构和普遍逻辑，在生成语法看来语言就是人类思维或心智的镜子。语言研究的最终目的在于解释人脑的运作原理，进而揭示人类知识的本质和人的本质。

乔姆斯基改变了传统语言学研究的方式和路径，把对语言的外在行为研究转化成了对内在语言能力的研究，从研究语言转移到了研究人脑。这同理论物理学家研究黑洞的方法非常相似：如同我们无法用经验和实证方法来对黑洞进行操作一样，我们对人脑也无法进行直接经验的研究，只能通过理论假设和间接手段进行研究，对黑洞研究来说是基于相对论和量子力学的弦理论或圈理论，对人脑研究来说就是认知语言学理论。不过相比较而言，人脑是确实存在的，我们可以对其进行部分的实证研究和观察，在这一点上要比黑洞研究优越很多，关于黑洞到底是否存在现在仍处于探索和争议之中。

乔姆斯基的生成转换语法把语言学从行为主义的桎梏中解放出来，其很多观点对认知科学很有启发意义。乔姆斯基自己就曾说过：“如果自己所感兴趣的那种语言学能在美国幸存下来，那很可能是在认知科学体系之

① 黄和斌. 2002. 从认知观看转换语法理论. 外国语：上海外国语大学学报，（3）：37-43.

中，而不是在语言学体系之中。”[①]在乔姆斯基看来，语言学的研究目的应该包括：第一，要研究大脑中人类语言能力所存在的物质和生理基础究竟是什么；第二，要研究人脑中关于语言能力的系统知识结构；第三，要研究人们在实际生活中如何运用语言来进行思维和交流感情。[②]乔姆斯基和皮亚杰一样，指出了人脑是一个高度进化的高级器官，人心也远远不是经验的被动受体和任由人把信息刻写在上面的一块白板。人类语言是在神经机制、智力结构和周围语言环境的相互作用下发展起来的高级信息符号交流系统。对于语言的获得，平克和乔姆斯基都认为，只有人类才具有某种特殊的遗传天赋来学习并运用语言。乔姆斯基认为自然语言的各种可能形式数量是如此之大，以至于如果不是人们天生就有某种关于自然语言的知识或信息，语言的学习是不可能在人类幼小的时候就完成的，因为年龄小的人在语言学习方面似乎比年龄大的人更有优势。乔姆斯基称之为“语言通则”（language universals），儿童能学会一门语言是因为他们大脑中先天有着语言通则的知识。他关注的是能力语法，即我们在说话时对语言知识的抽象描述，凡是人类能够学会的语言都必然存在着某种形式的共同约束。[③]

虽然乔姆斯基的理论带有康德主义唯理论的色彩，但他从未主张一个儿童不与语言接触就能自发地产生词或句子。在他所假设的“语言获得装置”内部并没有词汇、意义或观念，只有自然语言组成部分如何聚合在一起的预存期望。对失语症和脑损伤患者的脑科学研究也表明，人脑中似乎确实存在着某种类似“语言获得装置”的东西：句法受到布罗卡区支配，语义受到韦尼克区支配。损害韦尼克区并不影响说话的流畅，但所说的话没有意义。损害布罗卡区会引起说话迟缓、句法缺陷，但不损害意义表达。总之，乔姆斯基的语言观点可以看作是一种相互作用论：儿童语言的获得是他们后天听到的语言刺激触发了其先天所具有的语言能力，但他更强调先天因素，他认为人类预先存在着智力的倾向。

---

① 韩景泉. 2000. 乔姆斯基的形式主义语言研究. 外语教学与研究，（1）：34-41.

② 裴文斌，戴卫平. 2012. 语言学——语言 · 语法 · 语义. 北京：科学出版社：49.

③ 约翰 · 安德森. 2012. 认知心理学及其启示（第7版）. 秦裕林，程瑶，周海燕，等译. 北京：人民邮电出版社：364.

3.1.3 对立的调和：认知隐喻学的兴起

无论是语言决定思维还是思维决定语言，这两种观点的争论都预设了语言和思维是一种二元对立的关系。而在很多认知科学家看来，许多关于语言和思维的分歧产生是源于对“语言是什么”和“思维是什么”没有一致的意见。探讨语言和思维的关系在当今人类文明条件下颇为类似于探讨鸡和蛋的关系：先有蛋还是先有鸡？先有语言还是先有思维？历史经验告诉我们，解决这类难题单靠论证总是不够的，令人信服的经验论方法是寻找特例：看能否找到不是蛋孵出的鸡或不是鸡下的蛋，同样的道理，看是否存在没有语言的思维或没有思维的语言。比较现实的研究取向是，先不要去考量思维和语言到底谁决定谁，而是设法考察在语言混乱或异常时思维能否进行、如何进行，以及有思维障碍的人如何运用语言，通过这些间接研究，我们才能得出语言与思维的真实关系证明。[①]这种避免单纯争论转而求助于实证手段的研究方式正是认知科学的理论取向和价值所在，其在语言研究上的贡献就是认知隐喻学的兴起和发展。

“隐喻”（metaphor）一词源于希腊语 metaphora，其字面意思是 carrying across，表示由此及彼的跨越之意，也含有“带入……之后”的意思。最早对隐喻做出阐释的是古希腊哲学家亚里士多德，他在其经典著作《诗学》和《修辞学》中对隐喻的构成方式和修辞功能作出了论述，他把隐喻定义为：把属于别的事物的字借来做隐喻，这种手段可以发生在“种”“属”“类比字”之间。他认为隐喻本质上是一种语言修饰手段，其目的在于描述新事物的时候，人们可以用一个相对熟悉的词来代替另一个不熟悉的词，这两个词在意义上是相同的，这样就可以让人们尽快用熟悉的词来了解新事物的主要特征。不过亚里士多德只是把隐喻作为语言的一种修辞手段来看待，认为隐喻是语言的一种天然特质，大量存在于人类自然语言的语符应用之中，并且主要体现在诗歌创作过程中，其目的和作用在于使语言表述变得更加形象和典雅。

在亚里士多德之后，隐喻一直作为比喻的一种形式被少数语言学家所

---

① 邱仁宗. 1993. 当代思维研究新论. 北京：中国社会科学出版社：137.

研究，而且多数学者与亚里士多德一样只是把隐喻看作明喻的一种特殊形式。意大利语言学家维科（G. Vico）最早对隐喻做了认知功能的相关研究，把史诗中对英雄隐喻言语的分析糅合到了他的“永恒历史”研究之中，认为英雄隐喻所代表的诗性人物应该被当作是语言符号而不是心理概念。[①]德国哲学家卡西尔认为人是符号的动物，语言是最重要的符号形式，而隐喻思维是人类最初最基本的思维方式。[②]因此，语言就其本性和本质而言，是隐喻式的。它不能直接描述事物，而是求助于间接的描述方式，求助于含混而多义的语词。[③]人类所有活动本质上都是一种“符号”或“象征”活动，在此过程中，人类用隐喻思维来建立起人之为人的“主体性”符号系统，用这种符号来构成人类的文化世界。从卡西尔开始，隐喻开始作为人的一种思维属性和方式进入哲学语言学研究范畴之中，隐喻开始具有了认识论意义。

真正把隐喻作为一种认知方式进行研究和推广的是美国认知语言学家莱考夫和约翰逊，他们合著的《我们赖以生存的隐喻》（1980年）的出现标志着认知隐喻学的正式确立。他们认为隐喻不仅广泛存在于人们的日常生活语言之中，也遍布于人们的行为和思想之中。因此，我们赖以思维和行动的一般概念系统，从根本上来说都是隐喻的。莱考夫随后在《女人、火与危险事物》（1987年）中进一步论述了认知语言学的哲学基础，并最终在与约翰逊合著的《体验哲学——涉身心智及其对西方思想的挑战》（1999年）中完成了认知隐喻学的体系构建。其哲学基础是体验哲学（embodied philosophy），主要包括三个原则：心智的体验性、认知的无意识性和思维的隐喻性。[④]

简而言之，认知隐喻学是以体验哲学为基础的一种思维体系，它是以概念隐喻观和概念整合论为支撑，把隐喻作为语言的最主要认知功能，结合对不同民族的社会文化背景因素的考量，试图为我们赖以生存的各个隐

① 孙毅. 2013. 认知隐喻学多维跨域研究. 北京：北京大学出版社：22.
② 恩斯特·卡西尔. 1992. 语言与神话. 于晓，等译. 北京：生活·读书·新知三联书店：12.
③ 恩斯特·卡西尔. 1985. 人论. 甘阳译. 上海：上海译文出版社：140.
④ 王寅. 2002. 认知语言学的哲学基础：体验哲学. 外语教学与研究，（2）：83.

喻范畴制定统一的解释模式的一个认知科学分支。[①]体验哲学使得我们得以突破认知符号主义的束缚，重新审视以大脑神经系统为基底的认知运作方式，对思维的理解从符号论向体验论过渡。在认知科学看来，隐喻不仅是一种语言上的修辞手段，更是人类思维的一种本质特征，隐喻大量存在于目前已知的各种语言之中，无论是在汉语还是英语中，隐喻都已成为人类认知世界与进行思维交流的重要语言工具，也是进行社会交往的必要组成部分。

对隐喻的认知研究不仅打破了把思维和语言对立的哲学传统，还为我们更深入了解人类思维过程和意识成因提供了切入点。在莱考夫所谓的“客观主义传统哲学”看来，概念是思维的基本单位，其本质是从普遍的事物表象中总结抽象出来的共相。因此，思维就是把握并运用概念的过程。而在认知隐喻学看来，人类的概念本身就来自众多不同的领域，这种所谓的“共相”并不能表示客观世界的真实状态，人类也不是通过概念才获得对世界的认知的，而是通过隐喻才能把对外在世界的认知内化到个人经验之中，获得可被理解的认知体验。[②]人类学和语言学的研究都表明早在人类形成语言和科学体系之前隐喻就已经是人类认识世界的基本方式，其基础是人类对事物相似性的天然把握（即分类）能力。由此，隐喻成了我们通达人类思维和意识深处的语言学新路径，可以认为隐喻思维确实具有一种前逻辑的性质，是人类最原始、最基本的思维方式，语言的逻辑思维功能和抽象概念是在隐喻思维和具体概念的基础上形成发展起来的。[③]正是这种基于语言的隐喻思维的产生和发展，才使我们能够利用语言来对变动不居的世界做出无穷无尽的描述和解释，才有了人类多种多样的文化形态和高度发达的科学技术体系。

3.1.4 语言习得与思维发展

语言能力的习得与发展往往被视为思维能力发展的主要标志，个人语

① 孙毅. 2013. 认知隐喻学多维跨域研究. 北京：北京大学出版社：117.

② 陈嘉映. 2003. 语言哲学. 北京：北京大学出版社：367.

③ 郭贵春. 2007. 隐喻、修辞与科学解释. 北京：科学出版社：11.

言的习得过程可以看作是这个人思维能力随着其生长发育而逐渐成熟的过程，对此发展心理学有着很翔实细致的研究。如果我们详细观察儿童获得语言的学习过程，会感到这是一个充满神奇但又容易被忽略的过程。表面上看似乎婴儿的学习非常缓慢，但实际上一些奇妙的变化正在婴儿内部发生，并且看上去这个过程好像早就被设定好了，成年人需要做的只是把孩子放在一群会说话的人中就可以了，甚至远在婴儿能说话之前，他们就能内隐地获得并运用自己的发声器官和周围的人交流。也正因如此以乔姆斯基为代表的生成主义者才主张语言是人的一种“天赋”。

通常来说，大多数婴儿能在 1 年左右的时间内就学会运用语言来表达自己的思维，尽管这时的婴儿还只能通过单字话语（one-word utterance）来表达他们日渐多样的思维观点。此时他们会用一个单词来指称很多事物，这从侧面佐证了思维确实远远领先于语言的产生。大约 18 个月大时，儿童就可以用两个单词来讲话，此时其言语开始有了初级的结构，开始表达其对更多事物和事件的认知，如施动者——动作，动作——承受者，物体——位置，物体——特征，等等。值得注意的是，这时儿童放置单词的顺序开始和成年人的语言顺序相似或一致。随后，儿童会快速进入多词阶段，其顺序可能并不完善，但词汇量的增加明显增加了其所能表达的信息量。在这一时期儿童的语言非常类似发电报的用语：省略不必要的辅助词，直接用最核心的语词来表达说话者的意图。正是从这种语言开始，儿童开始逐渐运用符合语法的句子。在 6 岁的时候儿童就已经学会了几乎所有的交流词汇，并且能灵活掌握难以计数的语言规则，甚至还能发展出自己的独特表述规则，这都表明儿童在 6 岁时已经基本掌握了自己的母语，这 6 年期间其单词习得速度是每天多于 5 个。这些成就是一个语言学博士穷其一生也难以通过外显学习所能达到的，掌握自然语言所需要获得的知识也超过任何专业知识或技能的学习量，当然，儿童也需要花费至少上万个小时去练习同他人说话与理解他人的话。这似乎也印证了莱布尼茨的设想：在人脑中存在着一些天然的纹理来接受并内化语言和知识，当儿童来到世上的时候，就有感知语言的天然倾向与能力。他们不是简单地进行记忆和重复，而是通过不断地产生较大和较复杂的语言结构来逐步接近成年人运用语言的方式，在这个意义上，语言在我们的认知过程中确实是生成的，儿童（以及很多成年人）往往并不需要按照严格的语法规则才能说话。

加德纳曾在 20 世纪 80 年代提出多元智能理论，该理论已经广泛应用于欧美国家和亚洲许多国家的幼儿教育，并且获得了极大的成功。这种多元智能理论认为人类的智能是多元化而非单一的，主要包括八大要素，即语言智能、数学逻辑智能、空间智能、身体运动智能、音乐智能、人际智能、自我认知智能、自然认知智能等，并且每个人由于不同的天赋和成长经历，都会拥有不同的、具有个人特性的智能优势组合。他还指出了某些关键时期在人类智力发展中的重要性，比如人类在 4 岁时的智力发展已达到成年后的 50%，而 8 岁时更会达到 80%。因此，在这些关键时期一定要施以正确的教育以收到事半功倍的效果；反之，一旦错过这些关键时期，往往就需要花费数倍的努力才有可能弥补，而诸如音乐智能、语言智能等少数重要智能或将永远无法弥补。

脑与神经科学相关研究也表明，人类的大脑神经系统在 5 岁的时候就已经基本发育完成，11 岁左右的儿童以语言能力为核心的基本思维能力已经和成年人相差无几，并且可以开始运用科学推理。人类漫长的儿童期是由于身体的发育迟缓，有人认为这是为了保持儿童对成年人的依赖性，因为人类需要学习很多的知识和技能才能成为合格的社会成员，如此长的学习期是为了保证大多数人能有足够的时间获得相关的知识和技能。在高度复杂和专业分化的现代社会，即使 15 年的学习也不能保证我们获取足够多的知识储备，由此人类的教育体系也不断在发展，从 3 岁时的幼儿园起，到小学、中学、大学再到研究生院，通常会花费 25 年时间来接受教育——这几乎与人的职业生涯相等。正是人类如此长的发育发展时期，才使得我们有足够的时间来发展一个如此大容量的大脑，才能获取足够多的知识。在整个生长发育过程中，语言一直都是其中的核心发展要素，并且语言能力的发展本身也为这种超长的生长发育提供了符号系统支持。

儿童似乎天生就拥有交流的本性，并可以通过和周围环境的互动来学会任何一种可用于交流的语言，这是在他们很小的时候以及没有直接指导的情况下发生的。在儿童获得第一语言过程中几乎不会有任何指导，在他们还是婴儿的时候所进行的唯一任务似乎只是听父母和周围的人进行交谈就可以了，尽管有的父母很少同婴儿进行交流，也不主动纠正与引导，但他们能够自己从中归纳出自然语言的发音方式和交流规则。由此看来，输入信息的性质并不是关键。对天生失聪的婴儿来说，尽管很困难，但通过其他感官引导（比如用手抚摸喉部发音来感知并模仿）仍有人能够学会发音，而且学习手势语相比较容易多了。

因此，有种广为接受的观点是年幼的儿童（主要是 2～10 岁）在学习语言上要比成年人快得多，有学者对移民美国的韩国人和中国人（这些人在美国都生活了 10 年）进行了抽样调查，发现他们到达美国时的年龄越大，其句法熟练程度和各项语言测量成绩也就越差，这也说明年龄越小其语言学习和运用程度确实越好。并且奇妙的是，句法的学习似乎没有一个关键的分野期，而语音（特别是口音）知识的获得有一个关键时期，似乎 10 岁左右是口音形成的关键时期。并且就语言学习而言，语音、句法、语义的获得也不尽相同，儿童获得一种新语言的成功程度与年龄有关，最强的年龄效应体现在语音方面，其次体现在句法方面，最弱的体现在语义方面。

大多数儿童在 1 岁左右开始用单词说话，说话能力一方面通过感觉运动经验来形成认知结构发育，另一方面也是大脑语言中枢逐渐成熟的结果。婴儿在三四个月就开始牙牙学语，这是为说话进行生理和心理准备，这是一种自发的活动，并不是模仿他人的结果。先天耳聋的儿童也会牙牙学语，这就说明语言能力类似于一种预先编制好的程序，当人脑尤其是中枢神经发育到一定阶段后便开始产生相应活动，当然，没有成年人后天的矫正和训练，感知能力有缺陷的儿童的语言能力也是残缺不全的，有严重缺陷的儿童还会失去语言能力。由此可见，语言能力既是一种先天遗传的活动，也是可以随着后天经验而改变的。刚刚学会用单词说话的儿童，往往想说要比单词多得多的话，其所运用的词汇也不局限于字面的意思，在这些儿童心中确实有某种超出他们表达能力的思想。因此，思维确实可以没有词而存在，至少是一种可与知觉和动作相比拟的直观而简单的思维。儿童的单词言语是电报式的，并且经过词汇积累后可能在一年甚至更短的时间内迅速使用双词来表达。到了 8～10 岁，儿童开始学习掌握更复杂的语言结构，在青春期前，大脑的布罗卡区和韦尼克区神经网络开始迅速完善，并且很容易被新的信息所调整。这个时期的儿童学习能力也是最强的，每天可以毫不费力地记住 4～8 个新词。这似乎也表明，人脑似乎天然更易于接受语言信息传入，而不易接受其他人造符号系统（如数学和化学）。当然，有少数数学奇才对数字符号的接受能力异于常人，但这只是极少数并且这些人似乎常伴随有语言能力的缺陷，这也是为什么众多科学天才不善言谈和与人交往而沦为怪人。口音也主要是青春期时固定下来的。

正是因为儿童对语言的学习似乎超出了其所处年龄所具有的认知能力和智能水平，乔姆斯基才认为这是因为普遍语法原则早就存在于人类大脑之中，是人类独有的特定基因表达，正是这种天赋的能力才使得人类的语言学习成为可能，一个人的具体语言知识及其运用能力是人脑中固有的普遍语法和后天学习到的经验进行相互作用并结合的结果。在人脑中必然存在着某种由生物遗传所决定的、天赋般的认知机制或系统，如同健康人生来就有视觉、听觉等感知能力一样，这是人类在进化中形成的本能，如同昆虫生来具有导航能力、海豚和蝙蝠具有声波定位能力一样。

但是这种语言天赋论却忽略了客观环境对语言习得的作用。著名瑞士心理学家皮亚杰毕生研究儿童智力的发展，1975 年他以 80 岁高龄来到巴黎与乔姆斯基展开辩论。他认为与生俱来的并不是语言能力，而是更广泛的认知能力。认知能力使儿童从客观世界得到各种概念，再把这些概念组成若干系列，这便是语言能力。他断言，语言能力是逐渐养成的，不是生来就有的。皮亚杰提出的儿童智力发展四阶段理论所揭示的儿童认知发展的实质，是他们能逐渐认识到作为认知对象的客体，有哪些特征在何种条件下是保持不变的，这就是我们称为“规律”的东西，也是构成人类知识的核心成分。这个过程，也是儿童逐步学会思维，形成其个人化知识的过程。

与语言天赋论相对，对于儿童语言的获得，行为主义给出了一个简单的解释：联想是儿童看到物体和听到词的声音；模仿是发音和句子结构；强化是说对时得到认可或奖励。所以，语言不过是条件反射建立起的一套复杂习惯而已。[①]认知心理学对语言习得与认知发展的关系研究也非常值得重视，“记忆空间”理论就认为，工作记忆容量的增加决定了发展的顺序，较高级别的认知操作本身就要求有更多的信息需要保存在工作记忆之中。儿童发展的顺序由他们对问题的工作记忆容量控制。这也可以解释不

① 邱仁宗. 1993. 当代思维研究新论. 北京：中国社会科学出版社：165.

同年龄的儿童解决诺尔廷果汁问题。认知发展过程中既包括工作记忆容量的增大，也包括信息加工处理速度的提高，就如同电脑要想快速提升运算速度，内存容量的增加和 CPU 速度的提升是最有效的，这也是 PC 升级的最核心部分。通过比较 10 岁的儿童选手和成年人选手在完成标准数字广度任务和国际象棋任务中的不同表现，发现成年人在数字广度任务中表现好，儿童在国际象棋任务中表现好，这说明儿童只是由于缺乏相应知识才显得比成年人更像新手，如果能够积累足够的背景知识，10 岁的儿童能比成年人更像一个专家。但实际的情况却是，知识的增长和成熟会补偿与年龄有关的信息加工速度的下降。尽管人脑在 20 多岁的时候就已达到生理上的最佳状态，主体的智力也会随着脑功能的发展而提高，但最重要的仍是知识的摄入和学习，知识比年龄更重要，通常而言在一个领域要想有所建树至少需要浸淫 10 年左右，这也可以解释为什么智力产出的高峰会集中于 30 岁左右，因为对于大多数需要大量阅读积累和实践操作的学科来说，时间的线性发展是不可逾越的壁障。

认知神经科学家胡滕洛赫尔（P. Huttenlocher）曾对婴儿布罗卡区神经元增殖进行过长期追踪，发现从婴儿出生开始直到 2 岁期间，是人脑神经元迅速增加的过程，特别是作为语言主要功能区域的布罗卡区神经元的增殖其突触数量更是可以增长 10 倍之多，这一过程持续到大约 2 岁达到顶峰。这段时期神经元和突触的过度生成被认为是为了保证大脑以后有足够多的神经元和突触来完成自我精细化调整和发展，如果有一些神经元和突触未能使用，就会自行消失。这就意味着 2 岁之前的神经系统发育对儿童的认知发展来说至关重要。大脑之后的成长主要是其他细胞（特别是神经胶质细胞）的增殖，包括神经元轴突周围髓鞘细胞的大量增加。髓鞘细胞能使轴突迅速传递脑信号，这种增加过程可以一直持续到成年阶段。大量髓鞘化带来的是信号传递的更加迅速，有实验表明成年人的脑神经冲动在两半球之间的传递时间大约是 5 毫秒，同样的传递在儿童大脑中则需要 4～5 倍的时间。加工信息速度的提高是 2 岁以后认知发展的基础，一个 2 岁的儿童的体重只有成年时的 20%，但其大脑已经达到成年时的 80%，这个奇妙的“二八比例”或许暗示着人类 2 岁后认知的发展更多地取决于后天输入大脑中的知识，而不是大脑工作机能本身的提升与演进。行为遗传学对双生子的研究认为，人类的智力有着相当高的遗传度，语言能力也有很高的遗传度，有人认为其遗传度超过了 50%，并且语言能力的早期发展也受到遗传的影响，而非完全由外界环境决定。结合脑成像技术，研究者们首先发现遗传联系越紧密，大脑结构的相似度就越高，特别是在语言区和额叶，其中额叶的灰质容量和智力有着显著的正相关关系。进一步研究发现大脑中存在一个广泛的受遗传调控的神经网络，并且网络中的各个区域和人类的智力具有共同的遗传起源。①

语言学家维果茨基强调思维和语言在一种复杂的相互作用关系中发展。幼儿时期思维和语言开始时是分别独立产生的。最初的语言是社会的或情感的，而不是智力的。只有到了 2 岁左右，思维才和语言发生关系，随后这种关系随着儿童的自我中心言语开始越发明显。这时的儿童经常自言自语，仿佛是在和另一个人对话。通过这种方式，儿童自己告诫自己、教训自己，并通过其行为来表现自己想象出来的故事。到了 7 岁左右，这种自我中心的言语开始内化，不再是表现为自言自语了，从此时开始，儿童的思维很可能是靠内心言语进行的，并且这种自我中心言语的消失也许是由社会约束和自我意识的发展所导致的,并不表示是认知发展的新阶段。但这个年龄的划分并非绝对的，很多人自我中心言语的年龄期会很长，在成年后仍旧保持着自我中心言语的特点。不过对成年人来说，思维和语言是可分的，因为思维可以是非言语的，而语言也可以是未经过思维的。维果茨基指出，在系统发育中思维与语言有着不同的来源。在儿童的语言发展中我们肯定能够确定一个前智力的阶段，那么在他们的思维发展中也会存在一个前语言阶段。在某一点以前这两个发展按照不同的路线独立地各自进行，在某一点上这两种发展开始出现交叉，从此思维就成为有语言的，语言也成为有思维的。这个点，应该就是语言起源的标志所在。

就思维而言，到底是什么在“发展”？有两种解释：

（1）更好的思维。儿童的基本认知过程在逐渐变好，主要是其工作记忆容量的增加和信息处理速度的加快。

---

① 国家自然科学基金委员会. 2013. 未来 10 年中国学科发展战略：脑与认知科学卷. 北京：科学出版社：161.

（2）更好的知识。儿童开始理解更多的现象并学会用更好的方法把它们整合起来，不仅增加了知识，也学会剔除那些错误的与不合适的对象。

这两种解释套用计算机的发展模式来进行隐喻思维就非常容易理解。第一种方法可以称为“更好的硬件”，就如同升级了硬件，用更快的 CPU、更大的内存和硬盘来升级信息的处理速度；第二种可以称为“更好的软件”，是在硬件条件基本不变的前提下对软件进行优化，使得以前并未充分运用硬件的软件能够更有效地利用现有的硬件资源，通过实现更好的软件来提高绩效。这两种方法都可以大幅提升计算机的性能与效率，对人的认知而言也同样适用。

这两种认知发展方式所隐喻的目前计算机发展的两种主要方式在现实中有着完美的实例：第一种方式是以英特尔与微软为代表的 Windows 序列的发展模式，一直遵循“摩尔定律”不断地升级计算机的硬件，硬件升级范围涵盖了从 CPU、内存、显卡、硬盘这些核心设备直到键盘、鼠标、显示器和打印机这些输入输出设备，软件系统也从 Windows 95、Windows 2000、Windows XP、Windows Vista、Windows 7 一直升级到了现在的 Windows 10，显示器从最早的黑白屏到彩色 CRT，液晶也从 LCD 再到现在的 LED，正是依靠硬件性能的不断提升才使得今天的计算机（主要是基于 x86 架构的 PC）具有了强大的信息处理能力。第二种方式则是以苹果公司为代表的发展模式，其主要精力并不是大幅提升硬件的性能，而是通过优化软件系统（Mac OS 和 IOS）来提高运行效率和人机体验，力求在硬件基础效能大致稳定的前提下来获得程序执行的更加高效。当然，这两种模式并非截然对立的，硬件的提升通常也需要软件的更新来匹配才能达到更好的效果，这两种计算机发展模式到现在仍然是整个计算机发展的主流并且融合的趋势也越来越明显，其微缩后的典型代表就是平板电脑和智能手机。当然，抛弃了 IBM PowerPC 架构转投 Intel x86 架构后的 Mac 也可以安装 Windows 系统及软件而不必再运行黑苹果，这也算是“分久必合”在计算机领域的再次显现，而智能手机领域中遥遥领先的安卓亦是一如当年 PC 领域中的 Windows。尽管看上去我们现在的计算机、手机和 20 年前相比确实有了很大的进步，但这种进步只是量的积累，仍是基于既有的冯·诺依曼结构的改良和升级，本质上都是基于 20 世纪 40 年代的图灵机设想，算不上是完全的质的革新。今天的各种创新更多是技术工艺和商业模式的创新，最为重要的开创性发明几乎都诞生于20世纪后半叶，特别是计算机与互联网。就如同昔日雅典学院中的智者一般，每一个人都擅长诡辩、言辞滔滔，却再也没有苏格拉底、柏拉图那样的真正的睿智和流传后世的重要思想。人的思维也同样，都需要硬件和软件的双重提升，无论是更好的思维还是更好的知识，都是我们认知发展过程中所不可或缺的，这两者共同构成了我们认知发展的主要因素。

总之，思维的发育有许多因素：记忆、注意、经验和语言等。思维和语言的关系是复杂的，尽管逻辑上可以认为语言并不是思维成功的充分条件，不过没有语言的思维在认知上的价值是不大的。人通过语言可以表述抽象的概念和理论，语言思维的内容和形式的丰富性、复杂性是非语言思维所不能企及的。抛开语言的社会交往功能不谈，就个体思维而言，语言可以使人在内心展开丰富的内容复述，并用来保持其注意，以便能按照认知等级系统来组织更多的信息。没有语言的思维和有语言的思维之间的区别，就如同手工计算和计算机运算之间的区别。

对于语言与认知来说，理解离不开记忆，记忆也离不开理解，在语言学习中这一特性尤为明显。要想学会并运用一门语言，听、说、读、写是一个必要的且无法省略的整体，只有经历发音吐气的声带肌肉练习，并对语法规则进行系统化、逻辑化的学习，以及对单词对象的语义理解，才能达到对一门语言形成语义化理解，并进行结构化存储，也就是记忆，只有亲身经历这样一个体验的过程，才能说真正掌握了一门语言。不同的人对学习同一门语言的感受是完全不同的，过程中独特的体验才是其能否掌握并熟练运用的关键，也许张三学习德语的效果好于法语，只是因为他对教授德语的老师更加喜欢。在我们看来，语言习得并不是一个简单的技术过程，它是一个复杂的认知行为过程，包含着学习者主体的语言天赋和后天状态，是一个个性化的体验过程。因此，塞尔“中文屋”中的人只是按图索骥对词汇进行了翻译，他们和读者一样，并没有理解这些词汇在不同的语句中会产生怎样不同的含义。即使同样的话语从人的口中进行复述，我们仍能从语气、语调的变化获得许多超出字面意义的含义，而机器的复读不存在这样的问题，因为它不可能具有语义内容，更没有情感的内涵。所以，人的认知，尤其是通过语言来进行的隐喻认知是基于体验的，认知发展通常也是伴随语言发展而建立起来的。

3.2 隐喻作为思维方式

从认知的角度来看，语言学的目的应该是研究语言如何能反映出人类的认知能力。隐喻便是非常好的切入点，它为我们的生活经验和其他抽象概念的密切联系提供了丰富的证据。隐喻一直处于转换生成的状态之中，在精神意义上可以视为人类存在的一种形态。[①]认知隐喻学把隐喻作为人类的一种思维模式提出，其哲学基础便是体验哲学，认识论便是具身认知（embodied cognition），意在强调身体和动作对认知的作用。我们总是从自身体验出发，以自我为中心扩展开来，遵循着由此及彼、由近及远、由具体到抽象的顺序来认知外在世界。构成我们思维的大部分概念都是通过隐喻来完成建构的，它们都是基于我们身体经验的，是通过隐喻向内映射到我们的心智领域、向外映射到外部世界，包括客观自然环境和社会文化环境之中的整体性的有机过程。认知语言学家认为，在各种认知能力中，一个主要的和普遍的认知能力是想象（imagination），即把一些概念投射到另一些概念中去。[②]我们说认知是具身的，说的是它来自身体和外界的互动，并且与其发生持续的互动过程。根据这一观点，认知依赖于我们身体的各种体验，而我们的身体有着密切联系的特定知觉与运动能力，共同组成了我们的心理活动（包括情绪、记忆、推理等等）。

3.2.1 隐喻思维的哲学基础：基于体验的具身认知

"哲学"一词的英文是 philosophy，其源于希腊语的 philo（意为"热爱"）和 sophia（意为"智慧"或"知识"），因此 philosophia 的意思就是"对知识或智慧的热爱"。在认知科学看来，哲学就是人类为了寻求更

① Grady J. 2007. The Oxford Handbook of Cognitive Linguistics. Oxford: Oxford University Press: 188-213.

② 王德春，张辉. 2001. 认知语言学研究现状. 外语研究，（3）：2-3.

多更好的知识和智慧而进行的认知思维活动。莱考夫把传统意义上的西方哲学称为“客观主义的神话”，因为这种建立在主客二元对立基础上的哲学主张认识的反映论，认为人类知识的本质是理性对客观世界的抽象和综合，无论是经验论还是唯理论都认为人类可以通过直接或间接的手段来获取关于客观世界的绝对真理，二者的争论只在于如何获取和能在多大程度上获取客观真理。在莱考夫和约翰逊看来，这种认识只是一个事实上不可能的“神话”，对隐喻的认知功能探讨正是一种彻底改变传统认识论、扭转这一“神话”的最好利器。

体验哲学（embodied philosophy）的哲学渊源最早可以追溯到古希腊时期的斯多葛派，近现代的经验主义观念论（洛克）、自然主义（杜威）、现象学（梅洛·庞蒂与施密茨）、实在论（普特南）等等都可以视为体验哲学的哲学传承和脉络。其中心内容就是：心智的体验性、认知的无意识性和思维的隐喻性。[①]其研究方法主要是内省和思辨，在当前快速发展的认知科学技术背景之下，这一悠久的传统有了更为广泛的知识基础。现象学强调人的主观作用，认为客观规律是主观意识中的反映，只有通过主体的主观体验才能真正理解人类的行为和思维。这和认知体验主义有很多相通之处，是第一代认知科学与第二代认知科学的分水岭，也是认知隐喻学的哲学基础。它强调心智的体验性，认为人类的思维不仅仅包含形式和逻辑手段，还要充分考虑人的身体基础，并不存在完全无关身体的理性。人的认知本身是一个复杂的综合性过程，它肇始于人脑的神经结构，包含身体经验和精神状态，是人们身体和外界交换信息和能量的过程，我们通常所说的思维的主要范畴（包括形成概念、分析、综合、推理等）都源于我们身体和外部世界的互动体验和认知加工，因此心智、认知和思维本身就是我们身体经验的一部分。人类的体验是以认知主体在认知过程中所积累的经验内容为对象的，是对外部世界信息经由感官系统传入后的精细加工，带有丰富的情感色彩，具有突出的主体性和创造性。在体验哲学看来，我们的心智特别是思维能力都是体验性的，依赖于我们身体具体的生理神经结构，认知的产生、发展和完成都根植于我们的身体和外部世界的相互作

① 孙毅. 2013. 认知隐喻学多维跨域研究. 北京：北京大学出版社：9.

用之中。莱考夫和约翰逊通过对传统哲学做出的大量隐喻解释来描绘其替代这种传统的体验哲学，认知视角中的隐喻无疑是结构性的，它和我们的基本经验一起，决定了我们的思维和哲学思想。[①]体验哲学的第三条原则就是“思维的隐喻性”。传统的哲学观把隐喻仅仅看作是一种文学性的修辞手段，是脱离了词语正确使用的临时措施。正是认知语言学的兴起使人们认识到了隐喻的巨大认知作用，并将其上升到了人的一种生存方式。隐喻广泛存在于我们的思维之中，我们语言的 70%都是各式各样的隐喻，正是这些隐喻帮助我们能更快更好地认知世界、思考自身。

当代认知科学研究表明，人类对概念的理解不仅基于客体或现象内在的、客观的性质，同时也决定于主体与客体之间的交流互动。认知并不是单纯的符号运算过程，它具有深刻的身体基础，是个体身体经验的一部分。身体不仅是人体验世界的媒介，也是产生思维的根基和源泉。身体不仅是一种认知的载体，同时也是认知形成的母体，在这个意义上，我们可以说身体本身既是生物的又是思维的，我们不仅要借助身体来生存，还要借助身体来思维。身体是我们内部思维和外部世界发生互动关系的媒介与源头，也是我们感知世界和自身的起点，其中间的关键环节就是个人的体验，我们正是通过身体的体验才能以人类独有的方式感知世界，进而产生人类独特的思维能力与方式；同时，我们也通过外部世界与身体的作用来反观我们自身的思维，这不仅包含着外部客观世界的作用，也包含着社会文化环境对个体的影响和塑造。因此才有学者提出并不存在纯粹抽象的思维，所有的思维或认知都是“体验的”或“具身的”，身体是人类原始思维的出发点，人类对世界的认知过程是不断根据自身感知获得经验并进行重构的过程，思维就是对这一过程所涉及对象和人自身的概念化与范畴化。

从认知语言学的角度来看，意义不是某种能够独立存在的东西，它必须与一个语言共同体成员具有某种联系才能够存在。从体验角度来说，心智和意义都是基于身体经验的，因此，思维也必然是基于身体经验的。人类的理解和思维都是根植于人类身体经验的，隐喻的经验基础是我们在多

---

① 弗里德里希·温格瑞尔，汉斯尤格·施密特. 2009. 认知语言学导论（第二版）. 彭利贞，许国萍，赵微译. 上海：复旦大学出版社：169.

数情况下通过人类的身体机能运用熟悉的、有形的事物来认识无形的、抽象的事物，并且一般说来我们更倾向于相信可以看到的东西。身体经验从广义上讲是指人类通过自己身体对外部世界的感知来获取的特异性体验，尽管其有通约性，但人们还是更倾向于相信自己的亲身体验，这就是所谓"眼见为实"的体验哲学根源所在。隐喻还为不同学科领域的成员提供了一种可能的有效途径，以便于他们达成理解和交流，才有可能实现意义的通约和观念的共享，正是在这个意义上，隐喻可以说是智慧的开始，是人类最早采取的科学方法。

3.2.2 隐喻思维的心理基础：相似性与关联性

隐喻在语言学上指暗含比拟的语句，在这种语句中把本来常用于某一事物的词或短语应用于另一事物。[①]这是为了让听话者能在无须求助于语法规则和更多信息的情况下，就能快速理解说话者所说语句的含义。人类最早的概念应该源于其对于自身和所处的时空的感知与认识，隐喻即是形成概念的重要认知策略之一。隐喻以不同寻常的方式把原本不同的指称物组合在一起，用读者相对熟知的概念来指称另一事物，其基础正是客观事物所具有的相似性和关联性（relevance）以及人脑对其的认知能力。相似性主要指事物的形状相似、功能相似或者心理相似[②]，而关联性则侧重于人们对这种相似性的认知与表达。

亚里士多德最早对人类能洞察事物之间相似性的能力进行了研究，并将其视为天才的标志，认为人类之所以高于动物，就在于人可以通过对客观事物相似性的把握来对其进行分类，在此基础上形成概念系统，并且概念应该有明确的定义和清晰的边界，有着可以起到关键区分作用的独有特征。正是通过对相似性的把握，人类才实现了从认知的此岸（源域）向彼岸（靶域）的映射，才完成了思维的跨越。

人类学对原始社会的研究也发现，生活在不同地域、环境迥异的原始人部族对植物和动物的分类也非常相似：一方面都根据总体知觉上的相似

① 邱仁宗. 1993. 当代思维研究新论. 北京：中国社会科学出版社：9-10.
② 束定芳. 2002. 论隐喻的运作机制. 外语教学与研究，（2）：103-104.

性来分类，另一方面都有一套自己的分类系统，虽然不同部族和种族的分类法层次划分各不相同，但其总体的等级系统结构却十分相似。这些都证明人脑中确实有某种“固定线路”来形成某些概念，人脑以一定的方式过滤和组织输入的信息，使人们往往无需外界的帮助和指导，就可以形成某些原型或类别的概念。隐喻思维的作用是发现并把握客观事物之间的相似性，以寻求其规律性来深化我们对世界的认知。当代著名心灵哲学家塞尔的“隐喻公式”就是基于相似性的：说者说 S 是 P 时意谓的是 S 是 R，考察的是 P 和 R 是如何相似的，也就是所喻和喻体如何相似。其重点在于把说者的表述意义和语句意义分开，也就是通常我们所理解的要区分一句话的“字面意义”和“暗含意义”。①可见，隐喻的一端连接着客观世界，另一端连接着语言，最后再通达思维心智，它是我们沿袭前人文化和创新思维的最重要的认知工具，也是我们构建统一认知文化模型的根基。

在这里需要对隐喻和类比（analogy）进行一下区分。类比也是对事物相似性的一种认知手段，衡量不同事物的相似性只有两种结果：相似性较多或相似性较少（但不是没有）。通常而言，如果两个指称物之间相似性较多我们叫作类比，相似性较少则叫作隐喻。隐喻可以看作是类比的一个子集，类比可以看作是隐喻的必要条件，但我们认为隐喻具有更深刻的认知结构。由于隐喻，两个原本在语义上不一致的词可以出现新的深刻的含义。为了说明未知之物，我们必须求助于隐喻——通过想象和直觉把我们熟悉的和不熟悉的东西联系在一起。②我们所讲的隐喻是对未知用已知来进行理解的认知活动，这与语言学上的转喻（metonymy）有区别（转喻侧重于用某一部分来指代整体），转喻往往可以看作是隐喻的较早阶段或部分，为隐喻提供基础。

如果说相似性是客观事物固有的某种属性，那么人对不同事物相似性的认知能力就体现在对关联性的把握之上。心理学家斯派博（D. Sperber）和威尔逊（D. Wilson）把关联性（relevance）视为人类认知与语言交流的核心要素和能力，并基于此提出了“关联理论”③。他们认为，对说话人

① 陈嘉映. 2003. 语言哲学. 北京：北京大学出版社：362.

② 邱仁宗. 1993. 当代思维研究新论. 北京：中国社会科学出版社：10.

③ Sperber D, Wilson D. 1995. Relevance: Communication and Cognition. Oxford: Blackwell: 21.

而言，语言交流默认是一个互明的（mutual manifestness）过程，即对其所表述的语境内容交谈双方是存在相当共识的；而对听话人而言——特别是旁听者，语言交流很大程度上则需要运用自身的推理能力。根据关联理论，促成语言交流成功的关键在于交流双方所共同追求的“最佳关联”得以成立，过程中的信息加工有通过最小努力获得最大关联强度的自然趋向，如此便能最有效率地获得最大的认知成果。这种对隐喻的语用学阐释的实质就是对思维的意义解释。隐喻和其他松散语言都与说话者的思维是类似的，其接近程度取决于关联性的强度，也就是说在特定的语境中，命题形式所表征的命题内容与说话者的思维应该是一致的，但事实上不可能达到完全的一致，这时隐喻的作用就凸显了出来，它可以通过含糊但是更容易被听话者所理解的方式来迅速完成思维信息的传递，使得语言交流双方能快速有效地完成语言交流。如“杰克是一头饿狼”这么一个命题隐喻可以含蓄而高效地传递出杰克这个人具有危险性的信号，听话者就能够根据这个默认语境信息来调整自己的认知和行动策略，事实上是通过“杰克—饿狼—危险”的关联完成了一个新语境的构建。由此可见，关联的寻求和建立必然会涉及语境，关联是语境中的关联，会引发语境的变换。[①]因此，隐喻是构成新语境的必要保障，它赋予了人迅速理解新事物的能力，这对跳跃性和创造性的思维来说尤为重要。

关联理论把存储于人脑的信息分为三类：逻辑式（logical）、百科全书式（encyclopedic）和词汇式（lexical）。其中，逻辑式由一系列演绎规则构成，百科全书式由激活概念的特征及其扩展信息组成，词汇式则由自然语言本身所具有的词汇或短语组成，是自然语言相对应的概念项。推理过程中的语境选择就是由人脑记忆中的这三类信息共同决定的，这些因素共同作用才产生了可能的认知语境。关联性程度与语境效果成正比，与加工努力成反比。[②]关联理论把语境视为话语理解过程中的一系列预设，对处于一个相对完整的认知语境中的个体而言，绝大多数背景信息应该是互明的，由说话者所提供的信息和听话者脑中所存储的信息相结合产生共同

① 魏屹东. 2012. 语境论与科学哲学的重建. 北京：北京师范大学出版社：443.

② 孙毅. 2013. 认知隐喻学多维跨域研究. 北京：北京大学出版社：40.

的交集，才最终产生了可被理解的实际语言交流过程。正是由于说话者和听话者都处于同一语境基底之中，双方才能迅速达成共识，并且隐喻可以在保持一部分共性的前提之下衍生出许多子隐喻，不同的子隐喻构成了共性隐喻的不同侧面，这部分共性隐喻也就成了处于其中的人们的思维方式的根隐喻（root metaphor），根隐喻和子隐喻再一起构成一个统一的认知语境，成为其所承载文化的继承者和发扬者。

3.2.3　隐喻思维的主要内容与类型

在隐喻中有两个主要的域：源域和靶域（目标域），隐喻就是由源域到靶域的映射而产生的。靶域（target domain）由即时的事实题材组成，指隐喻概念所应用的领域；源域（source domain）则提供推理中所需要的概念，指隐喻概念的来源，也是重要的隐喻概念推理产生的地方。[①]源域和靶域发生作用的方式被称为“映射”（mapping），指隐喻把源域的概念以类似认知地图（cognitive maps）的方式投射到靶域的过程，以投射映射为主，有时也会用到语用映射和图像映射。需要指出的是，这里的“域”是一个心理学概念而不是语言学概念，莱考夫自己就曾说过，隐喻的根源完全不是语言，而是用一个心理域（mental domain）来理解另一个心理域的方式。隐喻的一般理论就是对这种跨域映射特点的描述。[②]在我们看来，这也是一种认知上的对应过程，包含了人对感官信息的加工、记忆、推理、表征等一系列的范畴，因此可以说，隐喻思维就是人脑对隐喻映射加工的结果，其含义也是丰富多样的：它不仅能在源域和靶域之间建立映射关系，还能把多元范畴或多元认知模型联系起来，并把源域概念中的属性以完形的形式提供给靶域概念，从而使靶域概念获得更加丰富的属性，一方面实现概念的延展，另一方面建立概念之间的新的认知关系。

莱考夫和约翰逊把隐喻分为三类：结构隐喻（structural metaphor）、方位隐喻（orientational metaphor）和实体隐喻（ontological metaphor）。这三种隐喻实际上也是我们隐喻思维的三种方式。体验哲学的“体验”主

---

① Lakoff G, Johnson M. 2003. Metaphors We Live by. Chicago: The University of Chicago Press: 266.

② Dirk Geeraerts. 2012. 认知语言学基础. 邵军航，杨波译. 上海：上海译文出版社：199.

要就是指我们身体对时空和事物的感知与体验，并且根据这种体验来映射其他事物。下面我们对这三种隐喻思维方式分别进行阐述。

首先是结构隐喻思维。结构隐喻是指通过结构清晰、界定分明的概念来映射另一个结构相对模糊、界定含混甚至完全缺乏内部结构的概念。[①]结构隐喻思维则是指我们用源域中相对熟悉的对象来指称靶域中相对陌生的对象的概念化过程，这种隐喻思维主要建立在源域和靶域对应事物在结构上的相似性的基础上。这里的“结构”主要包括两层含义，一是人体自身的结构，二是人类社会的结构，我们主要是通过这两种结构隐喻来完成映射。如“商场如战场”这一隐喻就是用“战场”这个大多数人认可的概念来隐喻“商场”的残酷性。又比如“时间就是金钱”这一隐喻则是把抽象的难以描述的“时间”用可以量化的“金钱”来进行映射，从而凸显出时间的重要性和有限性。

其次是方位隐喻思维。主要指用上—下、内—外、前—后、中心—边缘等表示方位的语词隐喻抽象的概念，给我们提供了方向维度的隐喻思维方式。方位隐喻在抽象情感表达中运用最多，比如，人们把“高兴”“健康”视为“上”，用来隐喻积极和崇高等好的方面；把“悲伤”“生病”视为“下”，用来隐喻消极和卑微等不好的方面。[②]这一隐喻根源于人类所处的客观物质环境，身体与所处环境的互动作用是所有物种得以生存和进化的基础条件，在漫长的进化过程中对方位的判断是至关重要的，并且不同的物种生理构造不同，其对方位的判断方式也是极为不同的，如鸟类可以通过声波来导航和定位，昆虫（比如螳螂）的复眼可以获得240°的水平视觉范围和接近360°的垂直视觉范围，这些都是人类感官所无法体验甚至想象的。我们只能根据自己身体与空间的相对位置来获得对抽象概念的理解和体验。

最后是实体隐喻思维。指用真实的、具有物质形态的物体来映射抽象的、无形的精神状态或事件，为我们提供了超出单纯方向的、更加基础性的隐喻思维方式，从而使人们能将其具体化与操作化。一旦我们可以把我

---

① 蓝纯. 2005. 认知语言学与隐喻研究. 北京：外语教学与研究出版社：123.

② Lakoff G, Johnson M. 2003. Metaphors We Live by. Chicago: The University of Chicago Press: 15-16.

们抽象的经验如同客观存在的实体或物质一样进行分类、量化并进行表示，那也就意味着我们可以对这些经验进行思维。[①]最为典型的就是随处可见的身体隐喻，用人类自身的身体部位来映射抽象的概念，如“手足情深”“怒发冲冠”等都是用自身可感知的身体变化来隐喻抽象的情感，可以非常形象而具体地表现出个体当时所处的精神状态。从进化角度来说，以人自身作为基点来认识周围的事物是最合理和经济的认知手段，人类凭借这种具体化的能力才能形成和发展对世界和自身的抽象认识。

对于这三种隐喻思维的关系，我们认为实体隐喻思维和方位隐喻思维相对而言更为基础，它们是同我们身体的物理性质和感官能力密切相关的，更多地表征在知觉层次。当这两者在进入大脑时如果经过记忆心理表征的介入，就会综合成为更高级的体验，进而成为结构隐喻思维。

从规约程度来区分，隐喻可以分为规约隐喻（conventional metaphors）和新鲜隐喻（new metaphors）两大类。规约隐喻是指那些早已成为人们日常用语的常备词汇的隐喻，它们已经普遍被收入词典，成为语言文化的一部分。[②]有的学者把这部分隐喻称为“死隐喻”，如纽马克（P. Newmark）认为隐喻性语言占据了英语语言的约 70%，并将其分为三种类型：死隐喻，即已觉察不出隐喻含义的隐喻；修辞性隐喻，即辞藻华丽但空洞无物的隐喻；库存隐喻，即贴切自然的文体隐喻。[③]莱考夫和约翰逊认为恰恰相反，这些规约隐喻正是生命力旺盛的体现，说明这种内化到语言之中的规约隐喻才是我们真正“赖以生存的隐喻”。新鲜隐喻则是指那些刚刚进入语言不久的新隐喻。这种划分只是一种笼统的时间维度划分，可以说所有的规约隐喻一开始都是新鲜隐喻，在经过一段时期社会文化的洗练与选择之后，有的新鲜隐喻逐渐消亡，不再被人们所使用，成为真正的“死去的隐喻”，有一部分新鲜隐喻则逐渐拥有了固定的指称对象和使用人群，成为新的规约隐喻。因此，认知语言学家才一再强调说，隐喻并不是单纯的语言问题，它并不是任何具体的单词或表达，而是从源域向靶域进行跨域映射的过程，其中映射是第一性的，语言是第二性的。正是因为有了映射，源域语言和推

① Lakoff G, Johnson M. 2003. Metaphors We Live by. Chicago: The University of Chicago Press: 26-27.
② 蓝纯. 2005. 认知语言学与隐喻研究. 北京：外语教学与研究出版社：123.
③ 孙毅. 2013. 认知隐喻学多维跨域研究. 北京：北京大学出版社：101.

理模式才有可能被用于靶域中的概念，因此映射最主要的特性是概念性。[①]在认知隐喻学看来，这个过程其实就是我们用语言描述世界的过程，也是我们的思维规范化和社会化的过程。

3.3 隐喻思维的主要作用

如前所述，认知隐喻学的哲学基础就是人类思维或心智的体验性，体现在语言上就是指人类的概念体系（概念、推理、范畴等）并不是客观世界的直接反映，也不是唯理论所主张的先天的能力，而是人类在对客观世界进行感知和体验的基础上，通过一系列认知加工所获得的。认知过程中人的身体器官和精神状态，以及所处的时空环境都会对人的认知过程产生影响，所以莱考夫和约翰逊才说："概念是通过身体、大脑以及对世界的体验所获得的，也只有如此概念才能被我们所理解。概念是通过体验，特别是通过对身体的感知来获得的。"[②]

隐喻思维作为一种思维方式，其实质就是用一类事物来理解和体验另一类事物，人类的思维就是通过隐喻进行建构的，而用于语言表达的隐喻则来自具有隐喻性的概念系统。其在认知中的作用主要表现在以下三个方面。

3.3.1 隐喻思维：认知语境的构成要素

"语境"（context）来自拉丁文动词 texere，其拉丁文词源 contextus 具有交织、关联和构成的意思。英国社会人类学家马林诺夫斯基（B. K. Malinowski）把"语境"的概念从"言语语境"扩展到了"非言语语境"，主要包括"情景语境"、"文化语境"和"社会语境"。这种扩张使得"语境"开始和语词及文本的意义发生关联，也就跟客观世界的本质关联了起来。

而作为一种理论的"语境论"（contextualism），其方法论基础则是

① Dirk Geeraerts. 2012. 认知语言学基础. 邵军航，杨波译. 上海：上海译文出版社：206.

② Lakoff G, Johnson M. 1999. Philosophy in the Flesh: The Embodied Mind and Its Challenge to Western Thought. New York: Basic Books: 497.

基于语形、语义、语用的统一，并且隐喻分析方法本身就是语境分析的重要一环。语形学以句法形式为取向，形成基于形式逻辑的语形分析；语义学以言说对象为取向，形成基于本体论的语义分析；语用学以语言使用者为取向，形成基于认识论的语用分析。这三者的整体扩展最终使得传统哲学的提问方式发生了改变,进而导致问题求解方式也随之得到相应的改变。

用格式塔心理学的观点来看，对同一对象，不同的解读者会得出完全不同的结论，更何况纷繁复杂的社会文化现象。因此，人类的认知绝不是简单的对对象的反映，而是认知主体与对象发生相互作用后，在其特定的认知语境中发生的一种生成活动。究其来源，一方面源于对象自身的信息，另一方面则是包括认知主体在内的认知语境系统内部在相互作用时产生的新信息。人类思维最主要的特征是运用概念来进行分析和判断，进而形成某种理论来予以归纳并反作用于实践。而在语境论看来，概念与理论所描述的都是一种可能世界的状态，只是在一定的语境中与真实世界具有相似性，而非客观真实世界的完全镜射。真实的客观世界在量子层面上是不可被人类观察的，量子力学所揭示的微观世界的结构迥异于我们基于宏观世界对微观的认知，因为我们不可能像对宏观世界的认知那样可以独立于被观察者之外，在量子测量语境中我们的观察（无论是否通过仪器及设备）都是必然涉身且会影响观察对象及观察结果的，也就是说，观察者是内含在整个观察语境内部的，所得出的真理也是有语境限制的。所以，科学话语不能仅按照其字面意义成为真理本身，而是还具有一些隐喻的含义和理解。研究对象越是远离日常经验，科学话语的隐喻成分就越多，对其解读也越依赖于观察者的背景知识和当时的科技水平。这也是为什么量子力学创立者之一玻尔（N. Bohr）会把理论的客观性理解为主体间性而不是教条化的真理。这种与量子力学的整体性特征颇为一致的量子实在论也可以称为“语境实在论”。从这个视角来看，只要有语言就有隐喻，而隐喻分析所具有的启迪性、创造性，也是其他方法所不能取代的。①

随着语境在当代思维研究领域中的普遍渗透，一种语境论的世界观也逐渐显现在各个学科发展之中。无论是以语境实在论为特征的本体论立场，

① 郭贵春. 2007. 隐喻、修辞与科学解释. 北京：科学出版社：4.

还是以语境范式为核心的认识论路径，或是以语境分析为手段的方法论视角，语境所具有的元理论特征，已经作为一种普遍的思维特征为人们所认可，也可以说在世界观的意义上，语境成了一个构造世界的新的“根隐喻”（root metaphor），语境本身就具有根隐喻思维的某些特质。语境的根隐喻地位，是人类思维演进的必然结果。派普（S. Pepper）就指出，所有伟大的科学与哲学思想都根源于“形式论”（formalism）、“机械论”（mechanism）、“机体论”（organism）、“语境论”（contextualism）这四大“根隐喻”[①]。“语境论”的科学认识观，作为一种超越以逻辑经验主义为核心的现代科学哲学的趋向选择也就愈发凸显出其价值所在。而对于形形色色的语境论和语境观，有国内学者根据语境的本意和延伸意义，将其归纳为三大类：一是文本语境，即语言语境或狭义语境；二是境遇语境，也叫实践语境或广义语境；三是认知语境，介于文本语境和境遇语境之间，兼有这两种语境的某些特征，如语言的运用与事件的发生，也有其独特性，如应用仪器和数学[②]。“语境论”更注重动态活动中真实发生的事件和过程，即在特定的时空框架中不断变化的历史事实，而且可变的事件本身赋予主体目的和意图，主体参与到事件和语境的构造当中，同时，语境也反过来影响主体的行为，这是一种相互促动的、关联的实在图景。在这个意义上，我们可以认为语境本身就是隐喻思维的概念化产物。隐喻思维作为人类思维的一种基本活动形式，是认知语境的主要内核，隐喻语言则是隐喻思维的体现，二者是一种互为表里的关系。同时，隐喻思维对认知语境也有着严重依赖，作为语形、语义和语用的集合体与统一体的语境，构成了隐喻分析的切实可靠的基底。一旦离开特定的认知语境，我们就无法正确理解一个隐喻。

语种的差异和词汇的差异，意味着不同的语言必然会导致不同的语义网络。研究语言时很容易陷入一个误区：忽视习惯或能力的区别。“做”意味着“能做”，“不能”意味着“不做”，但反过来并不成立。“能做”并不意味着一定要“做”，“不做”也不意味着“不能”去做，这之间的差别就是人的主观意志，即思维的主体性。有些民族出于独特的使用习惯

① 郭贵春. 2007. 隐喻、修辞与科学解释. 北京：科学出版社：2.

② 魏屹东. 2008. 语境与认知推理. 山西大学学报（哲学社会科学版），31（6）：21.

没有表达某些思想，但这并不能说明他们不能。语言学家通过对日裔美国人的研究表明，使用不同语种的语言对思维内容确实有切实的影响。例如，让被试用日语和英语分别表述对“丈夫”一词的联想和造句。同样的被试，在用日语造句时，强调丈夫首先应该有责任使其家庭平安；在用英语造句时，则强调丈夫首先应该和妻子相爱。霍比族印第安人对所有的飞行物只有一个名词，包括了昆虫、飞机和飞行员。因纽特人对不同种类的雪有许多不同的称呼，而阿拉伯人则对不同的骆驼有许多名称的称谓。这说明了思维者所处的环境对其语言形成的影响。特别是对多义词来说，由于语境几乎总是可以表明指称什么，所以无须用不同的词。由此可见，不同语言所蕴含的不同语境，显然影响了说话者的思维方式和过程。尽管语言对表达思维而言有着某些限制，但同时语言的可转换性和易传递性仍然保证了思维的最大限度的传递和保存，尽管有时会显得笨拙和词不达意。

如前所述，斯派博和威尔逊的“关联理论”不仅把语境视为话语理解过程中的一系列预设，更是把语境当作理论体系内在因素的终极参照和理论构架的支点。不过该理论把语言形式看作是某种独立于语境之外的分离性要素，不能体现出语境的认知特征。因此，有学者提出了修正方案，认为应该把语言形式及其意义都看作是语境的一部分，特别是关乎推理和理解的思维必然是在语境中进行的，在这样的交流系统中自然会形成一种认知语境。语言的意义正是通过隐喻转换为一种具有思维指向特性的认知语境，这样的一种认知语境包括了大多数情况下的交流环境，即语用的、社会的以及包括主观意志在内的行为模式。[①]

从内容上而言，规约隐喻是构成已有认知语境的主要成分；从过程而言，新鲜隐喻则是构建形成中的认知语境的来源。语境的构成要素——无论是语义、语形还是语用——都贯穿着实体隐喻、方位隐喻和结构隐喻，隐喻思维在反映并构成人类认知和思维的同时也与文化有着密切的依存关系。隐喻是一个民族特有文化的历史积淀，是反映处于特定时空环境中的一个群体的认知方式和展现其文化特质的重要语言工具，任何民族和社会都有其独特的文化背景和隐喻认知结构，并且相当一部分的文化都是通过

① 魏屹东. 2012. 语境论与科学哲学的重建. 北京：北京师范大学出版社：446-448.

各种隐喻手段来进行外部表征的，唯此才能长久储存在人们的记忆之中成为文化的一部分。最新的脑成像研究也发现，文化塑造和改变了自我的神经结构。选取不同文化背景的被试描述自我人格的形容词，发现西方人和中国人的自我参照加工都会引起特定脑区（内侧前额叶）的激活，但强调人与人之间依存关系的中国文化也塑造了特殊的自我神经结构，表现为多用内侧前额叶来表征与自我有密切关系的他人（如母亲），而强调人与人之间独立关系的西方文化却造成了自我与亲近的他人在神经活动上的分离。大脑右侧额叶参与自我的神经活动在强调互相依存的东方文化中在短暂启动后会被显著削弱。进行注意和理解测试同样发现，具有东方文化背景的人在知觉任务中更容易关注外在刺激的整体属性和背景的变化，在自我概念上更强调人与人之间的社会关系，在分析社会行为的原因时更强调社会环境对个人行为的影响，在需要合作的任务中，更容易从他人的角度来看问题。与此不同，具有西方文化背景的人在知觉任务中更容易关注外在刺激的局部属性和凸显于背景的物体变化，在自我概念上更强调个人内部特质对社会环境和社会关系的独立性，在分析社会行为的原因时强调个人内部特质对个人行为的决定性作用，在需要合作的任务中，则一般不容易从他人的视角来看问题。这说明，以语言为最明显区分标志的不同文化对认知加工神经机制影响的范围可能很广，从基本的知觉到复杂的与社会交往有关的社会认知的神经基础。

人们把某一事物的某一方面的意象映射到对另一不同事物的理解上，这就是隐喻的认知过程。除了文字，还包括图像、雕塑、建筑、音乐、舞蹈等物质或非物质形式的表征，这些都广泛并大量采用了隐喻的方法来体现独特的文化色彩，因此隐喻还具有文化异质性。同一种含义在不同的文化中可能采用截然不同的隐喻意象来表达。这在文化意象所包含的不同隐喻上尤为明显：比如“龙”在中国是神圣权威的隐喻，在西方却是邪恶破坏的象征；由于地理位置的差异，“西风”在西方表示雨水和温暖，而在中国则是寒冷肃杀的象征。对抽象事物的理解往往建立在对具体事物相似性的比较与分析之上，中国哲学“取类比象”的思维方式就是最好的例证。五行学说最早见于《尚书·洪范》，其中提到：“五行一曰水，二曰火，三曰木，四曰金，五曰土。水曰润下，火曰炎上，木曰曲直，金曰从革，土爰稼穑。润下作咸，炎上作苦，曲直作酸，从革作辛，稼穑作甘。”可以看出，中国古人把水火木金土五种事物的性质与功能作为理解万物本原的根本隐喻，推而广之，不仅以此来完成对世界的认识和描述，还把五行学说应用于人的身体，产生了以六节藏象论为核心的中医理论体系，可以说，中医的理论就充分体现了结构、实体和方位隐喻在思维中的重要作用，而这种简单易行、便于传播记忆的特性也使得在识字率极为低下的中国古代社会保证了基本的医学知识的传播与普及。这也体现了语言本身就是一个民族长期文化经验认知的产物，必然渗透着不同的价值观念和思维方式，表现出不同文化的个性化隐喻。理性，意味着在特定的社会语境下对相关问题作出论证或回答。正因如此，人类思维才表现出独特的民族性。

语言在我们的认知过程中有着重要地位，而这也是隐喻思维在认知过程中最重要的作用：隐喻思维为我们提供了重新建构和再组织世界的方式，人类知识理论所描绘的世界图景，本质上是人类运用概念隐喻所进行的一种理性建构。隐喻化的过程并不是一个简单的对客观世界的“反映”过程，而是认知主体运用个体记忆信息和个人经验的主动构造过程。认知语境的功能主要表现在充当交流与论述媒介、提供高效快速的认知整合平台以及划定事件和行动的边界三个方面。①而这三方面功能的实现都依赖于隐喻思维的介入——从本质上说，隐喻的生成是语境的功能，隐喻的转化是语境的交换，隐喻的更迭是“再语境化”的结果。无论是指示词还是句子，在不同语境中可以表达出完全不同的命题内容。②隐喻不仅仅是一种意义转换，更是一种意义创造，它通过隐喻映射来赋予语词新的含义和内容，从而达到为认知引进新内容、传达新意象的目的，是可表征计算、结构清晰的，具有可表征性、可计算性和可变换性的特点。可表征性是说构成认知语境的有限要素是可以用某种形式予以表征的，可计算性是指这些要素可以通过某种算法得到相对确定的数值，可变换性则是指隐喻所代表的认知语境是处于不断变化和发展中的，隐喻源域或靶域的变化都可能带来认知语境的变化，从而导致句子或文本的意义发生变化。在这个意义上，隐

① 魏屹东. 2012. 语境论与科学哲学的重建. 北京：北京师范大学出版社：453-454.
② 郭贵春. 2007. 隐喻、修辞与科学解释. 北京：科学出版社：30.

喻思维不仅是认知语境的构成要素，同时也是我们作为思维着的个人进行心理表征的重要手段，是我们理解处于认知语境中的事件或行动的基底，套用莱考夫的话，就是“我们赖以思维的隐喻”。

3.3.2 隐喻思维：情感意向的具象表达

正如前文所述，情感是人类最普遍、最重要的人生体验之一，同时也是人类所特有的一种精神状态和思维方式。我们所说的“基于情感的思维”，更多地是指情感在具身思维中始终存在，并且作为意向性的重要组成部分。虽然意向性很难评价，但思维具有目标性，因此思维的符号也必然是在一定的控制之下的，是具有某种指向的。正如塞尔所指出的，意向性是“心灵的一种特征，通过这种特征，心理状态指向，或者关于、论及、涉及、针对世界上的情况。这种特征的独特之处就在于为了能够被我们的意向状态所表现，对象并不需要实际地存在”[①]。隐喻过程的心理意向性是必然存在的，隐喻陈述传输了比通常解释更多的信息内容，也正是这些信息内容确定了隐喻评价的功能基础。在对一个相关理论的评价中，评价者的心理意向是必然存在着的，所以意向条件的确定是一个非常重要的隐喻评价问题。[②]

心理学家格里菲斯（P. Griffiths）提出，不应该把情感简单分为基本情感和特殊情感两类，而应该再加上“高级认知情感”。这种情感的先天性比基本情感要少，但比特定文化下的情感要多。[③]这其实就是我们所说的“基于情感的认知”所具有的情感思维的特征，关于此后面会有详细论述。而无论是本能的基本情绪还是更高级的认知情感，很大程度上都是通过隐喻的手段来表现自身的。我们所能运用的表情等肢体动作相对于语言来说是非常有限的，即使对人类的一些最基本情绪进行表达，语言的丰富性也远远超过表情等肢体动作，并且语言拥有更长的保持时间，同时在空间的传输上也拥有更大的优势。因此，从对人类情感的表征与留存角度来

---

① 约翰·塞尔. 2001. 心灵、语言和社会——实在世界中的哲学. 李步楼译. 上海：上海译文出版社：64.

② 郭贵春. 2007. 隐喻、修辞与科学解释. 北京：科学出版社：39.

③ Dylan Evans. 2013. 解读情感. 石林译. 北京：外语教学与研究出版社：159.

说，语言的作用毋庸置疑，这其中最主要的就是隐喻。

隐喻遍布于各种语言与文本之中，尤其是理性、情感、价值等抽象对象的表达几乎全部要借助隐喻的文本，隐喻就是语言的基本特征和手段，人类自然语言整体上就是一个以隐喻为核心的符号系统。隐喻是在反复递归出现的体验过程中产生的，作为一种文化认知工具，其心理学基础在于人类生存环境的近似性和人类群体心理的趋同性（或曰“同理心”）。正如美国人类学家艾克曼（P. Ekman）在新几内亚岛对福尔人的研究所显示的，快乐、痛苦、愤怒、恐惧、惊奇和厌恶这几种情绪是没有种族界限的，任何文化中都有这些相对固定的情绪，以及由这些基本情绪所组成的更为复杂的情感。有实验表明，即使是先天失明的婴儿也会作出传达这类情感的典型面部表情——微笑、皱眉等。在这里我们所说的某些情感是先天而非后天习得的，主要是说其形成是与生俱来的，即任何人只要一出生，满足其生存的基本需求（衣食住行），即可具备基本的情感。与此相类似，语言也可以说是先天的能力，一个婴儿学会如此复杂的人类语言却似乎并不需要太多的专门训练——只需要让他和同样具有语言能力的人在一起就可以了，情感也是如此。

人的情感是复杂多样而且快速多变的，作为个体情绪的抽象集合和高度升华，含蓄抽象的情感更需要通过形象生动的隐喻来表达，同时这也是构成人类社会生活的重要基础。对情感的隐喻大量存在于文学之中，文学隐喻往往描述一种高度主观化的特殊语境，其目的主要在于表达作者在特定语境中所拥有的强烈情感，通常缺乏与客观实在世界的自觉关联与适应，所表达的意义也往往是弥散含混的，其实这恰恰正是情感本身的特征，往往正是这种“剪不断，理还乱”的隐喻最能恰如其分地表达人纷繁复杂的情感变化，其中最典型的例子当属“爱情”。

关于“爱情”的隐喻可谓真正纵贯古今，不计其数，无数文人雅士留下了无尽的长吁短叹来描述男女之间悲欢离合的情感纠葛。既有“伤心”“断肠”这样的身体隐喻，也有“巫山云雨”“上天入地”这样的空间方位隐喻，还有“战争”“买卖”这样的结构隐喻。可以说，看到“爱情”这两个字本身就能激发读者各自不同的想象：无论是相依相偎的意象（图像），还是“白首不相离”的文字信号，或者是似酒如蜜的通感，抑或是自己独特经历的“别是一番滋味在心头”，这种文字叙述本身就把爱情复杂的内涵以隐喻的方式进行了传达，读者在看到、听到或想到这些表述的时候就能够产生强烈的共同感受，并且往往伴随特定的生理反应和心理效应，这也正体现了我们心智的体验性。

从认知角度来看，爱情是高级认知情感的典型，因为它需要比基本情感更多的脑与神经加工和传导，同时由于和大脑的关系更加紧密，高级认知情感也更容易受到来自意识、思维等因素的影响，不仅因人而异，也具有社会文化差异性。人类学和脑科学研究表明，基本情感主要是在大脑的下皮质结构生成，而爱情这类高级认知情感则主要发生在新大脑皮层中，这也是 500 万年来人类进化过程中大脑发展最快的部分。从灵长类社会生物的实验中可以看出，情感是可以学习的，也是我们对认知进行评价的重要依据之一。正如铁钦纳所言：如果我们要恰当地识别和评价其他人的情感，并用这种能力来进行情感交流，就要依靠我们左半球语言加工能力和右半球情感知觉能力的健康互动作用。[①]脑与神经科学的相关研究也为这种观点提供了证据：对听到含有动作单词的被试进行 fMRI 扫描，结果显示当听某一个单词的时候，被试与之相关动作的大脑皮层往往有较强的激活，格兰伯格（A. Glenberg）据此认为我们对语言的理解通常依赖于语言所隐含的动作。而对于如何解释人类语言表征和动作表征之间的联系，以及我们在听到一些动作性语词时脑中所产生的运动表象和模仿冲动，有学者提出了“镜像神经元”（mirror neuron）来进行解释，里佐拉蒂（G. Rizzolatti）在恒河猴脑中的运动皮层发现了它们，这些神经元在猴子做出一些动作（撕纸片或者看到有人在撕纸片）时会被激活。还有人让猕猴观看一些其他猴子害怕蛇的影片，结果这些本来并不害怕蛇的猴子也对蛇有了恐惧。[②]同样的道理，人类的情感也是在和其他人相处的过程中逐渐习得的，取决于环境的影响以及个体选择性的学习倾向，从发展心理学的角度来看，婴儿期和幼儿期家人的训教和家庭环境对个人情感发育有着重要作用。而从文化人类学角度来说，其普遍认为现代社会所崇尚的“一对一”

① 许远理. 2008. 情绪智力三维结构理论. 北京：中国社会科学出版社：43-44.

② 约翰·安德森. 2012. 认知心理学及其启示（第 7 版）. 秦裕林，程瑶，周海燕，等译. 北京：人民邮电出版社：130.

式的"浪漫爱情"其实是 12 世纪的欧洲故事随着西方文明的兴起和殖民地的开拓所营造出来并推广到世界各地的，正是这一时期广为流传的"骑士故事"，宣扬公主贵妇和骑士的浪漫爱情故事，才使得崇尚自由和浪漫的爱情成为男女之间感情的崇高典范。[①]回想一下塞万提斯笔下的唐·吉诃德，就是不懈追求这种文化产物的典型例证。当然，这种观点不免有些偏颇，我们并不能据此就说中世纪之前的人就不懂得爱情，非西方地区的人民就不会谈恋爱。可以想象的是，早在数十万年前人类的祖先奔驰在非洲草原上时，尽管他们的身体结构和语言结构与我们大不相同，但两者的情感体验可能是非常接近或相似的，所不同者，只在于表达方式的丰富程度和具体形式而已。

总之，爱情作为人类高度抽象又带有强烈意向性的情感体验，不同民族、不同语言对其大量的隐喻赞颂本身就充分体现了隐喻思维对人类情感交流的重要性，正是隐喻使得抽象的情感意向得以具体化表现，成为人类思维的一部分。精神活动引领着记忆、语言和思维内容。语词是概念的载体，语言是思维的载体；概象成为语词和概念的中介，表象成为情感与经验记忆的整合形式,意象成为情知意完形活动直到思维与表达的心理形态。

3.3.3　隐喻思维：科学发现与创新思维的源泉

隐喻不仅在文学上承担了具体化情感意向的主要功能，更在科学发现和科学精神发展中扮演着重要角色。从柏拉图的洞穴隐喻，到海德格尔"语言是存在的家园"隐喻，隐喻一直在参与哲学理性的发展过程，以至于德里达认为一部形而上学史就是一部隐喻史。科学中的隐喻随处可见，如哥白尼日心说、原子结构、大爆炸理论、黑洞、虫洞、时光旅行等等，现代量子力学中更是运用了大量隐喻，如薛定谔的猫、波粒二象性等著名隐喻早已通过大众媒体的传播而广为人知。其不同在于隐喻思维在科学发现中主要是为了完成科学家对客观对象的某种理论假设及其验证，并不是为了表达情感和审美的欲望，并且不能像文学隐喻那样随心所欲，而是需要服从社会群体认知、交流以及建构理论本身客观规则的需要。因此，有人提

---

① Dylan Evans. 2013. 解读情感. 石林译. 北京：外语教学与研究出版社：160.

出如果把文学隐喻与科学隐喻作为隐喻的两极，那么哲学隐喻则是处在两者之间的一种中间性隐喻[①]。

在认知语言学看来，如果隐喻不仅是文体的修饰，而且是一种思维方式，那么就没有理由认为这种潜力只被允许使用在构造抽象概念之中，而不能用于揭示我们处理世界上复杂的科学、政治和社会问题的方式[②]。在这一点上认知科学与物理学比较相似：物理学采用实证的方法来研究物质世界最基本的规律，认知科学则采用实证的方法研究精神世界最基本的规律——人类思维的加工过程，希望能获得人对于世界的理解何以可能以及如何去理解的知识。因此，卡尔·萨根才在《布罗卡的脑：对科学罗曼史的反思》中提出：科学与其说是一种知识体系，不如说是一种思维方式。隐喻不再仅仅被看作是一种广泛存在的语言修辞现象，而被确认为是人类的一种重要的认知和思维方式。从结构主义的观点来看，人们在日常生活中所使用的语言，就是由其文化的深层结构通过隐喻所展现出来的浅层结构。

隐喻思维作为一种把握世界结构的认识论和方法论工具，是科学共同体成员为了求解难题、突破理论发展的概念瓶颈的一种集体约定的结晶，是语言学演化过程与人类思维演化过程的统一，这种演化过程的结果体现为科学理论的发展。当代认知科学的最新研究成果表明，语言学的演化与人类思维的演化过程在相当程度上是由一种隐喻化的过程所推动的。因为单纯字面语言本身在改变认知主体心智与科学文化语境之间互动作用的过程中所起的作用极其微小，只有隐喻式的创新性使用才能在人类神经系统中建立一种新的关联，产生新的表达进而演化出新的含义。毕竟科学文化只是人类文化的一部分，它不应该也不可能取代包含艺术、哲学、生活等在内的人文文化。知识不能决定人的情感动机和人格坐标，科学认知与推理也无法取代人的感性体验和激情想象。因此罗素才说，科学技术并不能直接造福于人的德性、智慧和本体性美感。正是借助于新的隐喻，才产生了新的理论假设，进而导致了新的科学预测，推动了科学假设的创立和发展。因此，科学隐喻成为认知主体利用语言这一工具性中介对世界本质结

① 郭贵春. 2007. 隐喻、修辞与科学解释. 北京：科学出版社：15.

② 弗里德里希·温格瑞尔，汉斯尤格·施密特. 2009. 认知语言学导论（第二版）. 彭利贞，许国萍，赵微译. 上海：复旦大学出版社：163-164.

构进行认知、把握并做出反应的动力和源泉。现在我们越来越认识到，当一个问题有明确的边界、条件和约束的时候，可以化约或还原为一个数学与科学探讨；而当一个问题没有明显的边界、条件和约束，难以甚至无法求得最优解的时候，这就是哲学研究的领域。从牛顿创立的经典物理学理论到爱因斯坦的相对论理论，再到现代量子力学，这不仅是人类知识论的进化，其本质上是对于世界本质结构理解的隐喻发生了变化，即从“世界是机械的”到“世界是数学的”再到“世界是混沌的”这样一种基础隐喻概念的转化。这是隐喻思维对我们的科学认知发挥作用的典型例证，说明了隐喻思维所引起的科学概念变换是如何逐渐而深刻地影响了人类对于世界的理解方式。

隐喻在科学中无处不在,很大一部分是出于对新概念的解释而引入的。奎因就曾指出，在科学创新中，我们调整知识系统时往往遵循两点原则：“保守主义原则”和“简单性原则”，即尽量用熟悉的理论和术语来指称新现象，尽量用最简单的规律来说明复杂的现象。隐喻提供了新意义的创生媒介，可以拓展语言习惯，扩大和丰富我们的概念和语言系统。计算机中大量存在的隐喻就是很好的例子。计算机硬件包含着大量的人类身体隐喻，计算机软件则包含着许多人类社会隐喻。如软件系统大量的办公室环境隐喻，破坏性程序称为“病毒”，间谍软件称为“后门程序”“木马”等。这种相似都是一种“家族相似”，可能是功能相似，或者是机理相似，也可能是表现相似。正如盎格勒（F. Ungerer）和施密特（J. Schmidt）所认为的，隐喻不仅是一种修辞手段，更是一种思维方式，还是我们认识复杂的科学概念、政治态度和社会问题的有效方法[①]。从本质上讲，科学发现中的隐喻是以一定语形构造为载体、在科学语用中生成的一种语义映射，是科学语境中语形构造、语义映射、语用选择的统一。在语形层面隐喻是被构造的，在语义层面隐喻是被转化的，在语用层面隐喻是被选择的。因此，一个隐喻描述必须在语言转换的语境中历时地加以理解。隐喻思维不断改造着语言系统的意义内容与整体形态，同时这种改造不断被储存于认

① Ungerer F, Schmidt J. 2001. 认知语言学入门（An Introduction to Cognitive Linguistic）. 北京：外语教学与研究出版社: 143.

知主体的思维和知识结构中，从而形成对科学概念活动的建构、改造、重塑和推动。它不仅包含了科学隐喻术语的指称对象、谓词外延和函项的功能选择，还生动展示了科学概念的浅层语境与深层语境、形式语境与意义语境之间的转换。隐喻思维包含了隐喻概念本身既有的创造性，从源域向靶域的映射本身就赋予了靶域中的概念以新的特征和属性，这种映射反过来也使源域中的概念属性得到了更好的体现和关联，这种互动互明的认知过程最后使得二者都得到了更好的体验效果。正是广泛存在的隐喻才使得我们的科学知识体系越来越壮大，才能实现多个不同领域和话语体系的学科之间的沟通和交流，如“黑洞”“薛定谔的猫”“中文屋”等概念都是为了让思维的交流更加便利和有效，同时也使得学科间的融贯理解成为可能。如果没有隐喻思维，整个人类文化也就失去了光彩夺目的外表，只剩下干枯贫瘠的骨架，人们的日常交流和思维完全不可能进行——有趣的是，这个句子本身就是一个隐喻，没有了隐喻，甚至不知道如何来表述这种思想和情感。人们习惯于借助隐喻这一熟悉的思维方式，利用不同事物之间的相似性来把握客体对象的性质。科学家利用隐喻发展概念是为了：组织观察；使观察有意义；与来自观察的元素发生联系；提出假设；指导后来的观察；预测不可观察事件；同其他人交流[①]。也正是在这个意义上，莱考夫和约翰逊才认为，哲学理论到处都是隐喻思维，隐喻是哲学真正取之不尽用之不竭的宝藏，没有隐喻，就不可能有丰富的探讨；没有了隐喻，也就没有了哲学[②]。隐喻思维通过科学化的符号语言表征改变了人类科学思维的方式，进而对知识结构和认知语境都产生改变，由此隐喻思维的过程成了一种知识进化和文化进化，最终表现出的是对人类自身的进化和升华。

总而言之，语言是人类认知的重要载体和方式，语言与思维的关系在认知科学的快速发展中取得了巨大的进步，特别是同语言密切相关的脑与神经科学、认知语言学和文化人类学为我们更深入地理解语言在思维中的作用机制提供了可靠的证据支持。而作为语言重要认知方式的隐喻摆脱了过去修辞学的限制，直接导致了语言学的认知转向，并且催生了专门研究

① 魏屹东. 2009. 认知表征的方法论：隐喻、假设与建模. 山西大学学报(哲学社会科学版)，32（5）：26.

② Lakoff G, Johnson M. 1999. Philosophy in the Flesh: The Embodied Mind and Its Challenge to Western Thought. New York: Basic Books: 543.

隐喻认知功能的认知隐喻学。隐喻在认知科学中被界定为从源域向靶域进行映射的过程和结果，它不仅属于语言，也属于思想、活动和行为，我们绝大多数的概念都是通过实体隐喻、方位隐喻和结构隐喻建构起来的，因此也可以说我们的整个概念体系本身就是隐喻式的。隐喻从本质上说是我们认识世界的一种重要认知方式，在我们形成概念、范畴和推理的过程中发挥着关键作用。隐喻以体验哲学为基础，人类已经形成了无意识地将不同种事物进行比较进而认识陌生事物的能力，正是隐喻才使得思维成为可能。隐喻是人类理解陌生又抽象的概念或对象的最有效认知手段，是外部现实和人类身体共同作用的结果。①隐喻还是一种社会文化行为，正是由于作为隐喻之根源的社会历史文化极其复杂和庞大，才需要用衍生出的不同侧面的子隐喻来表达纷繁复杂的认知诸要素。

因此，我们认为基于语言的隐喻思维充分体现出，隐喻不仅是语言中普遍存在的一种修辞手法，更是人类对客观世界的一种认知方式，是人类通过体验的方式所获得的对世界和自身的觉知，是隐喻作为一种基本的思维工具的本质、意义和价值。隐喻思维蕴含着某种超越外在现实世界的意向，体现了人类意识与精神活动的原始结构和方向。正如莱考夫所指出的："隐喻无所不在，在我们的语言和思维中。我们的概念系统也是建立在隐喻之上的。"②也可以说，我们的知识系统和认知能力也是建立在"我们赖以思维的隐喻"之上的。

---

① 束定芳. 2000. 隐喻学研究. 上海：上海外语教育出版社：251.

② Lakoff G, Johnson M. 2003. Metaphors We Live by. Chicago: The University of Chicago press: 1.

第4章 思维动力：基于情感的认知过程

从古希腊哲学开始，哲学家们大多秉持一种把理性和感性对立的态度，主张用理性的思维去压服感性的情感。但随着认知革命的兴起和发展，特别是认知心理学、脑与神经科学、人工智能等学科对思维研究的逐步深入，这种把思维和情感对立的观点已显示出局限性。在当代认知科学看来，思维作为一种复杂的认知活动，不仅包括推理、决策和问题解决等理性过程，还应把人在认知过程中与思维相关的情感因素都包含在内。由此我们认为，情感不仅作为心理状态和人格特质贯穿于人的整个思维过程，情感本身就包含着复杂的认知因素和背景，我们称之为"基于情感的思维"，简称为"情感思维"，指人在加工和处理传入信息的同时运用情感来统合信息并作出反应或决定的思维方式与能力。但这并不是说情感本身可以作为一种单独的思维类型而存在，而是说包含了情感在内的"情感思维"可以更完整地体现认知过程中情感与理智的互动关系，其主要过程包括体验、表征、评价和修正，其作用可以划分为正负两个向度，而基于情感的"情感计算"对未来人工智能的发展也有着启示作用。

4.1 情感相关概念辨析及情感思维的内涵与作用

4.1.1 情绪、情感与感情的词义辨析

英语中与情感含义相近的词主要有 passion、emotion、feeling 以及

affection。在古希腊时期，人们最先用 thumos 或 pathos 来表达人们对悲剧的感伤之情，与之含义相近的拉丁文词语包括 passio 和 affectio。①而 emotion 的拉丁文词源 emovere 则是由前缀 e 和动词 movere 结合而来，直观含义是从一个地方移动到另一个地方，强调情感能使人“动起来”的特点，后来逐渐被引申为扰动、活动，直到近代心理学确立之后，才最终被美国心理学家威廉·詹姆斯用来表述个人精神状态所发生的一系列变动过程。②从这个有关情感用词演变的过程就可以看出，源于 pathos 一词的 passion 多用来指类似剧场体验般的激情或热情，并且拉丁文中的 passio 还有着特殊的历史含义，用来特指耶稣受难和殉道的相关事件，如现代英语当中的 Passion Play 就指“耶稣受难复活剧”，用来表现耶稣在最后的晚餐之后，一直到被钉死在十字架上期间所受的十四处苦难的过程。一些中古时期的历史学家也偏好于使用 passion 一词来称呼一些古老的情绪理论。有着同样词源的 affection 则在使用中逐渐用来特指对于他人的一种喜爱之情，包括慈爱、亲情、柔情等，具有明显的喜欢偏好属性。feeling 的动词词根 feel 最早也源于希腊文 pathos，本意是“一个人或事物所遭遇的东西”，最早由伊壁鸠鲁开始使用，意在强调我们感官的感觉（尤其是触觉）和由此引发的知觉印象，作为情感表述则更多地侧重于“同情”或“体谅”。本书所说的“情感”主要指 emotion，如前所述，这个词强调情感有着一种让人“动起来”的心理动力因素，因此在物理上曾被用来指“震动”或“流动”之类的现象，后来逐步被引申到政治社会领域，用来指政治活动或社会扰动。美国心理学家威廉·詹姆斯把 emotion 限定运用在表示精神与社会活动的范畴，用来指人由主观引起而非理智作用的一种强烈的感情状态，多建立在一种强烈的感觉基础之上，并且经常伴有生理和心理上的变化。因此从词源上来看，“情感”、“情绪”和“感情”有着天然的近似关系，都是指人的一种感性体验或心理状态。习惯上人们通常把同人的生理性需求密切联系的感情性反应称为“情绪”，而把同人的社会性需求相关联的感情性反应称为“情感”；但是在另一些情景中，人们又往往用“情绪”标示

① Knuuttila S, Sihvola J. 2014. Sourcebook for the History of the Philosophy of Mind. Dordrecht: Springer Science Business Media: 463.

② 孟昭兰. 2005. 情绪心理学. 北京：北京大学出版社：7.

感情的形式，而用“情感”标示感情的内容。但实际上情绪、情感、感情所指的都是相同的过程和现象，只是在不同的场合使用不同的概念，其目的是强调这个现象和过程的不同侧面。

对于 emotion，国内心理学界通常翻译为“情绪”，这主要是受到行为主义盛行时期的影响，认为情感也是我们身体自发的一种针对刺激而产生的整组身体反应，就如同灰尘进入眼睛之后的眨眼反应一样，重点在于强调其作为应激反应的特点。随着认知心理学的兴起和发展，人们开始认识到 emotion 的认知价值不仅仅在于一种生理应激反应，它还涉及感情的部分理智成分，集中表达了感情中我们身体的体验性和感受性，更多地指向一种心智激动或不稳定的状态，并且具有稳定而深刻的社会含义。因此，本书对 emotion 采用“情感”的翻译方法，用来同普通心理学通常所说的“情绪”相区别，目的在于凸显出情感本身是感情反应的认知序列上的高级觉知，用来强调情感是带有一定理智的、对某种事物或事件意义的体验。

在当代心理学语境中，“情绪”指同生物生理性需要密切相关的感情反应，多用以表示感情形式，具有外显性特征。情绪代表着最一般的感情性反应过程，人和动物都可以有情绪，只不过动物不能进行相应的言语表达。而情感指社会性的高级感情，是具有稳定而深刻的社会含义的感情性反应，多标示感情内容，其含义侧重于主体对事物或事件的内隐式体验，因此只有人才能具有情感。情感既包括与“感觉”相关联的感受能力，也包括与“同情”相关联的体验过程，它集中表达了人类对自身感性体验的觉察与体会。感情则是与人的特定需要相联系的感性反应的统称，它一般地包含着情绪和情感的综合过程，有这两者共同的含义。

从认知科学角度看，情绪更多地指处于情感状态时我们的身体和心灵所感受到的一种感觉，是处于情感状态时知觉的混合。由于涉及身体，情绪应该说是行动在思维中所呈现出的意象而不是行动本身，它在本质上可以视为知觉在大脑中的一种映射关系。比较而言，情感则是一个复杂且巨大的自动化行动程序，是由包括特定的想法和模式在内的认知计划组成的，不过这种行动在很大程度上是由我们的身体呈现出来的，包括了从面部表情、身体姿势到身体内部脏器所发生的一系列变化，并且情感是关涉特定的思维理念和模式的。[①]可以看出，情绪、情感和感情所指的其实是同一个过程或状态，都包含了身体唤醒、主观体验和外显行为等多种成分，它们之间并不存在绝对的差异和界限，其区别更多地是一种状态描述的差异。我们可以把情感理解为是在多次情绪体验的基础上形成的相对稳定的心理状态，并且可以通过情绪表现出来。情绪是情感形成的基础和外在表现，情感则是情绪的内心深化和主要内容。情感是我们对生存状况的价值态度，不仅包括信念、理想等复杂意识，也包括对自身状态及外部情境的描绘解释和反应选择等。情感还是一种意向，一种与认知行为、需求和评价密切关联的态度。因此，情感具有人类共同的内涵对象，它与人的思维活动、道德行为、生存状态、审美体验和实践活动都密不可分[②]。

4.1.2　情感思维的内涵

思维的含义按照范围大小可以分为两种类型：普遍含义和特殊含义。普遍含义中包括了所有的智力或认知活动；特殊含义则只包括思维活动中最高级、最复杂的活动形式，如推理、决策和问题解决。本书所说的“思维”主要指普遍含义的思维，其内涵与“认知”非常接近。如前所述，情感和理性作为对立两极的观点在哲学史上有着悠久的传统，凡是和情感相关的心理过程也往往被视为对理性判断的负面影响因素。但是我们对世界的理解，对自身行为和意识的理解却离不开情感。正如达马西奥曾说过的，为了理解人类的行为，很多人选择去忽略情感的作用，但这是无济于事的。如果不考虑情感以及隐藏于其中的很多现象并予以足够的重视，那么我们对人类意识、思维和心灵的研究都是不完整的。对情感问题的讨论需要回到我们的现实生活中，关涉到价值问题，奖励和惩罚，驱动力或动机，以及一些必要的感觉。[③]

情感在人身上有两种存在形式，一种是作为人内在的状态或体验，另一种是外显的面部表情和相关动作，由此就有了两种关于情感的不同定义：

① Damasio A. 2010. Self Comes to Mind: Constructing the Conscious Brain. New York: Pantheon Books: 77.

② 崔宁. 2006. 思维世界探幽. 北京：科学技术文献出版社：150-151.

③ Damasio A. 2010. Self Comes to Mind: Constructing the Conscious Brain. New York: Pantheon Books: 76.

前者以心理内省为基础，认为情感来自主体感受到环境信息的生理心理反应的组织；后者以生理变化为基础，认为情感起源于身体肌肉、腺体和激素水平等体征的变化，是身体对心理和行为的干扰。正如萨伽德所言：关于情感的本质，认知科学家存在颇多争议，受欢迎的有两大阵营：一派把情感大体上视为关于人的总体状况的评判（认知研判）；另一派则强调人的身体对认知的反应（大脑对身体变化的调节与适应）[①]。这两种观点都只看到了情感在心灵或身体某一方面的来源和作用，却忽视了情感在心身交互过程中的重要作用。因此，当代认知心理学认为应该把情感界定为由多种成分组成、具有多维量结构、多水平整合，并为有机体生存适应和人际交往而同认知交互作用的心理活动过程和心理动机力量[②]。

认知科学视野中的思维指的是一种间接的、概括的认知活动，它存在于以大脑为主的认知系统里，是由人的行为推论而来的。思维还是一种认知系统内的一系列操作过程。因此，思维是一种“指向问题解决，间接的和概括的认知过程”[③]。思维不仅是我们大脑所进行的一系列活动，还需要通过多种形式来进行内部和外部表征，因而思维是我们知识的心理表征系统，其内容和目的在于描述真实或可能世界的状态。因为人们总是倾向于相信思维是一种决定、推理或概念化的过程，是一种有目的的计划，同时也是某种形式的回忆[④]，所以，我们认为应该把思维看作是个体一系列内部符号的活动过程，它以记忆为基础，综合了主体的情感体验，不仅涵盖了一系列思维者内在的心理活动，还体现了思维者对外部环境的表征，是对事物的高级认知阶段，是有意向性和目的性的。认知心理学先驱奈塞尔就曾说过，人类思维从一开始就和情感的关系非常密切，情感几乎和人类所有的精神活动——尤其是思维——密切相关，往往具有多重动机特性，是一个逐渐积累的渐进过程。

正是基于这种观点，我们认为应该把思维看作是发生在人内部的一系

---

① 萨伽德. 2012. 心智：认知科学导论. 朱菁，陈梦雅译. 上海：上海辞书出版社：176.

② 孟昭兰. 2005. 情绪心理学. 北京：北京大学出版社：4.

③ 汪安圣. 1992. 思维心理学. 上海：华东师范大学出版社：4.

④ Holyoak K J, Morrison R G. 2005. Thinking and Reasoning: A Reader's Guide. Cambridge: Cambridge University Press: 5.

列生理心理活动过程，它以记忆为基础，统合了主体的情感体验，不仅涵盖了思维者一系列内在的心理活动，还体现了思维者对外部环境的表征，具有意向性和目的性。现实当中的思维并不是一个不变的稳定的系统，它非常依赖于主体的生理条件和精神状态——尤其是关乎动机的情感状态，这在创造性思维过程中作用尤为明显。作为思维基础的记忆更是明显受到情绪和动机的双重影响，经典的短时记忆能力测试之所以有 7 ± 2 效应存在，很大一部分原因就在于情感的影响。

从思维机制与过程来看，我们认为存在一种“基于情感的思维”类型，把情感本身所包含着的复杂的认知因素和过程涵盖进来，用来指称人在加工和处理传入信息的同时运用情感来统合信息并作出反应或决定的思维方式与能力，我们称之为“情感思维”。需要注意的是，我们这里所说的“情感思维”是指在认知过程中加工和处理传入信息的同时运用情感来统合信息并作出综合决定的思维方式，其主要过程包括体验、表征、评价和修正，而不同于文艺创作中所说的“感情型思维”（affectional thinking），“感情型思维”主要是指一种艺术创作方面的思维类型，是为了突出艺术创作和艺术鉴赏中始终伴随着的强烈的情感活动，其重点在于强调与创造或再创造艺术形象有关的精神活动。而所谓的“创意”，更多地是思维者的情感涌现，加上其独特的人生经历所带来的一种综合领悟和体验。爱因斯坦在谈起自己的思维过程时就曾说过，单词和语言在其思维的时候似乎不起作用，物理实体是以符号和图像形式在脑海中出现的，类似于莫扎特创作乐曲一样，它们按照其意愿随时随地重生和组合。

情感思维不仅以概念命题来进行内部表征，多数情况下是通过人体诸多感官的信息统合来产生作用的。大部分当代哲学理论（如心理评价理论）都把情感作为认知的附属产品，但也有一些不同的理解。心理评价理论认为认知过程是潜藏在情感之下的，可以被人意识或不能被意识到，可以包括建议性的或非建议性的内容，不过认知科学家通常认为情感是有建议性内容的。很多情感都是有具体指向的：一个人在没有人冒犯的情况下是很少会生气的，而如果有人感到别人比自己拥有更多更好的东西时他就可能会产生嫉妒，这类情感背后都含有认知研判的过程。有的认知科学家把这一特征进行了扩展，认为情感必须要包括一系列指向特定命题的态度，从这个意义上说，情感确实本身就蕴含着思维的成分，情感思维是确然存在的。

4.1.3 情感的类型划分及不同作用

在认知科学对情感的研究中存在着两种视角：一种是类型研究，认为情感由不同的基本情绪组成，因此情感研究的核心就是分类。传统哲学认识论、心理学多从此角度出发，主要通过对情绪外在表情的划分来区分不同的情感类型。另一种则是维度研究，用不同学科背景的参考系作为研究维度就可以得出不同的结论，本质上是一种比较研究。

如前所述，自柏拉图起，西方思想体系对情感的类型划分贯穿整个西方哲学史，几乎每个关注情感的哲学家都会提出一套自己的情感类型划分标准，在此暂不一一列举，现当代心理学和文化人类学对情感的类型划分有了长足的进步，后文会单独展开详细论述。概言之，大部分的心理学家主张，情绪是人类进化遗迹的一部分，连同一般知觉和社会交往都旨在实现适应环境的目的。1872 年达尔文首度提出非人类的动物也具有情绪，特别着重提出灵长类动物和人一样都拥有相同的知觉、直觉或感觉，甚至也具有产生更复杂感情的能力。最具影响的早期情绪理论家是威廉・詹姆斯和兰格，他们认为情绪是人对外在刺激产生的体内生理反应的一种知觉。坎农质疑这种观点，并引导人注意丘脑可能是情绪反应的一种源头。后来的研究者把焦点转向脑干结构（网状结构），它整合脑部活动，可能激发情绪引起的认知或行动。认知心理学家们已着重研究在情绪形成中比较、相称性、评估、记忆、归属所扮演的角色。所有的现代理论家都认同情绪影响了人们的知觉、学习和记忆，以及在个性发展上的重要作用，意识的情感表现通常被认为是主观的感受、行为的表达和神经化学活动的综合表现。跨文化研究显示，许多情绪在世界各地是普遍存在的，但它们表达的特别含义和方式却大不相同。

无独有偶，作为东方文明代表的中国传统文化，也有一套相类似的情感类型划分体系，在此仅作扼要介绍。

中国传统文化通常把人的情感分为七种，称之为“七情”，在这一点上儒释道三教文化颇为一致，只是具体种类或称谓有所区分而已。儒家经典《礼记·礼运》把“喜、怒、哀、惧、爱、恶、欲”称为“七情”，《荀子·正名》提出的“喜、怒、哀、乐、爱、恶、欲”则在后世广为流传。佛教与儒家相仿，只不过叫作“喜、怒、哀、惧、爱、憎、欲”。道家特别是源于《黄帝内经》的道医（也就是通常所谓的中医）把“喜、怒、忧、思、悲、恐、惊”这七种情感作为基本情感类型，进而提出了情感同身体的密切关系：怒伤肝，思伤脾，悲伤肺，喜伤心，恐伤胆，惊伤肾。值得注意的是，儒家与佛教都把“欲”作为人的一种基本情感需求，进而引申出了“七情六欲”，如在《释禅波罗蜜次第法门》中，把“六欲”解释为俗人对异性的六种欲望，这六种欲望统称为“情欲”，这六种欲望是“色欲、形貌欲、威仪姿态欲、言语声音欲、细滑欲、人想欲”。东汉高诱则提出：“六欲，生死耳目口鼻也。”其中“死”不是一种欲，而“不死”才是人们的一种强烈的欲望，是作为生存的延伸的又一种强烈欲望。同西方理性主义一样，儒家和佛教都奉行不同程度的禁欲主义，把情感视为理智的一大障碍，认为应该用理性来压服情感。道家对待情感有一个与儒家和佛教显著不同的地方在于它并不把“欲”作为人的一种基本情感类型，更不把人的欲望看作是自身发展的障碍或缺陷。这种不同的观点对三教的思维体系和行动准则有着深刻的影响：儒家与佛教都主张要压制甚至彻底断绝信众对“欲”的渴望，通过灭人欲或出家修行来达到无欲无求的“至圣”或“佛”的境界；而道家则把“欲”视为可以加以利用的手段甚至是捷径，认为只要利用得当人的欲望反而可以帮助我们加快“羽化登仙”的过程。

总之，对于情感的类型划分，东西方不同文化类型都经历了相似的过程，其结果也非常相似，这也再次证明情感是人类最为基本的共通特质，具有跨越时空、种族、文化和社会背景的通达性。

4.1.4　情感思维正负向维度划分及其作用

对情感的另一种研究是维度研究，主要是从功能上把情感分成积极和消极两种，从情感的产生源头和对人的反作用来研究情感的功能。戴维森和伊文认为积极情感和有机体的期望呈正相关关系，有机体距离期望的目标越近越容易产生积极情感，他们把这种状态称为“期望趋近系统”，并认为其活跃程度与前额皮层有关。按照这种观点，我们可以融合类型与维度两种研究，把情感的类型划分与维度研究结合起来，应用到情感思维研究中，可以对情感思维进行一种“向度”（tropism）划分，分为正向情感思维和负向情感思维。

正向情感思维，是指使主体能够采取恰当而有效的情感来对其所处环境作出感知和反应的思维；负向情感思维，是指不能使主体采取恰当情感来对其所处环境作出感知和反应的思维,往往会导致认知偏差或思维错误。

这种划分不同于单纯的积极与消极情感划分，同一类型的情感对思维的作用既可以是正向的也可以是负向的，在特定的情景中消极情感也有可能促进认知和思维，而积极情感反而有时会阻碍认知与思维。这种情况在现实生活中经常发生，比如要想对悲剧有深入的认识和体验，读者或观众就必须把自己带入剧中人物所处的悲伤情感之中，这种情感尽管在日常生活中被视为消极的情感，但它在情感思维中却可以对我们的思维和认知起到正向的促进作用，让主体可以更好更快地对剧中人物产生强烈的认同感和代入感。又如恐惧，在面临威胁的情况下恐惧的情感可以让主体快速作出判断和反应（如逃跑），这种看似消极的情感对主体的认知和行为而言也是起到了正向的作用。

同样的道理，一些通常看起来积极的情感也可能对我们的思维和认知产生负向阻碍作用，最典型的就是“爱”，如果我们对某人或某物有着非同寻常的爱，那么在实际认知过程中就很难保持中立的情感态度来对其作出客观公正的评价。当然，如果能始终保持清醒冷静的头脑与认知能力，反而很难说这个人是在“爱”的状态中。也许正如歌曲《未曾深爱已无情》所唱的：醉过方知酒浓，爱过方知情重。在这个意义上，一个对爱始终保持清醒的人是无法真正体会到爱的奇妙的。

再比如“内疚”这一通常被认为是负面的情感，经济学家罗伯特·弗朗克（Robert Frank）就认为内疚实际上是有益的。现实社会中人与人之间需要有一些基本的信任和承诺才能正常交往，因为人们更容易去相信那些他们认为有良知的人。这时候内疚情感的作用就体现出来了，如果一个人对欺骗他人感到内疚，那么这种情感会约束他的欺骗行为。内疚的情感其外在表现的典型就是脸红，这也是他人判断的标准之一，弗朗克认为脸红等情感表达方式正是人类在自然进化过程中形成的，其目的就是为建立人与人之间基本的信任关系，他称之为“承诺问题”，每种高级认知情感的目的都在于解决不同的承诺问题。内疚是为了解决诚信问题，爱情与之很像，其核心要点也在于要忠诚于另一方。内疚在这里就充当了一种快速的认知判断依据，可以让人们在社会交往中快速做出信任与承诺的判断，这对维系日常交往至关重要，否则，每做一个判断人们都要陷入大量的信息分析与比较，这会在无形中消耗大量的时间与精力，内疚不仅提供了快速的判断依据，同时也给人们的行为提供了一定的伦理指导，为形成统一的社会伦理道德规范提供了共同的情感体验基础。

除了负面情感可以在认知与思维中发挥正向作用，一些平常看起来非常正面积极的情感在特定情境的认知与思维过程中也可能产生负向的作用。创伤后应激障碍（Post-Traumatic Stress Disorder，PTSD）就是一个典型事例，尤其体现在一些经历过巨大身心创伤的群体（如刚从战场退役的军人）之中，并且临床上表现为女性发病率远高于男性，这或许是因为通常女性的感情要比男性更加丰富。在战争情况下，坚毅、果敢、毫不动摇甚至冷酷等情感品质是一名优秀战士的必备心理要素，这些情感都有利于在战场的特殊环境中最大限度地保障个体生存，但是到了和平安定的环境中，因为其所处环境发生了巨大改变，而情感具有相对稳定性，如果没能及时同环境发生适应性改变，那么这些本来积极的情感就会反过来阻止个体对环境的改变做出正常认知和判断，这时其采取的就是负向情感思维，这种情感思维会使主体的情感发生急剧变化，会表现出过度紧张、焦虑、恐慌，进而对事件的认知出现偏差和误判，从而往往导致攻击性的行为或举动。这种现象在越南战争后美国退役士兵制造多起攻击性事件后开始引起人们注意，并在伊拉克战争与阿富汗战争后成为一大关注焦点。

需要指出的是，负向情感思维从认知角度而言对主体是不利的，其思维过程与结果与具体情境并不匹配，因而是错误的，但这并不意味着它是毫无用处的。对他人的攻击性行为如果发生在一个普通人身上，毫无疑问会遭到社会舆论的谴责和批评，社会管理机构也会做出严厉的处罚和管制；而如果是一名患有 PTSD 的退役士兵做出了攻击性行为，社会舆论往往会表现出同情，司法机构迫于反战舆论的压力对其处罚也有可能酌情减轻。可见负向情感思维对主体而言并非是毫无用处的阻碍，它在特定情境中也能够产生正面影响（如引起同情并获得帮助）。这就说明社会对某一特定事件的认知和研判也往往带有感情色彩，情感思维在由个体到社会的过程中会被放大，在特殊历史时期和特殊环境中甚至会呈现出难以置信的情感爆炸效应。人类历史中几乎所有重大的事件都是由此引发的，所谓历史的必然与偶然，其本质正是人类共同情感的积聚与爆发。

总之，“恨”“嫉妒”“厌恶”等极端的负面情感一方面会使人产生严重的认知偏差，但同时这种认知偏差恰恰正是这些负面情感的作用所在，并且在实际认知与思维过程中所发挥的作用并不一定与情感本身的属性完全一致。从心理产生的交叉背景上讲，正向情感思维主要由安全感和满足感产生，负向情感思维则主要由恐惧感和厌恶感产生。根据神经科学相关研究，这两种不同的情感确实有着不同的神经基础，其功能分布也不相同。只有这两种情感思维方式在特定环境中达到平衡，主体才能具备稳定的情感结构，才能有适宜的情感思维结构去对外界环境作出合理认知与反应。

情感思维正是通过不同的情绪体验来组成情感资源，再把包括身体资源、智力资源、心理资源和社会资源等在内的不同信息和情感资源加以整合，以此来建构每个人不同的认知方式与内容。其中情感资源在婴儿时期特别重要，是人类早期最重要的认知资源，对其以后的成长和发育有着极其重要的影响。

4.2 情感思维的认知神经科学探讨

早在19世纪，布罗卡（P. Broca）就把位于大脑半球邻近间脑边缘的扣带回和海马旁回称为边缘叶（limbic lobe）。麦克莱恩（P. Maclean）进一步把端脑与间脑交界的边缘区命名为“边缘系统”（limbic system），主要包括海马、杏仁核、前额皮层、扣带回和下丘脑等脑区，并认为该区域的神经结构对情绪加工起关键作用[①]。通常而言，前额皮层是认知控制

① 蔡厚德. 2010. 生物心理学：认知神经科学的视角. 上海：上海教育出版社：207.

记忆的区域，而海马是记忆加工的关键区域。脑成像研究表明，在编码记忆的条件下，左侧额中回与双侧海马的功能联结增强了；而在抑制记忆的条件下，右侧额下回与左侧海马的功能联结减弱了。这也印证了认知控制与记忆存储的关系：认知控制需要编码记忆时，海马会协同参与到记忆中来，而认知控制需要抑制记忆时，海马的活动就会明显减弱。记忆信息的能力可以通过作用于海马区域的麻醉药被剥夺。在记忆能力出现问题的时候，海马区域的神经元对麻醉药特别敏感。对海马区域神经元的直接麻醉可以显现人或动物在记忆能力丧失时的脑电图效应。而海马的损害也会明显导致记忆损坏，这种损坏可能是酒精中毒导致的科尔萨科夫综合征或由外科手术或疾病引起，也可能是某些意外事故造成大脑缺氧的结果。科尔萨科夫综合征的表现是患者的短期记忆能力和长期记忆能力保持完好，但是失去了形成新的长期记忆的能力，这些患者的生活成了不断滚动的现在，只持续几秒钟，然后消失成空白。曾有一名患有科尔萨科夫综合征的患者 Jimmie，虽然已经 49 岁，但依然相信自己才 19 岁，刚刚从海军退役。对他来说每天的生活都是新的，无法记住新遇到的人和事。这像极了科幻剧《西部世界》中人类为机器人所设定的场景，无论外面的世界怎样变化，这些机器人每天都在太阳照常升起的小镇里过着既定的套路生活，今天的每一个场景和每一句对白都会在明天照样重复。照顾患有科尔萨科夫综合征患者的医生和护士要特别注意不能让患者看到镜子中的自己，否则，他会感到震惊、疑惑、恐惧和狂乱。患者经常形容自己每天的开始都是“我刚刚醒来”或“我刚刚第一次有了意识”，之前的岁月都像是做梦或沉陷于沉思之中，突然被某种因素唤醒后才有了意识。可以想象，这种时刻保持着清醒却又什么都记不住的状态让人何等无奈和恐惧。

当代认知神经科学研究表明，人类的情感体验主要发生在脑干自调节系统，包括脑岛、杏仁核、眶额皮层等结构，特别是杏仁核与恐惧和悲伤情感密切相关。但我们对情感是如何同动机及心情（mood）发生关联的仍然知之甚少，我们对神经化学究竟如何调整包括情感在内的精神状态也所知不多，因此研究情感在认知发展中的作用就显得非常紧迫而重要[①]。正

① Dolan J. 2002. Emotion, cognition, and behavior. Science, 298: 1194.

是基于此，认知神经科学家葛詹尼加提出了四种基本情感与大脑功能区域及功能的对应分布，如表 4-1 所示。[①]

表 4-1　情感类型与脑区和功能对应表

情感类型	对应脑区	功能表现
恐惧	杏仁核	学习，躲避
愤怒	眶额皮层、前扣带回皮层	违反社会准则
悲伤	杏仁核、右侧颞极	退缩
厌恶	前脑岛，前扣带回皮层	规避

这种基于大脑区域分工协作的情感对应关系也非常符合自柏拉图以来奠定的认知传统：理性居于大脑中央，情感位于边缘。认知神经科学的研究在一定程度上支持了这种预设，情感的主要控制区域应该集中于边缘系统，尤其是前额皮层、腹内侧前额皮层、眶额皮层、杏仁核以及海马，不同的脑区不仅对应不同的情感，也是相对应情感思维的主要部位。

4.2.1　前额皮层系统负责调控语义信息

语言是思维的直接现实，对语言的脑功能区定位被视为思维存在的物质基础。早在 1861 年，布罗卡就通过对表达性失语症患者尸体的解剖，最早发现了语言中枢位于大脑左半球额叶的额下回后部，该区域由此被命名为“布罗卡区”[②]。当代神经科学家通过对局部前额皮层血流量的考察，证明左下前额皮层确实是提取语义信息的重要区域，并且由强烈的情感所导致的大脑变化往往会改变决策的质量与效用[③]。前额叶区域主要加工图片与句子等与意义有关的信息，进一步细分发现左前额叶与语言材料加工有关，右前额叶与视觉材料加工有关。后部脑区则主要负责表征一般类别的概念，主要包括颞叶、顶叶和枕叶皮层。前额皮层的这一特质使得它同

① Michael Gazzaniga，Richard B. Lvry，George R. Mangun. 2011. 认知神经科学：关于心智的生物学. 周晓林，高定国，等译. 北京：中国轻工业出版社：332.

② 德拉埃斯马. 2009. 记忆的隐喻：心灵的观念史. 乔修峰译. 广州：花城出版社：93.

③ Drevets R. 1998. Reciprocal suppression of regional cerebral blood flow during emotional versus higher cognitive process: Implications for interactions between emotion and cognition. Cognition and Emotion, 12(3): 353-385.

语言能力与情感刺激都密切相关，对语义信息的处理能力更成为人类与其他动物的显著区别。因此，这也说明作为思维直接现实的语言与情感密切相关的能力在该区域确实存在。

4.2.2 情感思维主要集中于腹内侧皮层与眶额皮层

腹内侧皮层与眶额皮层区域的功能主要是编码和表征与社会生活有关情感的反应变化信息，从而计算当前情境的情感价值，以及在计算基础上采取何种反应或行动[①]。腹内侧前额皮层主要控制信任感，该区域受损会让人更易轻信他人，这也说明了为什么这个部位受损的聪明患者会被显而易见的骗局所欺骗。而眶额皮层是人类产生后悔情感的最主要的神经区域，而后悔主要由上行反事实思维引起。此外，眶额皮层还与产生愉快、尴尬、愤怒、悲伤等情绪有关。总之，它们的职能是利用我们的情绪反应指导我们的行为，并在不同的社会情境中控制相应情感的发生。

当代美国著名神经科学家达马西奥团队曾于 20 世纪 90 年代对腹内侧前额皮层损伤患者进行了一系列神经科学相关研究。这些患者都有比较好的智力和记忆，可以对社会事件进行正常的反应和思维，但是他们不能做出决定，哪怕是去哪个餐馆吃饭这样的小事也要用几个小时来进行分析，还往往得不出确切的结论。在神经科学史上有一个著名的案例，即被称为最早见诸记载并被系统研究的“额叶综合征”案例：患者名叫盖奇（P. Gage），他在一次爆炸中幸存，但不幸被一根铁棍贯穿整个头前部，恢复后他有着正常的语言、行动和智力，但是有着严重的社会计划和决策缺陷，会不由自主地运用过度理性，对任何琐碎的生活小事都会进行详细分析和计算，但却很难做出最终的决定，有着他人无法理解的决策困难障碍，哪怕只是确定一个出门日期，他都要对未来可能的天气、随机出现的人员等各种变量进行无休止的估计[②]。盖奇去世以后其头颅标本被完整保存在瓦伦医学博物馆，1994 年达马西奥及其同事用现代脑成像技术对盖奇的头颅进行了扫描，发现他大脑受伤的部位正是前额皮层的双侧腹内侧区域，这

① 许远理. 2008. 情绪智力三维结构理论. 北京：中国社会科学出版社：45-48.

② Dylan Evans. 2013. 解读情感. 石林译. 北京：外语教学与研究出版社：218.

个案例表明人类做出计划和决策的脑区和情感信息加工密切相关，应该主要集中于腹内侧前额皮层这块区域。

这些腹内侧前额皮层损伤患者损坏的并不是获得情感和进行思维的能力，而是情感和思维在大脑中进行统合的神经系统联结受损，导致他们在最关键的思维环节——决策时往往会陷入众多的矛盾之中，没有对情绪标记进行的情感加工，仅靠效益分析是不可能得到结论的。由此可以推论得出，前额皮层腹内侧区域通过杏仁核和下丘脑的联结来负责处理情感的社会认知，这也是情感思维的主要对应部位。神经经济学创始人之一扎克（P. J. Zak）通过实验发现，下丘脑所分泌的催产素（oxytocin）可以显著提高人们的信任水平，这种激素通常在女性分娩时分泌得最多，所以得名“催产素”。这种特殊的神经递质在人们进行社会交往——特别是某些需要依赖他人帮助的情况下分泌得也较多。在其组织的信任博弈试验中，委托人和代理人在信托投资过程中血液中催产素的浓度会增高，而且收到的金额越大增长越多，同时催产素水平较高的代理人返还给委托人的钱也较多。这个实验说明在获得别人的信任后，大脑会分泌出催产素，而且在催产素水平增高后，这些人也更愿意回报他人。认知神经科学对此的解释是：大脑的奖赏系统的作用机制之一就是通过催产素来增进人与人之间的相互信任。催产素可以刺激腹侧纹状体分泌多巴胺，腹侧被盖区是多巴胺神经元最集中的脑区，而多巴胺水平的提高可以使人精神愉悦，从而使人们有更大的激励和快感去寻求更多的奖赏；同时催产素能够显著降低痛苦的生理表征，帮助面临生产的女性更加信任周围环境以克服自身的恐惧。考虑到生育至今仍是人类所面临的最重要痛苦之一，这种奖赏机制显然也是为了在进化中能更好地适应环境。

传统思维研究忽视的正是计划和决策过程中的情感信息加工能力，而这种能力在社会现实生活中恰恰是人所不可或缺的。正是凭借快速和有效的情感思维，人才能在面临纷繁复杂的现实状况时迅速做出判断——可能是最有利于自身利益的保全，也可能是大公无私的奉献，甚至有损人不利己的看客。这些都可以归结于腹内侧前额皮层和眶额皮层在情感思维中所起的神奇作用。

情感在决策中的作用还集中体现了当前人工智能的困境。由于以往对情感在思维中作用的忽视，我们所重视的思维只是计算型思维，其实质不过是对事先存储好的有限信息进行条分缕析编码和解码的过程反复，正是在这种思维方式的指导下，当前的人工智能也只能对某些简单特定的任务进行运算和模拟。如果让机器人对现实社会中的问题进行评估和决策，它很可能会像腹内侧前额皮层损伤患者一样也陷入无穷的细节分析和计算中去而无法做出决策，或者勉强做出决策但已经延误了时机而导致严重后果，2013 年美国国家航空航天局的“好奇号”火星车就是因为系统的一个微小判断失误而误入一条沟壑，险些使得这台耗资 25 亿美元的昂贵设备报废。现实状态中的外部环境总是在发生变化，而把其中所有的细节都进行评估和计算事实上是不可能的，因为任何一个微小参数的改变都可能引起整个系统的“蝴蝶效应”而导致宏观系统发生巨变，想要对一个一直处于变化中的动态系统进行完全测量和计算本身就是不可能实现的，这无关计算机软硬件的能力，而是数学与物理学本身的不完善性所导致的。

而以上这些都恰恰体现了情感思维的重要性，正是通过情感快速做出判断可以大大减轻大脑负担并提高认知效率，这是人脑进化出的一种自我保护功能和机制。事实上，人类并不存在所谓的“纯理性思维”，任何思维本身都包含了丰富的情感因素，受到各种情感动力驱使，情感思维本身就是一个硬币的两面，缺少任何一方都不能成为真正的思维。

4.2.3　杏仁核是情感信息处理的核心

杏仁核已被当代脑与神经科学证明是大脑用以确定刺激奖惩价值的关键部位，特别是它是对新奇刺激产生恐惧情绪的来源，也是大脑对自主神经系统和行为进行情感反应的最主要区域。当然，杏仁核在解剖学上的具体对应位置目前仍有争议，认知心理学只是把它作为一个以标识恐惧和奖惩为核心功能的情感反应神经团，杏仁核与前脑的众多结构都形成功能环路，其最重要作用是提供更抽象情感的意义。

杏仁核对与恐惧威胁相关的情感尤为敏感，这是美国神经科学家勒杜（J. LeDoux）通过杏仁核损伤猴子的脑成像研究发现的。一个例子就是视觉对于他人恐惧面孔的处理可以不经过边缘皮层处理而快速引起身体反应，这是人体对于威胁的本能处理机制。[①]

勒杜认为杏仁核具有在大脑皮层尚未完成处理前抢先作出反应的能力，他把杏仁核视为情感信息处理枢纽，通过分析身体获得的感觉信息来判断其是否有情感内容，再联结大脑其他部分作出反应。杏仁核接受两方面的感觉信息，一是来自视听皮层的感觉信息，二是来自丘脑的感觉信息，它对情感内容的判断不仅要靠获得的外界感觉信息，还要靠大脑内部的已有相关信息（记忆、想象等），这说明杏仁核已经具有进行某些思维的能力和作用。基于此勒杜提出了情感传递的双通道理论（图 4-1）：一条是外界信息经由感觉丘脑和感觉皮层分析后到达杏仁核；另一条则是由感觉丘脑直接到达杏仁核引起反应。

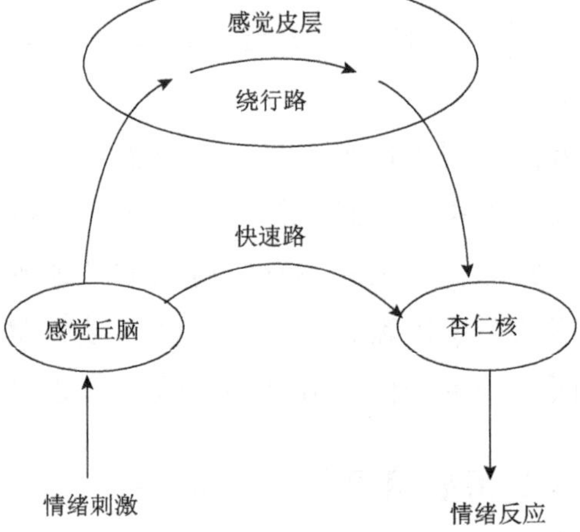

图 4-1　情感传递的双通道示意图

资料来源：孟昭兰．2005．情绪心理学．北京：北京大学出版社：45

第一条通道和基本情感相连，传递信号快，但也容易出错，被称为“快速路”。第二条通道与特殊情感相连，传递信号慢，但也更为准确，被称为“绕行路”。最理想状态是两条通道一起工作，以使二者都能达到一个较好的平衡状态。如果面对一些直接的刺激，第一条通道会通过杏仁核迅速作出相应的反应，但也可能发生错误的反应，这时就需要第二条通道的

① LeDoux J. 1998. The Emotional Brain. London: Weidenfeld & Ni-cholson: 1192.

前脑的感觉皮层予以修正和指引，这样就会对环境作出相对正确的反应。

但有些人的这两条通道并不能很好地进行协作，这就会使这部分人对情感的评估出现严重偏差。通过对双侧杏仁核损害患者的行为评估发现，这些人普遍丧失了对社会威胁（特别是面孔识别）评判的能力，会认为所有人的面孔（即使是那些面目狰狞或明显具有攻击倾向的面孔）都是可接近和可信任的。在这些恐惧障碍症患者中，正是由于第二条通道不正常，患者才会对有害刺激不能作出正确的反应。因此，有学者提出可以把杏仁核的避让作用推广到社会情感认知层面，认为它在我们判断他人意图和信念等情感过程中也发挥着关键作用①。

4.2.4　海马是记忆与情感的最重要载体

人脑主要依靠大脑的额叶结构产生与提取记忆，依靠海马与内侧颞叶结构来永久保存这些记忆。与记忆密切相关的脑区有两个：前额叶负责记忆的产生，海马和周围的颞叶结构负责对记忆的存储，主要是视感觉存储（visual sensory store），能有效保持视觉刺激中所有信息，以便人可以注意到保存在其中的信息，感觉所获取的信息短暂地存储在大脑皮层的感觉记忆中，对其进行进一步加工。知觉、运动、认知信息首先在大脑皮层进行编码，随后传入海马内进行整合编码，记忆的再激活主要发生在海马和皮层网络之间，并进一步导致皮层与皮层之间已有联结的增强或者新联结的产生。这样记忆的巩固和整合便不再依赖海马的短时存储，记忆会被逐渐转移和整合到皮层内的旧有网络之中②。简言之，记忆的巩固过程就是海马同皮层间的联结逐渐减弱，而皮层和皮层间的联结逐渐增强的过程，但对于这种联结关系的转移是如何发生的，尚缺乏足够的实验证据支持。

尤其是海马，不仅在短时记忆中重要，在整个记忆过程中的作用都是极为重要的，绝大多数的记忆障碍问题都与海马损伤密切相关。对大鼠或灵长类动物的实验表明，海马结构损伤会导致严重的学习障碍，特别是记

---

① Fine C, Lumsden J, Blair R. 2001. Dissociation between "theory of mind" and executive functions in a patient with early left amygdala damage. Brain: A Journal of Neurology, 124(2): 287-298.

② Paul F, Bruno B. 2005. The organization of recent and remote memories. Nature Review Neuroscience, 6(2): 119.

住新的对象之间组合的能力会大大下降。损伤人类的海马结构也会导致严重的遗忘症（amnesia），表现为顺行性遗忘症（anterograde amnesia）和逆行性遗忘症（retrograde amnesia）。“顺行性遗忘症”的典型病症是患者无法形成新的记忆，所有的事件都是新的。有一个著名案例被称为 HM（Henry Molaison），该患者 1953 年为了治疗癫痫切除了大部分颞叶，结果他只记得 16 岁之前的事情，16 岁到手术时的 27 岁之间的 11 年记忆不翼而飞，其自我认知也停留在 16 岁。还有阿尔茨海默病[①]（Alzheimer’s disease），也是以记忆障碍为突出症状，逐渐出现抽象思维活动减退、理解困难、幻觉、妄想、刻板言语和动作等精神症状，对患者进行 fMRI 扫描显示其海马发生显著病变，有的还伴有弥漫性脑萎缩、脑沟增宽、脑室扩大等症状，这些都导致了明显的认知障碍。这里的认知障碍泛指各种原因导致的上述认知功能损害，通常以记忆、注意、感知和思维等认知功能异常为核心特征，往往伴有情感和行为障碍。大多数神经精神疾病都伴有认知功能受损或以认知功能受损为核心的临床表现。例如，阿尔茨海默病以记忆障碍为首发的、主要的临床表现；精神分裂症则以思维障碍为主，并有注意、记忆等多种认知功能受损。认知功能障碍是患者致残的主要原因，而精神残疾给家庭、社会和国家都带来了沉重的经济和社会负担。据世界卫生组织统计，当前神经精神疾病占疾病总负担的 20%，到 2020 年将上升到疾病总负担的 25%。

记忆在海马中的形成与保存同情感密切相关，情感不仅作为动力因素可以通过调整身体各项激素水平来间接影响记忆，还能作为标签直接参与到记忆过程之中。通常带有强烈情感标签的对象和事件更容易被储存和唤醒，而对于许多事件人们之所以能记忆，也是由于其具有情感价值，并且和仅仅具有理性符号的记忆内容相比，具有情感内容的记忆往往更加持久且不容易消退。这也可以解释为什么时隔多年后大多数人都能记起自已难忘时刻的情感痕迹，但其具体内容相比要模糊得多。额叶的不同区域似乎负责提取工作记忆中不同类型的信息，前额叶的激活对海马的长时程增强

① 阿尔茨海默病是一种多因异质性疾病，发病机制异常复杂，至今早期诊断和防治上没有太大突破。虽然美国食品药品监督管理局（FDA）已批准用胆碱酯酶抑制剂治疗阿尔茨海默病，但这种药物对患者的学习记忆功能改善效果不佳。

似乎有着推动效应，这种增强可以形成和强化记忆。对材料进行有意义的精细加工可以显著改善记忆效果，越是增加细节，往往越能达到好的记忆效果，即使加工的不是材料的含义。我们最终能记住材料的多少并不取决于自身的学习意愿，而是取决于记忆中材料精细加工的水平。如人们往往对一些特殊情感涉入或创伤性事件拥有很好的记忆水平，这是在高度唤醒状态下大量细节加工被同时存储所导致的。即使是一些看似已经被人遗忘的记忆，其中的相当一部分细节仍然存储在海马中。提取记忆的速度与可能性由记忆的激活水平决定，而记忆的激活水平由基线水平激活和从相关概念获得的激活所决定。正如认知心理学家万纳（W. Wanner）在 1968 年所做的记忆实验所显示的那样，人脑在对语言信息进行加工以后，人们通常只是记住了它的意义而不会记住确切的语言表述，而对这里的意义的最直观感受就是情感体验。

神经心理学家斯夸尔（L. Squire）最早区分了陈述性记忆和程序性记忆，即知道什么和知道如何。知道有一个座椅、两个轮子和把手的工具被称为自行车，这是陈述性的；知道如何上去和骑它，则是程序性的。陈述性的记忆可能失去，而程序性的记忆很难失去（即使 20 年不骑自行车，大部分人还是能“自然而然”地驾驭它，似乎这种记忆不需要大脑特别干预而是身体的自然反应，因此也有人称其为“肌肉记忆”）。陈述性记忆又分为语义的（知道医生做了什么）和偶发的（知道我上个星期二去看医生了）。后者在阿尔茨海默病的情况下最容易受到损伤。海马主要保存陈述性记忆，负责回忆过去发生过的复杂事件，杏仁核负责判断海马提取的信息的情感价值。杏仁核对情绪信息进行前注意加工，将其内化到内隐记忆中，和海马的非情绪性语义加工共同组成人关于事件的情景记忆（episodic memory），因此海马提供的记忆信息内容构成了情感思维的内在信息来源。这在信息传播较为简单的前现代社会最为明显，如巴特莱特在其名著《记忆：一个实验的与社会的心理学研究》中就表示，不识字的非洲人对低水平的“死记硬背的再现”具有特殊的能力，因为这种社会确实在很大程度上需要依靠内在记忆来传播文化，在代际传递知识和习俗，所以其含有丰富情感意向的说唱文化非常发达。而在现代社会，这种综合情感思维反应力在特殊情况下表现极为突出，在临床上也有对应的典型病例：许多经历战争特别是惨烈战役的士兵会罹患 PTSD。对此类患者的脑成像扫描显示，其大脑中的海马多数发生了不同程度的病变，而正是海马的病变使得其中存储的背景信息在错误的场景中进行了提取，导致患者的杏仁核对其中情感信息的评判发生偏差，最终使得患者在发生剧变的环境中做出其大脑自以为最恰当也是最本能的保护性反应，其目的在于使个体能尽快摆脱受威胁的环境。同时另有研究表明，海马是大脑中有很高糖皮质激素受体密度的部位，对情感的调节非常重要。也正是基于此，有的精神病学家提出对于一些严重的 PTSD 患者所作出的一些过激甚至是危险性行为，应当参照精神分裂症患者或者妄想性障碍患者予以精神鉴定后再进行司法处置，毕竟这些 PTSD 患者不能简单被断定为主观故意伤害他人，特别是一些战争退役军人和重大灾难经历者本人也在一定程度上属于受害者，应该给予他们更多的人道主义关怀。

对于认知过程中海马和杏仁核作用的关系，神经科学家戈尔曼有一个非常形象的比喻：海马认出了谁是你的表妹，但杏仁核提醒你，其实你并不喜欢她。这就是一个典型的情感思维过程，特别是对与我们关系密切的人事物的认知都渗透着情感背景因素，尽管有时候我们完全感觉不到它，但它是确实存在的。

总之，通过对不同种情感在人脑边缘系统中的定位与研究证明，人脑中进行的绝大多数认知活动（尤其是思维）都有着一定的情感因素，并且情感因素对计划和决策往往起着关键的作用。在我们看来，并不存在所谓的“纯理性思维”，其区别只在于情感因素所占权重的大小与持续时间的长短而已。通过对比大量脑成像扫描结果，似乎顶叶更多地负责注意的分配，右脑更多地负责整体特征，而左脑则更多地负责局部特征。当然，对情感信息的加工是一个非常复杂的过程，对信息的情感价值进行加工和评判发生在众多神经回路之间，认知加工和情感加工本身就密不可分，也许根本就不存在所谓的专门处理情感的中枢结构。可以确定的是，言语表象和视觉表象涉及不同的脑区，以不同的方式来表征和加工信息。注意能够增强或减弱对初级听觉皮层中信号的反应强度。人们能够将注意集中在视野中的某一部分上，并且能够转移注意焦点去处理他们感兴趣的事务。当人们注意某个特定的空间位置时，与该位置对应的视觉皮层的神经活动增强。要将特征信息整合成一个模式，就必须集中注意到特征信息上。人脑可以同时完成对多种知觉通道的信息加工，或者同时完成综合多种运动系统在内的复杂动作，但人脑和中枢神经系统都不能在单一系统、单一时间内同时处理多个事项。这表明，我们通过心理表象来达到与看到某事物的近似逼真细节是有可能的，典型的事例就是望梅止渴、画饼充饥等。

同时，也有脑成像研究表明，人脑在进行人脸识别的时候，位于颞叶的梭状回变得非常活跃。这些神经心理学的证据表明，空间信息的表象与大脑的顶叶结构有关，而物体的表象和它们的视觉属性与颞叶有关。近年来弥散张量成像（diffusion tensor imaging，DTI）技术在认知科学中的应用使得我们对不同大脑区域之间白质的联结状况有了更清晰的认识，可以用来观测当情绪信息和功能性图谱（maps）发生联合时神经回路的变化，这就大大改变了过去主要靠内省体验来对情绪进行直观感受，也使我们有可能建立复杂情感在大脑加工过程中的分布式回路图谱，最终有望对情感思维的大脑和神经作用机制提出更切实的证据，这也将是认知神经科学对思维研究的最重要贡献。

从神经科学角度来看，情感往往是由特定的刺激引起的，随后迅速扩散至身体尤其是大脑中相应的皮层区域进而引发情感体验。值得注意的是，最初传入大脑的感觉信号在经历身体尤其是大脑处理后所发生的变化，才是引起我们情感体验的真正源头所在。情感对于思维的作用不仅在于它的预判，而且在作出最终决定的时候情感也往往发挥着十分重要的作用，缺少了情感的理性人反而更容易做出对自己不利的判断，对一些脑损伤患者的 fMRI 扫描结果表明，在腹内侧前额皮层受损的情况下患者往往做出对自己不利的决定。这就说明，没有情感的理性不仅失去了方向，也失去了价值。

4.3　情感思维的认知心理学探讨

弗洛伊德早在 1910 年就指出，一切压抑都是记忆的压抑，而不是经验的压抑，后者充其量是在回忆时被压抑的。在他看来，成年人都遗忘了自己的幼年。极少有人可以连续地回忆起生命伊始的那几年。尽管有一些生物学的解释，但尚不足以对此作出充分说明。在精神分析学家看来，正是人类婴儿初期对外界环境的极端依赖性导致了这一结果，在初期的依赖过程中婴儿因为其脆弱性和生存意志而产生了对保护和养育他的环境的过多的情感依赖。在随后的成长过程中，肯定会在发展的某个关键阶段，这种过度依赖会被遗忘和压抑。但也正是这种情感依赖才能使得他顺利获得生存所必需的资源和关爱来慢慢长大，这种与生俱来的情感认知能力就构成了情感思维最原初的来源和动力。从认知心理学的角度来看，情感思维是人类心理和人格结构的重要组成部分，体现在以下三个方面。

4.3.1 情感作为意识和记忆的起点

在大脑的认知与思维过程中，情感不仅作为一种心理背景参与其中，还常作为引起意识的首因。这里所讲的意识主要指一种主观的觉察和体验，不管它是对内部和外部环境的感觉体验，还是感情和思想的主观体验，或是人觉察到我们存在的自身和这个自身在世界中的存在。皮特金等人则认为，意识活动不但包含情感和思维等心理活动与状态，还应该包括来自生物学结构功能的变化以及大脑对外界事物物理性质的反应，具有某种意向性和环境背景。正是由于每个人都从不同的角度来使用“意识”一词，这就导致了大量的随意和混乱。当代心灵哲学家马尔科姆曾从语用学角度区分意识，认为“有意识的”存在及物和不及物两种用法，及物的意识在语句中充当谓词，必须要有一个对象；不及物的意识在语句中多充当宾格，可能有对象，也可能没有对象。因此，我们只能对人的意识状态做出程度上的区分，而不能断言一个有意识的人必然会意识到某种对象①。查尔莫斯在谈到“意识”的时候也指出，“意识”实在是一个并不确切的用语，它所描述的是一系列不同的现象所组成的一个过程，这其中每一个过程都需要予以解释，但往往有一些要比另一些更加难以解释。②

与二元论者难以解释身心之间的相互作用不同，唯心主义者认为精神是最根本的，但却无法令人信服地解释为什么存在与我们的认识协调一致

① 高新民. 2002. 心灵哲学. 北京：商务印书馆：323.
② 高新民. 2002. 心灵哲学. 北京：商务印书馆：361.

的物质世界以及它是如何产生和被认识的。科学家最欢迎的唯物主义则必须面对意识本质的难题，完全由物质构成的大脑如何产生意识体验或不可言表的感受性质（qualia）？即人主观经验中的性质如何同客观事物本身的性质所等同。回想一下我们教育孩子学习的场景，我们指着一面红旗说“红色”，又指着一个苹果说“红色”，还可以指着一条裙子说“红色”，于是小孩就建立起了这三个事物所显示出的颜色是“红色”的概念。但深究一下，红旗、苹果还有裙子，这些都只是个别事物的个别颜色，即使不考虑归纳法的有效性问题，我们主观视觉经验中的“红色”与客观事物中的红色的性质有着本质的不同，因为前者是主观的、私人的，而后者是客观的、可观察的，这两者是如何画等号的？就算用一个科学概念来衡量，我们可以把“可见光谱中长波末端的颜色，波长为 625～740 纳米”作为红色的标准，但是这已经脱离了人类自身的感官经验。日常生活中人们解读语言，大多是基于对语言所指的感觉经验作出判断，再由经验体验所驱动产生的意向来进行回答，但形式的运算毕竟不能跨越产生它的空间的边界。而基于生物基础的神经网络则可以在生物电和化学递质的传递中跨越逻辑的藩篱，产生新的联想和内容。常见的思维就是把这种经验中的红色主观定义为红色，本质上是自己建立起了基于近似性而不是符合性的心理联系。我们自身所赋予的概念同事物本身的性质有多大的差异，又能在何种程度上达到“最近似”的程度？

“感受性质”的凸显使得二元论在当代心灵哲学研究中重新被重视，有的学者把“感受性质”视为对抗唯物主义一元论的有力武器，把“感受性质”称为当代心理学和哲学发现的“新大陆”。以致在当代心灵哲学中，哲学家们所谈到的意识，往往指的就是“感受性质”。塞尔把感知的主观的现象的质称为觉知（sensa）。这个问题后来被澳大利亚哲学家查尔莫斯于 1994 年提出，称之为意识的“困难问题”（hard problem）。与此相对，“容易问题”则指那些我们原则上知道该怎样解决的问题，包括我们目前尚未解决的问题，诸如感知、学习、注意或记忆等问题，也包括我们如何辨别物体、如何对刺激做出反应以及如何区分梦境和现实等等。在查尔莫斯看来，这些问题和区分意识体验本身相比容易很多。不过，在丘奇兰德夫妇看来，这种划分本身就是个“伪命题”（the hornswoggle problem），所谓的“困难问题”源于人们错误的直觉，即使我们最终解开知觉、记忆、注意等细节之谜，仍然不能回答意识本身这个谜题。

情感所体现的是人对生存状况的一种价值态度，它包括信念、理想等复杂意识。也就是说，我们对自身状态及外部情境的描绘解释和反应选择等，都同情感交融着。情感还是一种意向，一种定势倾向，一种与认知行为、需求和评价密切关联的态度。情感的特点是血缘性、文化性和功利性的杂糅综合，并成为引发知性活动和意向目标定位的原动力。因此，情感具有人类共同的内涵对象，它与人的思维活动、道德行为、抑制状态、审美体验和实践活动都密不可分。而意识正是具备了感受性和意向性等心理状态基础上的高级思想状态，心理状态可以是有意识或无意识的，意识是对某种内心状态的再思索。阿姆斯特朗则把意识分为三种状态：一是最低限度的心理活动（如梦觉）；二是感知外部世界的精神心理活动（如视听觉）；三是反省自己的内部世界的心理活动状态。当代认知心理学家巴尔斯曾把意识比作一盏头脑剧场中的聚光灯，灯光照到的地方就是人所注意到的意识。[①]思维作为意识的高级阶段，情感可以视为意识灯光的最初来源，并且可以控制其注意的方向和内容，这种由情感控制的思维方式与能力，就是情感思维在认知心理学中存在的基础。从信息加工观点来看，情感思维的不同状态可以促进或减缓大脑的加工，还可以通过对身体机能的调节来影响加工的选择和方向。

这些观点其实是承袭了西方哲学传统一直以来的理性知识观：人的心灵就像是一个私人剧场，有一个小小的“我”在剧场里面，也许在头部的某一处，也许在身体其他的某一处。这个“我”通过眼睛来观察世界，通过耳朵来倾听世界，通过鼻子和舌头来闻和尝外界的味道。这是一个名副其实的立体的、多通道的多维剧场，“我”还能够通过想象在心灵剧场中展现出并不存在的图像和声音，如同投影仪一样投射在心灵的屏幕上，“我”还可以指挥“我”的身体去完成各种动作，所有的这些都可以被称为“我的意识”，而这个小小的“我”，既是这些意识的创造者，同时也是其感受者，在心灵深处窥视着发生在“我”思维过程中的所有情景。这就是丹

---

① 伯纳德·J. 巴尔斯. 2014. 意识的认知理论. 安晖译. 北京：科学出版社：24.

尼特所谓的“笛卡儿剧场”隐喻。在丹尼特看来，这种看法是不对的。有大量证据表明，大脑是一个高速运转的信息平行处理系统，并不存在所谓的“中心”或“核心”功能区，单个神经元所携带的信息也可以映射到多个脑区，我们现有的对大脑功能分区的认识还很不全面，甚至可能只是某种片面的猜测。不同感官信息通过不同的渠道进入大脑后，因为不同的用途而被分配到不同的部分，但并没有哪个脑区可以作为标记思维或意识产生的那个“节点”。换句话说，意识的产生——包括决策，并不是由某个脑区所单独做出的。大脑的不同脑区只是在执行它的本职工作，在必要时进行高速信息交换，但这其中并不存在中央控制系统。他还补充道，从认为存在“心灵剧场”到认为意识是某种分布式加工过程或是广泛的神经网络的观点都是错误的，根本就不存在任何脑区或心理过程或任何别的东西可以与大脑活动的意识部分相对应，同时让其他部分都是无意识的。虽然很多人不接受笛卡儿的二元论理论，但都不同程度地通过丹尼特所说“笛卡儿剧场”的方式保留了明显的二元论思维方式。丹尼特认为许多当代心灵哲学家已经放弃了笛卡儿的心物二元论，转而接受唯物主义作为其理论基点，仍然抱持二元论观点的也都转向了“属性二元论”[①]。丹尼特还为此创造了“笛卡儿唯物主义者”这个新术语，来形容那些声称拒绝二元论但仍相信存在“笛卡儿剧场”的科学家。丹尼特反对的是这样一种观点：认为在心灵或大脑的某个地方，一定存在着一个时空，在那里所有的事情汇集在一起，突然地意识就产生了，也就是说，在脑部活动中存在某种“节点”，跨过这个“节点”的事物就神秘地变成了“有意识的”。与此相类似的隐喻还有：脑中有一个图书馆，有一个小人在上下来回奔跑寻找对应的书籍；直至神秘化的宗教体验，都是认为在人身上有某种超验的存在，可以如同魔法一样产生各种奇妙的精神体验和现象。到了今天，则演变成更为直观和形式化的计算机隐喻，人的身体还是硬件，区别是把神秘的心灵换成了可视化的软件系统而已，这样古老的“身—心”关系，就成了计算机“硬件—软件”之间的关系，二者之间的联结点，在人身上是意识的保存——记忆，到了计算机就称之为memory（存储器）。塞尔也认为在当

① 欧阳康. 2005. 西方人文社科前沿述评·哲学. 北京：人民出版社：112.

今西方世界中生活着的大部分人都已经接受了某种形式的二元论，这些人都倾向于相信自己身体之外存在一个相对独立的心灵（或灵魂）[①]。

在心理学观点看来，记忆是生物体从外界获取信息并将它储存在大脑中的过程。记忆根据时程的不同可以分为短期记忆（或工作记忆）、中长期记忆和长期记忆；根据表达方式的不同可以分为陈述性记忆和非陈述性记忆。加拿大认知心理学家托尔文（E. Tulving）最早把记忆划分为情景记忆和程序记忆，用以表述其新建立的“心理构造学”（psychotectonics）。他所说的“情景记忆”（episodic memory），就是指每个人日常生活中独特场景的高度个性化记忆，这种记忆凝聚了我们关于特殊事件、人物、时间和地点的信息联想，其实质是我们曾经体验过的内部经验[②]。比如对于初恋的记忆，每个人都可以瞬间回忆起与之相关的一些场景，而这种回忆可以是通过意识，也可以经由不经意的感觉刺激（如视觉、听觉和味觉等信息）来唤醒，其内容可以在短时间内迅速扩展。这种记忆的特质就在于它可以在保留大量细节的前提下对我们原有记忆进行改造和重构，最终使得我们对于曾经事物或经验的记忆发生潜移默化的改变，而我们自己却以为这才是真实的过去。情感在记忆中有着重要作用，它既影响到事件的存储方式，更影响到回忆时对事件的重构。情感可以使得我们对于事件的记忆更加深刻，附带有强烈情感的事件比中性事件更容易回忆，而且记忆的细节会更准确。在记忆编码存储的时候，不仅事件本身会被编码，附带的当时的情感也会被贴上不同的标签一起被储存，当需要回忆调取相关信息时，情感标签有时会拥有更高的优先级而被调取，这就构成了“情景记忆”，这是每个人日常生活中独特场景的高度个性化记忆，这种记忆凝聚了我们关于特殊事件、人物、时间和地点的信息联想，其实质是我们曾经体验过的内部经验[③]。这也可以解释为什么 PTSD 患者在回忆时经常还没有想起具体内容就会感到强烈的恐惧，这说明情感和语义内容在从编码到调取的过程中有着不同的优先级，甚至有着不同的来源和神经通路。当然，把情感和事件组合记忆，本来就是为了在进化过程中便于我们尽快唤起相应的

① 约翰·塞尔. 2008. 心灵导论. 徐英瑾译. 上海：上海人民出版社：10.

② Rowlands M. 2004. The Body in Mind. Cambridge: Cambridge University Press: 124.

③ Rowlands. 2004. The Body in Mind. Cambridge: Cambridge University Press: 123.

身体和精神状态，是为了更好地应对当前的环境。而 PTSD 患者无法适应的根本原因在于他们所处的社会环境发生了急剧的变化，目前只能通过药物或心理康复训练来试着让患者遗忘伤痛记忆。这种主流的认知疗法，根据弗洛伊德的理论认为人心灵受到的伤害和身体受到的伤害在原理上是一样的，身体有了伤口需要进行医学处理，那么心灵的伤口就需要心理学矫正，因此只要把负面情感说出来，就会像去除溃烂的伤口化脓一样，人心灵的伤口也会得到治愈。这种观点至今仍在心理学界占据主流位置，并由此衍生出了庞大的心理治疗产业。然而，近年来脑科学的快速发展表明这种做法很可能会适得其反，说出创伤性情感回忆只能使叙述者的精神情况进一步恶化，而不是好转。因为带有强烈负面情感的记忆和未经处理的伤口是不一样的，复述只会反复激活相关记忆编码的神经通路，反而会让不好的记忆更加活跃，阻止记忆的消退。情感不是简单的感知觉，它本身就是思维，反复地激活、催化在一定程度上如同背诵强化记忆一样，只能使负面情感更加负向并被反复强化，对患者是一种更大的痛苦和折磨。对于这种强烈的负面情感，其实人脑本身就有某种自我保护机制来予以“屏蔽”或“封藏”，如果患者已经实现了这种自我保护，就不应该盲目实施认知疗法来揭开伤疤，最好的方法也许是顺其自然，通过转移注意力来延长这个屏蔽期，时间会是最好的治疗手段和武器。

真实的回忆过程如同用一堆碎片重新拼接一个打碎的花瓶，而不是放一部看过的电影。我们感觉我们的记忆非常清晰鲜明，其实这只是一种幻觉，所有的记忆都不是对过去发生事件的真实记录，而是我们在自身想象中进行重构的结果。已经确定的是，大脑的记忆是动态的而非静态的，回忆的行为并不是像被动地按照一份索引从电脑文件夹中抽出对应的文件这样简单，而是一个积极的、主动的建构过程。记忆本身不仅仅是一个生理学过程，每次我们记忆的时候，其实我们就在重新创造我们的记忆。因此可以说，当我们记忆的时候，我们回忆起来的并不是原初的事件本身，我们回忆起的是我们原先对它的记忆，它被铭刻在我们大脑的神经通路之中。从这个意义上来说，也许并不存在“错误记忆”，因为所有记忆的本质都是对我们先前记忆的一种“再认”，有些不符合现实的记忆可以被纠正，但无论真假，这些记忆都是切实存在于人们大脑之中的，并且不是可以轻易改变的。

除了既有的情感动力因素，主体在记忆时即时的主观精神状态——心情（mood）也发挥着重要作用，典型的例证就是不同的颜色对人的心情产生不同的影响，以至于本来中性的颜色也被贴上了不同的情绪标签，比如用红色来表示喜悦和热情，用绿色表示清新与生命力，用蓝色表示淡雅或忧郁等等。认知心理学家鲍尔曾做过一系列的实验证明，人们心情好的时候更容易想起快乐的事件，心情不好的时候则很容易想起不愉快的经历，他把这种现象称为“心情一致性记忆”。有实验表明，心情好且时间紧迫的人更容易相信和接受一些平时看起来并不可靠的观点，这似乎说明好的情绪并非一定对思维能力有正向的作用，这也可以解释为什么骗子总是试图在短时间内营造一个友好的氛围，处于这种情绪状态下的人的确更容易上当受骗。心情持续时间可以很长，人们主要通过调节人们对情绪刺激的感受性来影响情绪。心情还可以通过影响回忆的准确度和难度来间接影响情感。这就是为什么对于同样的事件，不同的亲历者会有着截然不同的回忆，尽管他们的叙述都是自认为真实可靠的。大脑通过多种感觉器官，包括视觉、听觉、嗅觉等，来获取外部世界的信息，这些外部输入信息在中枢神经系统汇总，和来自别的脑区的信息（如记忆）整合，最后形成我们对于外部世界的认知。可见，记忆重构的过程总是天然地包含着情感思维的驱动和引领作用，并构成我们认知内容的心理基础。

4.3.2 情感思维构成最基本的快速决策力

如前所述，从亚里士多德伊始至今，无数先哲一直在找寻人类思维的形式和规律，并认为人类按照演绎逻辑进行思维。在亚里士多德看来，逻辑是人先天的思维的“格”，以欧式几何为代表的演绎系统代表了人类知识的最高范式：从一条公理推导出的定理和命题，构成了毫无争议、放之四海而皆准的真理系统，这个真理系统是人类理智的巅峰，也是神旨在人间的最高典范。17 世纪的斯宾诺莎就是按照严格的演绎逻辑推导出他的整个伦理学，莱布尼茨更是致力于开发出一套新的符号逻辑（数理逻辑）系统，希望用演算来最终解决思维中的种种争论，他当时乐观地预言，未来的哲学家们将不会再争论，而是拿起铅笔，坐下来进行演算。这种以计算作为思维核心的观点至今仍有着重要影响，并且仍是许多智者终身追求的目标。总之，传统的逻辑思维以形式逻辑为基础，重视逻辑形式而忽视内容，认为可以抽象出统一的符号体系来表征人类复杂的思维过程，近代数理逻辑的兴起与迅速发展也确实为思维的形式化研究做出了巨大贡献。

但随着 19～20 世纪非欧几何（罗氏几何和黎曼几何）的发展，人们发现即使在公理性最为权威的数学领域，也并不存在绝对的符合实在的单一数学公理和逻辑真理。由此人们对逻辑的认识发生了重大改变，在罗素、怀特海、卡尔纳普等人看来，逻辑规律已经仅涉及我们所作出的陈述之间的关系，与思维之外的客观实在并没有什么直接关系。而在现代认知科学家看来，演绎逻辑推理是为了解决某些智力问题而学习和应用的一组人工规则，逻辑和数学是思维的一种智力工具，而非古典逻辑学家所认定的那种具有实在特性的本原。

简言之，二者的区别在于：逻辑学家关注的是我们要进行合乎逻辑的推理时应该怎样进行推理，而认知科学家关注的是在思维时（包括进行逻辑推理时）实际上是如何思考的。通过对普通人日常生活的大量研究，认知科学家发现人类的自然思维并不是按照演绎逻辑进行的，也许只有在某些特殊情况下才符合演绎逻辑的特征，换句话说，逻辑并不是人类思维所固有的一般特征，逻辑也许并不是思维的普遍形态，而是一种特殊的理想状态。

麻省理工学院的著名认知科学家明斯基（M. Minsky）曾通过两个陈述来说明认知和逻辑推理的差异：

（1）她继承了一笔财产，且他娶了她。

（2）他娶了她，且她继承了一笔财产。

在形式逻辑上，我们认为这两个陈述是完全等同的，因为形式逻辑与时空条件和因果关系等无关，只考察思维的形式是否合乎逻辑。但在现实生活中，人们对这两个陈述的认知却存在着巨大差别，思维的内容对人们的认知有着重要影响，该实例中先后顺序的不同会直接导致对同样结果的事件有着完全不同的评判。因为人的认知总是在特定的语境条件下的，认知总是伴随着各种常识性预设和伦理道德评估而存在，特别是还关涉到认知主体的动机和精神状态。因此就认知而言，无论是人类还是人工认知系统，其实际运作都不是完全按照形式逻辑规律来行事的。形式逻辑具有严谨性，但同时也缺乏灵活性，在现实生活中的运用受到很大的限制。

因此有学者提出，在自然思维中人类往往运用的是“似然推理”，即借助经验和类比得出似乎是真的、可被接受的结论。人们在日常生活中的自然思维并不用一般推理的规则，而往往用的是随内容而异的、在特定经验领域中起作用的规则。美国心理学家威廉·詹姆斯认为：“我们每个人生来就是个实用主义者，我们把我们感到正确的东西看作是正确的，并且大多数情况下它确实是正确的。否则，人类早就从地球上消失了。”[①]著名美籍匈牙利数学家伯利亚（G. Polya）举过一个现实中常见的例子：如果某一商品是好的，那它就贵；反之，如果某一商品贵，那么它就是好的。这一推理在逻辑上是错误的，但在日常经验中却十分像是正确的，也才有了“便宜没好货，好货不便宜”这样的俗谚。尽管有人还是经常会买到既贵又不好的东西，但很多人还是有意无意地接受这样一种似然推理，而把自己的这次失误当作是偶然的教训。在这种情况下，对经验的偏好往往会战胜对逻辑的运用,但吊诡的是这正是最需要逻辑推理来厘清思维的时候。这在当今的市场营销中屡见不鲜，无数商家正是利用人们对似然推理的信服不断通过各种广告来培育用户的所谓“忠诚度”和“美誉度”，目的就是让用户明知道“贵并不一定好”这个逻辑但仍会在购买时倾向选择更贵的产品。这背后的逻辑恰恰是利用人们在进行快速判断时往往受到情感偏好的左右，而对逻辑理性选择有意无意地忽视。

人们通常认为男性更擅长逻辑理性思维，女性相比较而言更偏向于感性，以至于有“男人来自火星，女人来自金星”的说法，连《红楼梦》中的贾宝玉也感叹“女儿是水做的骨肉，男子是泥做的骨肉”。但这种说法都缺乏严格的统计学论证，其实质都不过是人们的刻板印象罢了。来自人类学的研究证据已经表明逻辑思维不是日常生活经验的产物，而更像是通过学校教育获得的技能。从幼儿园开始，男性就有更大的视觉-空间能力，而女性则有更强大的语言能力，但这种差异如同男性和女性在身高上的差

① 邱仁宗. 1993. 当代思维研究新论. 北京：中国社会科学出版社：184.

异一样，也是一种似然的推理，事实上并不是男性都擅长运动而女性都擅长言谈。男女之间在逻辑思维上表现出的较大差异与其说是基于生物学的，不如说是基于社会文化的：青春期以后的女孩面临的来自家庭和社会的导向都是作为女性应该是感性的和直觉的，学校的教育和家庭的导向也都倾向于培养女性更多的感性特质，而对男性则要求要富有男子气概，要果敢强壮等，并通过一系列的制度安排来对符合这种特质要求的人加以赞许和鼓励，相反，不具有这种对应特质的人则面临着从小到大的冷落甚至是周围人的排挤和嘲笑。在这种社会环境的强大压力下才塑造出了今天的男权核心文化。

人这种世界上唯一具有逻辑头脑的动物往往并不按照逻辑来思维，甚至有时候还故意去违反逻辑，尤其是按照逻辑的演绎思维得出人们并不喜欢的结论时，人们常常利用一些细节问题来诡辩，以此来反对合乎逻辑的结论。一个最典型的事例就是对于吸烟导致各种疾病并引发高死亡率的态度。尽管有非常多的证据和事实表明吸烟确实会引发诸多疾病，并且会导致大量烟民因病死亡，但很多烟民并不认为吸烟致死这个合乎逻辑的结论会发生在自己身上，有的人会说这种断言并没有绝对的可靠性，有的人认为反正没有人能长生不死，吸烟对寿命的影响毕竟不是直接性的，还有的人则会举出例子证明某人吸烟很厉害还能活到90多岁，以至于有这样一种极端情况出现：某公益组织制作了一个电视节目用来宣传吸烟会导致猝死，并花费重金在某电视台晚饭后的黄金时间播出，希望以此警示烟民达到控烟目的。该组织经过一段时间后进行观众调研发现，结果并不是烟民看到这个节目后减少吸烟，而是很多吸烟的人看了这个节目一次以后再也不看第二次了。人们“戒节目”而不是“戒烟”的行为就表明在演绎逻辑的结果不被人们喜欢的情况下，人们的心理偏好和情感取向往往会战胜理性的逻辑推理，宁可忽视逻辑正确性也要以满足心理作为优先选择，从心理学角度来看这种行为是与个体精神状态自洽的，但从生理学和社会学角度来看这种对吸烟危害的选择性忽视无疑是十分有害的。

这种不服从逻辑的情况在人类社会生活中比比皆是，特别是在宗教和法律领域更为常见，其影响也更为深远。几乎所有宗教都有诸多分支教派，其缘起也大多是对同一教义和经典的不同解读，这种分歧很少是基于逻辑的理性判断，更多是不同的教派根据各自的利益诉求来对教义进行不同解释，并对信众进行反复灌输和强化，其结果是不同教派的信众之间真的将各自所信奉的教义奉为至高真理，在狂热的宗教情感鼓动下所有的理性都会湮灭不存。而在自诩为民主法治的现代社会，所谓的“法律”也并不是全然理性与公允的，司法实践中的法律践行更是充斥着情感因素。美国最高法院前首席大法官休斯（C. Hughes）就曾说过：“法律中判决的90%都是感情用事的，我们的理性只是为了支持我们的偏爱而提供理由。”[①]由此可见，善于进行逻辑思维的人往往是利用逻辑思维的形式来达到他们想要的结论，而不是按照逻辑达到理性所必然得出的结论。

这种行为并不是偶然的、个性的，放大到社会行为和国家行为也是一样。我们可以发现，在国家的外交决策方面，当问题不是很重要或情况不是很迫切的时候，决策者通常可以做出合乎逻辑的决定。而当局势紧张且问题复杂有可能出现大规模冲突的情况下，很多决策者的决定恰恰是不合逻辑的，但事实上这种情况才是最需要理性逻辑思维的时候。回顾世界近现代史和中国近现代史，这样的实例俯拾即是，特别是造成巨大伤亡和损失的战争往往是由当时执政者的非理性思维和决策造成的，遗憾的是同样的事件却不断重演。

既然人的头脑经常违反逻辑，那么这是因为人脑的缺陷还是因为逻辑思维并不是人脑真实思维的模型？这一问题尚无定论，需要进一步研究。但不可否认的是，逻辑思维能力在很多领域（如科学研究、经济发展、社会管理和环境治理等）特别是高级复杂问题解决中仍然具有举足轻重的地位，尤其需要通过社会化的教育使人脑可以依靠其神经活动的能力来把一种文化反馈到其经验中进行某种程度的逻辑思维。如果不受教育特别是高等教育，这种推论将只是局限于个人经验和常识。如果接受了教育和良好的训练，人就可以用更一般和抽象的术语进行思维，使思维超越个人的知识和信念，从而在广度和深度上都大大提升思维的水平。在传统思维观看来，思维就是判断与决策。对于复杂的问题，我们可以采取两种方式进行判断和作出决定。一种方法准确可靠但用时较长（理智逻辑），另一种方

① 邱仁宗. 1993. 当代思维研究新论. 北京：中国社会科学出版社：181.

法快速但并不可靠（感性情感）。这两者都是我们的身体在进化过程中逐渐发展并完善起来的决断能力，理智和感性可以看作是两个互补的系统，它们共同帮助我们做出决策。当时间充裕且信息充足时，判断的准确性和可靠性是首要的，我们可以依靠理智来进行详细分析和判断；当时间紧迫且信息量不足时，判断的准确性就要让位于时效性，这时就要依靠感性情感快速做出判断。当决定并非至关重要的时候，我们最好节约时间，运用快速而不甚准确的情感思维作出判断，而非慢条斯理的理性思维，这样会减少很多决策困难和障碍。

4.3.3　情感思维促进人格发育与认知发展

如果说人类婴儿的发育可以视为人类种族进化的重演，那么儿童的思维的发展同样也可以视为人类思维发展演化的缩影。新生儿不能独立生存，但他们接受成人的哺育并不是完全被动和无条件的，他们有着从祖先遗传获得的感觉体内外信息并通过简单情绪进行表达的能力，即使没有发育完全的语言能力，他们也能很快通过动作、表情和声音同周围的人建立起亲密的联系，在这个意义上，我们可以说婴儿的情感能力是人降世后获得的第一个有效的心理适应工具，尽管其内容和形式都很简单，但也包含了基本的编码与储存过程。

目前多数学者认同人类通常有六种基本情绪：快乐、痛苦、兴趣、厌恶、恐惧和愤怒。这六种基本情绪在绝大多数正常婴儿身上会随着其个体的发育而逐步完全体现，而由这些基本情绪所组成的复杂情感也会在婴儿身上有不同程度的表现。兴趣和快乐是人类的两种最为基本的正向情绪，对人的发展有着重要意义：兴趣既是对外界刺激的一种主观唤醒反应，同时也是人自身好奇心的根源，正是有了兴趣婴儿才开始试着去探索周围的环境，才能与周围的人事物进行交流和获得反馈，也正是在这个过程中婴儿开始进行模仿——特别是母亲的动作和话语，由此婴儿才开始发展起自身的认知能力与情感沟通技巧。而快乐则是源于婴儿生理和心理需要被满足后的快感反应，也是其活动和交流获得成果后的情感奖励效应，在人长大后快乐往往是伴随某种成就的获得而产生的。快乐有着最为显著的外显表情——笑，有的婴儿从出生开始就会笑，这是对周围环境舒适的自然反应。笑是最为有效和普遍的社会交往表情，也是个体缓解紧张感和获得安全感的有效手段。以兴趣和快乐为基础的正向情感对发展婴儿的感知觉能力和认知思维能力都起着先导作用，对人的认知能力发展起着正向的促进作用，是思维发展的最重要动力。从认知角度而言，即使是作为负面情绪的痛苦与恐惧也有着正向的认知价值。如前所述，恐惧是人体进化出的一种自我保护机制，其目的在于可以快速应对可能出现的威胁并保存自身。痛苦则是最普遍的负面情绪，源于某种不良刺激持续的、超水平的唤醒，是人对自身或周围环境感觉不舒适的表现，其典型外显表情是"哭"，与痛苦相伴随的流泪则有助于缓解悲伤情绪，从生理学上讲也许是因为它释放了某种"压力激素"或荷尔蒙，从社会学的角度来看，则可能是因为流泪作为情感表达表现了主体悲伤的真实状态，进而可以获得他人的帮助而予以缓解。不过这种解释也颇为牵强，因为有的人悲伤的时候独自哭泣之后也会感觉好一些。无论怎样，负面情绪本身虽然会对人造成精神上的痛苦和伤害，但客观上讲它们不仅有利于释放体内积压的物质与精神能量，还有利于磨砺人的意志、塑造人的个性和健全人的人格。

情感是婴儿早期适应生存的必要心理工具，母婴配对的生活与交往方式也构成了灵长类动物交往关系的生理-心理基础。发展心理学家鲍尔比（J. Bowlby）就认为儿童的社会化一定是从情绪社会化开始的，其中母婴依恋是最主要的桥梁。在婴儿出生后母亲就开始哺乳、喂养、抚摸以及持续地搂抱，并且母婴之间的接触时间最好在婴儿出生后6～12小时就开始，因为产妇在分娩过程中产生的催乳素有助于产妇关心孩子，同时也有利于婴儿快速建立对母亲的早期依恋，如果错过了这个最佳时期，则随着激素水平的迅速降低很可能给母婴初期交流带来不利影响，这就是著名的"克劳斯-肯内尔假说"，目前已基本在世界各地的医院实行。在这个过程中婴儿对母亲的依恋是最本能的反应，并以此开始建立同他人的交流圈子，表现为通常婴儿会对与母亲亲近的人表示友好和亲近，婴儿也喜欢母亲的亲密朋友以此表达对母亲的依恋等。这种母婴依恋关系其实体现了婴儿试图获得安全感的本能，只有获得安全感后婴儿才有勇气去探索周围的环境。因此有学者提出，应该把情感理解为一种战略性的信号，特别是在偏好强度编码的过程中。情感大多数带有指向性和偏好性，这可以追溯到人类在婴儿时期同看护者所建立的亲密互动关系，由此产生的强烈依赖心理直至成年依然延续着[①]。

由于婴儿缺乏与成人一致的语言符号系统，只能通过一系列的身体接触、目光交流和含混语音得到外界信息，情感交流对婴儿的健全发展——特别是安全感的确立——来说就显得尤为重要。正是在同周围家人的情感互动中，婴儿开始习得人际沟通的最基本能力与技能，这对其以后形成健康完整的人格和乐观开朗的个性至关重要。婴儿尽管听不懂周围人的语言，但可以分辨语音语调中所包含的情绪信息，配合一些肢体动作仍然可以和成年人进行多种信号的交流。有实验表明，2 个月大的婴儿即可分辨出恐惧和悲伤的面孔，5 个月大的婴儿则能够辨认出愤怒的表情。这就证明，婴儿已经从刚出生时被动的接收者逐步成长为使用者，而到了 1 岁，婴儿已经具备了较为完善的情感识别与表达能力，包括从成年人的形体动作、语音语调和面部表情中分辨出正确的情绪信息，并可以初步对其进行主观性的反应[②]。而到了 2 岁，正常的儿童已经可以通过移情感知他人的痛苦并作出反应，3 岁的儿童已经能够用语言描述其过去、现在和未来的情感与精神状态。这是社会化理解的开始，人由此开始真正进入同他人精神交流的阶段。从认知过程来看，这充分体现了情感能力发展在个体认知发展中的重要作用。

总之，情感是人类处于婴儿时期为适应生存而遗传获得的重要心理工具，情感思维的能力也随之而来。随着社会化进程的发展，婴儿的情感也会伴随着语言能力的提升而发展。通过大量长时间的样本调查，现已证明婴儿时期母婴依恋关系的质量对儿童之后的心理与认知发展有着深远的影响。通过比较研究发现，生育前母亲表现出“不想要孩子”但意外怀孕产子的女性对孩子很少有强烈的依恋，这种母亲养育下的孩子对母亲也表现出较少的依恋，其结果就是这些孩子比其他孩子更容易生病，也更容易被激惹，无论在学习成绩还是与同伴相处上都表现较差。这表明，婴儿时期

① Richard M. 2010. The Extended Mind. Cambridge: The MIT Press: 315.

② 孟昭兰. 2005. 情绪心理学. 北京：北京大学出版社：118-119.

的母婴依恋关系不仅对儿童以后的情感发育有着重要影响，更会进而影响其智力与社会交往能力的发展。因此，情感是人格组织的核心，对个体的动机、行为和思维有着重要影响。正是在情感和认知的相互作用与影响下，人的内在心理素质才不断发展，才逐渐培育起完整的人格与个性。

4.4 情感思维的文化人类学探讨

以上都是以个体的人为单位分析情感思维在认知中的物理与心理基础，但现实中的人并不是一个孤立的个体，人的身体和精神始终都处在与外界环境的信息交流之中。处于社会中的人的情感思维也会发生相应的变化，这不仅是进化的需要，更是社会交往和社会团结的需要。情感思维在人类社会中的存在证据体现在以下三个方面。

4.4.1 情感进化：必要的心理工具

人类大脑皮层的高度分化是人类情感高度分化的物质基础，由它支配的身体肌肉运动，特别是面部肌肉运动，是人类具有多样化情感表达的直接机制。情感既可以被主体意识到，也可以不被意识到，可以作为大脑加工的背景，还可以嵌入主体的个性之中成为其人格特质之一。情感的基本内涵是感情性反应方面的“觉知”，通常我们把带有指向性的感情性反应叫作情感。它标示感情的内容——不是语词或者思想内容而是带有感受性的个体身心体验。作为感情性反应的社会内容的标示，情感的含义在于对事物意义的体验。然而据此认为只有人类才拥有情感，难免会不妥当——情感作为体验的范畴，动物至少高等哺乳动物是应该有的，只是不能反映在语言中。哺乳动物之于爬行类生物，最大的进化之处在于边缘系统，而边缘系统主要司职情绪与情感，主要包括丘脑、杏仁核、海马等部位。我们可以把情感视为在心理上是分为不同层级而分布的，这也在一定程度上体现了进化特征。爬行类以下的动物只有最低感觉的趋利避害反应；爬行类到低等哺乳类动物有知觉水平的情绪反应；啮齿类动物的情绪反应在知觉表象水平上；灵长类高级动物则会表现出更加细致甚至表现出智慧行为的复杂情感。当高等动物表现出舒适或者痛苦，尤其是黑猩猩表现出类似于人类愤怒、恐惧或者快乐的表情的时候，似乎无法认为它们没有与人相类似的情感。这类进化的痕迹在前语言阶段的婴儿身上最为明显，其对母亲走近自己时表现出的主动微笑和全身活跃，母亲离去时产生的焦虑或愤怒，陌生人接近时表现出的警觉和害怕等，都体现了进化的某些连续性。从黑猩猩到婴儿所表现出的类似对其母亲的依恋行为，是情感体验的外显形式。

有鉴于此，当我们把“情感”的范畴不局限于人类时，就可以发现无论是金鱼或锦鲤，还是爬行类的蜥蜴或蛇类，或者是最常见的宠物猫和宠物狗，相信任何养过或接触过动物的人都会承认某些动物是具有情感能力的，虽然这些动物与人类没有共同语言，但绝大多数人都承认可以同它们进行一些情感的交流（尽管有时候仅仅是一厢情愿或自以为是）。事实上，脊椎类动物虽然没有社会性的情感，但大多具有某些情绪表现，一些高级哺乳动物还可能具有某些带有情感色彩的动作和语音表示。一般认为，喜怒哀惧等基本情绪的产生应该和脊椎动物的脑同步，约有 5 亿年历史，而高级认知情感的产生不会超过 6000 万年。情感的进化与分化同大脑自身的进化与分化是基本同步的，特别是新皮质体积的增大与前额叶功能的分化为情感的发展提供了基本的物质基础，现代人面部肌肉与神经系统的进一步分化也让更加丰富多样的表情成为可能。情感体验过程本身也是以大脑和神经系统为基本载体的，表情是其外在表现。一般而言，神经活动、体验和表情是构成完整情感体验的三个主要因素，但不能否认某些表情障碍患者也能获得情感体验，这只能说表情有助于情感交流与表现而非情感体验本身。

同人类的其他能力相比，情感可以说是与生俱来的禀赋，任何人只要一出生即可具备基本的情感，婴儿在出生后即具备了感知母亲情绪的能力，其情感表达能力也会随着其发育而快速发展。与此相类似，语言在某种程度上也带有这一性质，一个婴儿不需要太多的专门语言训练——只需要让他和同样具有语言能力的人在一起就可以了，但是相比较而言，语言仍需要大量的学习与练习过程，而情感交流则相对容易和直接得多。语言有着诸多的局限性，而没有语言的交流之所以是可能的，正是得益于人类有着互通的基本情感，这些共同的基本情感使我们可以超越文化之间的隔阂，达成一些基本意愿和态度的沟通，从而实现更广泛的联结。

达尔文最早研究了情感进化的特征，也是最早强调情感的外露表情信号重要性的。在其著作《人类和动物的情感表达》（1872 年）中，他就提出人类和其他高等动物尤其是灵长类动物都拥有相同的知觉、直觉和感觉，相似的激情、爱恋和情感，甚至更复杂的情感，如嫉妒、怀疑、模仿、感恩等等。除此之外，人与动物在模仿、专注、选择、记忆乃至近乎思考的能力方面都非常类似，二者本质上很可能是相同的，区别只是程度不同罢了，每个物种的个体智力都会从愚笨逐渐演化到优秀。正是基于此，达尔文认为人类的很多情感反应是从动物祖先那里进化过来的，如猫在遇到威胁时会把躯体高高拱起并竖起背部的毛，还会伴随着尖锐的叫声，以此来显得自己比平时更强大，从而恐吓可能的威胁对象。人类在面临恐惧或表达愤怒时也会毛发直立甚至“怒发冲冠”，即使这并不会使我们像猫一样在毛发竖立之后看起来更强大。其他诸如快乐时会微笑、愤怒时会尖叫且瞳孔放大等许多情感及表情都是高级哺乳动物和人的共同之处，这些都是情感进化的最好证据。比较特殊的是，目前似乎只有人类在悲伤时会伴随流泪这一现象，尽管从生物学上来说大多数哺乳动物都有泪腺，但其功能只在于保护其眼睛或减少眼睛受到的伤害，这些动物在悲伤时并不会流泪哭泣，包括与我们最接近的大猩猩也不会。针对这一进化论所无法解释的情感表达，达尔文认为眼泪对悲伤来说没有任何作用，他认为泪腺只是为了人类在婴儿期更好地保护眼睛才进化出来的，成年人过多地流泪反而会损伤眼睛的正常功能。

不过随着科学技术的进步，现在人们普遍认为流泪本身也是人类在漫长的进化过程中所保留下来的有用技能。美国人类学家阿希莱·蒙塔戈就提出流眼泪对人体具有益处，否则，也不能通过自然选择被一代又一代地保存下来，人类会流泪正是适应环境的结果。蒙塔戈举例说，眼泪中含有溶菌酶，具有一定的抗菌杀毒能力，它能润滑呼吸道从而保护鼻咽黏膜在哭泣中不被细菌感染。临床观察也表明，没有眼泪的干哭，很容易使鼻咽黏膜干燥而受感染。美国心理学家威廉·佛莱则从心理学和生物化学的角度，把流泪进一步分成反射性流泪（如受到洋葱刺激）和情感性流泪两类，前者体现了流泪的生物遗传性功能，后者则体现了人类情感的特殊之处——尽管情感有着源远流长的进化历程，但作为灵长类进化最高端的人类其情感必然有着更为复杂的机制和作用。佛莱用了 5 年的时间进行了大量统计与调查，得出了一些有趣的结论。比如，在一个月时间内，男人哭泣流泪的次数很少超过 7 次，而女人则在 30 次以上。晚上 7～10 点，同家人亲朋相聚，或者在看电视时，是情感性流泪发生频率最高的时间。他还用特制的小试管收集受试者的眼泪，并对其进行生化分析和测试，发现情感性流泪的泪水中含蛋白质较多，而反射性流泪的泪水中含蛋白质较少。而在这些结构复杂的蛋白质中，有一种据测定可能是类似止痛剂的化学物质，可以舒缓神经并抑制不舒适的感觉。根据这一结果，佛莱推测，流泪可能是一种排泄行为，能排除人体由于感情压力而形成和积累起来的某种生化毒素；这些毒素如果不通过流泪排出，留在体内，将对健康不利；情感性流泪排泄毒素，使流泪者恢复心理和生理上的平衡，因而对健康有益。不过这仍只是一种推测，对于这种所谓的毒素究竟是什么成分，它是如何产生又是如何发生作用的，目前仍在进一步研究之中。还有人对因不同情感流的眼泪进行生化分析后表明，人在快乐时（喜极而泣）流的眼泪量较大，味道很淡，而悲伤时流的眼泪或愤怒时流的眼泪则水分不多，味道很咸，区别在于受刺激的是交感神经还是副交感神经，这会影响到眼泪的盐分含量。因此，在处于悲伤或愤怒等负面情绪时流泪确实有利于健康。

情感不仅可以源自遗传基因的携带，同时很多情感是可以后天学习的，这已经在其他灵长类社会生物中得到了印证：有科学家曾让猕猴观看一些其他猴子害怕蛇的影片，结果这些本来并不害怕蛇的猴子也对蛇有了恐惧。人类的情感也是在和其他人相处的过程中逐渐习得的，取决于环境的影响以及个体选择性的学习倾向，特别是在婴儿和儿童时期家人的训教有着重要作用[①]。而随着时间的推移，某种特定的情感在经历长期的反复强化后可能会成为固定的习惯而流传下来，甚至可能进入某一族群的基因片段中遗传下去。比如近来网络上热议所谓的“密集恐惧症”，作为一种广泛存在的微妙情感体验，其主要表现是某些人会呈现出对密集和规律性重复的图案的不适感和厌恶以至于恐惧。从情感进化的观点来看，密集恐惧症很

① Dylan Evans. 2013. 解读情感. 石林译. 北京：外语教学与研究出版社：167.

可能就是源于早年哺乳动物对于蛇、蜘蛛等有鳞片或有毒性生物威胁的恐惧，在基因中保留了对相关视觉信息的本能排斥和厌恶，在漫长的进化中成为一种遗传性的恐惧。而早期生活在毒虫蛇豸经常出没区域的原始人基因承袭了这种遗传，因为大多数会致人死亡的毒虫蛇豸都有着鲜艳且较为规律的花纹毛色，出于对这种致命威胁的恐惧，这部分族群在进化中把对这类图案的恐惧纳入了其遗传谱系，使其即使在不知晓这种危险的条件下也能本能地产生厌恶和恐惧感,从而远离威胁以此来提升后代的生存能力。这种说法尽管并未找到准确的遗传学证据,但这种推测是比较合理可信的。当然，如何界定某种情感到底是源自遗传还是源自后天的学习，仍需要做进一步的鉴别。但在实际的情感运用过程中，这其中的差别其实并不重要：无论某种情感是怎么来的，它都必然是在进化过程中因其有用性而被保留至今的，如同阑尾和扁桃体一样，我们不能因为人类生存环境的改善就否认它们原本的重要作用。

4.4.2 情感认知：人类跨文化与代际交流的重要纽带

正是由于情感的共通性和相对稳定性,人与人之间的交流才成为可能，使我们可以超越文化之间的隔阂，实现更广泛的联结。20 世纪 60 年代后期，美国人类学家艾克曼在新几内亚岛一个叫福尔的偏远地区进行长期调查发现，这个地区的人没有文字，也没有看过有关西方的图片和电影，无从了解西方人的情感。他给这些福尔人讲一些故事，并给他们看一些西方人的表情图片，福尔人能够大致把故事情节和表情图片对应起来。这就说明，确实存在一些先天的情感，无论何种文化形态中都会有一些固定情感是人脑中所固有的，而非后天习得的，这些情感是全人类所共通的。艾克曼称之为“基本情感”，包括快乐、痛苦、愤怒、恐惧、惊奇和厌恶。有实验表明，即使是先天失明的婴儿也会作出传达这类情感的典型面部表情——微笑、皱眉等。[①]如前文所述，基本情感对人类的生存有着重要的意义。恐惧和愤怒在原始社会恶劣的生存条件下非常有用，可以使我们的祖先在遇到危险的情况下迅速作出反应。惊奇可以使他们停下来睁大眼

① Dylan Evans. 2013. 解读情感. 石林译. 北京：外语教学与研究出版社：145.

睛仔细观察眼前的对象，尽可能多地获取新刺激对象的信息以便身体调整与应对。厌恶也便于他们远离可能的危险（腐烂的食物或者藏有病菌的粪便等）。快乐和痛苦的进化较为复杂，也是为了促使我们从事或者避免某些行动，而从种族繁衍和延续角度来说，快乐都主要和繁衍后代相关。因此，从进化论的角度来说，自然选择并没有赋予我们直接去思考基因如何才能更好地遗传这一问题的能力，而是给我们感受快乐的能力，再让我们的快乐体验和那些有助于基因遗传的事情联系起来，这样人就会循着快乐的本能自然而然实现种群的优胜劣汰。

我们所说的某些性格或情感是“先天的”，说的是其形成是与生俱来的，即任何人只要一出生，满足其生存的基本需求，即可具备基本的情感与表达方式。与此相类似，语言也可以说是人的一种先天的能力，一个语言生理功能正常的婴儿不需要太多的专门训练——只需要让他和同样具有语言能力的人在一起相处，就可以表现出语言学习和运用的能力。[①]正是情感思维的存在，才使得人类能够实现跨文化和代际的基本信息交流，那些没有文字的社会形态可以维持基本的良性运行。

需要注意的是，个体的情感与社会交往中的情感是有区别的，因此个体的情感思维与社会交往中的情感思维也是有着显著不同的。这里所说的“情感互通”更多地是指个体的情感，是指对一些基本情感的体验古今中外的每个个体在逻辑上应该是基本相同或相近的。但具体到现实社会中的个人，则会受到社会规则、伦理道德、历史文化和地理区位等多种因素的制约，社会化的人所具有的社会化的情感会变得非常复杂，其最大的特点在于混杂了大量的认知要素，因此我们可以称之为“高级认知情感”。心理学家格里菲斯就认为，情感不是分为两类（基本情感和特殊情感），而是三类，应该再加上“高级认知情感”。这种情感的先天性比基本情感要少，但比特定文化下的情感要多[②]。高级认知情感和基本情感一样，都是普遍存在的，只是前者表现出更多的文化差异性，并且需要更长的时间形成和退却。主要的高级认知情感包括爱、内疚、羞愧、尴尬、骄傲、嫉妒、羡

---

① Knuuttila S, Sihvola J. 2014. Sourcebook for the History of the Philosophy of Mind. Dordrecht: Springer Science Business Media: 147.

② Dylan Evans. 2013. 解读情感. 石林译. 北京：外语教学与研究出版社：159.

慕等。值得注意的是，仅从功能上说，高级认知情感和基本情感之间并没有绝对的划分界限，某些基本情感也可以具备一定的高级认知情感的社会功能，比如厌恶，绝大多数人看到苍蝇会感到厌恶，这是基本情感，而当我们对某种行为同样感到厌恶时，这其实就是情感思维在作出判断，使我们能在最短时间内作出对自身有利的判断。

“爱情”就是高级认知情感的一个典型。最简单的“爱”是指人对某人或某物的喜爱，是本能的舒适感与快乐的融合，比如对母亲的爱或对苹果的喜爱。这种“爱”并不需要后天的培养。“爱情”号称所有人类文化中最古老又富有吸引力的情感，对爱情的讴歌和赞美在所有的人类文明中都是随处可见，但“爱情”一词本身却并不是一成不变的，而是随着人类社会的文化形态和组织结构在一直发生着变化。奴隶社会中被视为财产的奴隶并不会被赋予人的权利，至今仍广泛存在的一夫多妻或一妻多夫家庭结构，并不能否认生活在这种条件下的人没有“爱情”。因此有学者提出，当今被人们所广泛接受的建立在一夫一妻制基础上的男女浪漫爱情只是爱情的一种形式，人类学家刘易斯（C. Lewis）就认为爱情是从 12 世纪开始广泛流传于欧洲的爱情故事所营造出来的，正是这一时期广为流传的“骑士故事”，宣扬公主贵妇和骑士的浪漫爱情故事，经由文艺复兴和启蒙运动的传播后日渐深入人心，才使得骑士公主式的爱情成为男女之间感情的经典范本，以至于有人断言如果人们从来没有听过“爱情”这个词，也没有看过爱情故事，那么他们永远也不会谈恋爱。于是有人就认为爱情是在特定条件下产生的特殊情感，进而认为如果没有爱情故事，就没有人会谈恋爱。

这种观点当然有失偏颇，直观经验告诉我们不能说中世纪之前的人就不懂得爱情，不会谈恋爱，恰恰相反，各个民族都有着无数历史悠久的爱情故事和情歌一直在流传。只是不同历史时期的爱情肯定有着不同的含义和形式。不过可以确定的是，早在 10 万年前人类的祖先奔驰在非洲草原上时，尽管他们的肢体运动和身体结构与我们大不相同，但两者的情感生活可能是非常接近或相似的，因为其生物基础——人脑与神经系统已经几乎完全相同。从认知神经科学来看，爱情需要比基本情感更多的脑与神经加工和传导，也要消耗更多的能量与信息。人类学和脑科学研究表明，基本情感主要是在大脑的下皮质结构生成，而爱情这类高级认知情感则主要发生在新大脑皮层中，这是近 500 万年来人类进化过程中大脑发展最快的部分。正是由于和大脑的关系更加紧密，高级认知情感也更容易受到来自意识、思维等因素的影响，也就更具有文化差异性。仍以“爱”为例，当对某人某物的爱被拔高和延伸到更为抽象的对象的时候，爱就成了一种复杂的高级认知情感，甚至可以涵盖截然不同的对立情感（如爱恨交加、爱之深责之切等）。这种更为抽象的“爱”并不是人生而就有的，而是需要通过教育和学习才能获得并理解的，比如对祖国的爱、对他人的爱、对科学真理的爱等等，都需要经由一系列的后天教育和灌输，以及多种渠道的体验才能真正建立起来。而经过了抽象与拔高之后的“爱”也变成了一系列高级认知情感的统称，被打上了深刻的社会文化与历史印记。

可见，情感的先天性和直接性使得其可以充当人类交往中最有效的媒介，可以跨越时空、语言和种族的隔阂，甚至某些动物也能与人类进行特定的情感交流。而糅合了认知要素的高级认知情感则是构成人类情感思维的核心，也是人类情感的最大特征和优越性所在。

4.4.3　集体决策：基于情感思维的社会性

如前文所述，静态的、孤立的个人的情感思维也会受到生物遗传、家庭环境和社会文化的影响，很自然地，处于社会交往中的、由一个个的个体所组成的团体或组织的情感则会更加容易受到这些因素的影响。对于人类这种高度社会化的物种来说，情感在团体或组织中的作用往往是被放大的。一方面，人的内在感觉会随着情感的指引发生变化，进而导致身体采取或避免某种行动；另一方面，情感在有机体身上所引起的外部表现会给他人提供相关信息，以使他人产生同理心，从而理解我们的情感和经历。逻辑理性需要有较为高级的知识背景和复杂的学习与传播过程，而情感则不需要这些门槛就可以快速传播，直达人心，甚至无须理解就可以达成情感体验——事实上很多情感体验超前于理性认知，人们往往是在体验已经发生的情况下才开始运用情感思维对正在体验的情感进行分析和解释。正如心理学家埃弗利尔（J. Averill）所言，很多情感的功能就在于能够帮助人们快速应对社会文化环境的变化。当然，基本情感不在其列，它们并不是为了迎合某种特定的需要，而是为了方便我们快速对环境做出基本的应对。

回想一下我们第一次参加集体合唱或听演唱会的经历：当开场音乐响起的时候，我们的身体会产生一些强烈的生理反应：或许是一股暖流从心底升腾而起，或许会有一阵寒意从头皮发起并迅速贯穿全身，同时还会感受到一种前所未有的兴奋和喜悦，这是一种归属感、荣誉感，是一种在人群中被认同和被接受的感觉。这个时候你就会深刻体会到为什么歌德会说音乐是进入更高级的知识世界的唯一的非物质之门，音乐占有理性无法靠近的崇高圣地。当然，对状态不好的人来说也许是过于紧张引发诸多不适，以至于可能会留下非常糟糕的心理阴影。无论如何，处于某个群体中的个人的情感会被迅速放大，参加演唱会、球赛的歌迷或球迷都会有类似的情感体验。对这种感觉形容最恰当的也许是罗曼·罗兰创造的一个词“海潮般的感觉”（oceanic feeling），是一种瞬间被某种情感淹没的巨大快感。也正因如此，处于群体中的个人会更加容易被他人的情绪所感染而陷入盲从。正如作曲家李斯特所说，只有在音乐世界中，情感的激流才能将我们从思想的桎梏下解放出来，使我们紧缩的额头从思想的重负和现实的压迫中得到暂时的解放。

通常我们总是认为更多的人会使理性的力量得到增强，但往往事与愿违，社会群体对情感的放大力量要远远超过理性。19 世纪末的法国心理学家古斯塔夫·勒庞（Gustave Lebon）对此有着深刻见解，他在其名作《乌合之众》里就描述了法国大革命期间人们是如何被群体的激情所左右，理性是如何湮没在集体情感之中，以至于人们在群体性激情的驱使下做出许多独自一人根本不可能做出的疯狂行为。在勒庞看来，简单聚集在一起的人群不可能有也不接受理智的推导和理性的思维，他们所接受的只是强烈的感情表达和一堆拼凑起来的概念，这其中到底有多少理智的成分并不重要，重要的是情感的传达一定要快速、炽烈，能让人迅速陷入其中而无法自拔。这是所有成功的社会动员或团结的共同特征，所谓的理性分析只不过是对这种情感的包装与解释。这种集体化的“群体思维”只是具备了某些思维的特点，但缺少本质上的理智分析和运作，勒庞并不认为这是一种好的倾向，甚至认为这是社会动乱的根源。纳粹的上台就是一个民族情感被群体过度放大后导致灾难的典型例证。很多人（包括德国人自己）都对二战期间德国纳粹的上台和暴行感到不可思议，困惑于一向逻辑严谨、擅长理性思维的德国人怎么会在那个时期如此狂热地接受纳粹思想。如果我们回顾一下希特勒在 1934 年 5 月 1 日向 200 万人发表的演讲，就能深刻体会到个体的理性在强大的集体情感面前是多么不堪一击。希特勒和戈培尔极富感染力的演讲所利用的正是德国人第一次世界大战战败后普遍的屈辱感和德意志民族自豪感之间的深刻矛盾，个体的情感在无数人组成的汪洋大海中得到了最大的释放，而汇集起来的情感浪潮则把所有人的理智完全吞没了。这就说明社会对事件的认知和研判也往往带有感情色彩，情感思维在由个体到社会的过程中会被放大，在特殊历史时期和特殊环境中甚至会呈现出难以置信的情感爆炸效应。

正是有了这些惨痛的教训，人类才对集体化的情感有着深刻的恐惧和担忧。这种群体性的"情感思维"尽管在后人看来往往缺少足够理性的硬核，但并不能否认它有其存在的合理性，特别是在当时特定的历史文化条件下，即使再疯狂的行为在当事者看来也是合情合理的，后人不能只用自己的观点和态度衡量前人的所作所为。从心理渊源上讲，群体性的情感可能源于人自身的"同情心"，中国的孟子认为"恻隐之心人皆有之"，现代心理学则称之为"移情"，与之相似的则是人普遍存在的内疚感。现代心理学认为同情心和内疚感是人类社会性情感的典型形式，也是亲社会人格的重要特征，通常被视为"亲社会性动机"，对于维护社会团结有着重要作用[①]。这种"感同身受"的能力对促进人与人之间交往和维系社会稳定而言至关重要，对他人痛苦的同情也是道德感的根源。这种"同情心"会使人产生一种归属感和认同感，通常会大幅提升人的情感思维能力。

但是，单纯依靠人数就想获得更理性的决策是不可能的，有时反而会导致更加偏激和错误的决策，甚至是"民主的暴政"。这方面最为著名的案例莫过于苏格拉底之死。苏格拉底的死刑判决就是由号称最民主的雅典城邦 500 人的公民陪审团所作出的（美国今天的大众陪审团也不过 12 人），而对于被指控的罪名"不敬神"，苏格拉底作出了振振有词的辩论。按照

① 孟昭兰. 2005. 情绪心理学. 北京：北京大学出版社：120.

色诺芬和柏拉图的记录，苏格拉底的辩论堪称雄辩有力，用词通俗易懂，举例深入浅出，不只是当庭法官，即使是跨越千年后的我们也会对苏格拉底的辩论表示认同并对其产生同情。但这些都没什么用，500 个决定苏格拉底生死的公民陪审员对这种滔滔不绝的雄辩视若无睹，在最后的审判中，认定是否要处决苏格拉底时有两次投票，第一次投票结果为 280∶220，认为苏格拉底有罪但可以通过罚款来抵扣。但在苏格拉底给出的价格让公民陪审团不满意后，第二次投票结果变成了 360∶140，判决苏格拉底有罪，死刑，不能罚款抵扣。于是一生执着于追求真理和最为谦逊的古希腊最伟大的哲学家苏格拉底被自己城邦的人民处决了，所有的理性和雄辩都没能打动 500 人的公民陪审团，这只能说明雅典人真的想让苏格拉底死，作为群体的公民陪审团对于理性和哲学已经厌恶了。这对当时 20 多岁的柏拉图造成了很大的刺激，由此他深刻体会到了群众对理性的抗拒和对激情的盲从，他离开雅典周游埃及，当他返回雅典创立柏拉图学园之后，对大众激情的恐惧依然铭刻其心中，由此才提出了其“理念论”哲学体系，主张用理性压服感性，这种二元对立的观点也奠定了整个西方文明对于理性和感情的基本态度，其影响一直持续至今。

但具体到社会实践中我们却并不信任社会化的情感思维，我们通常倾向于认为一个人的独自决定难免被情感蒙蔽，试图通过增加参与的人数提高决策的理性化程度，于是对集体决策的信任就构成了当代民主的基石。这种以为 100 个人比 1 个人更理性、更合理的预设真的成立吗？现代社会心理学家通过精巧的实验测试对此给出了否定的答案，在大部分情境中，特别是在时间紧迫、信息量又小的情况下，被试依靠情感做出的直观判断反而有较高的准确性，这就说明基于情感做出的决策是有益的。如果说集体决策比个人独断更能体现社会进步，大众陪审团判决能比单一的法官判决更能体现公平和正义，这恰恰是因为集体比个人拥有更强的情感思维能力，而不是人们以为的更少。与其说我们相信集体决策的理性成分更多，不如说我们更愿意相信集体决策会更有良心且可靠，这种信念的本质更多地是我们的一种情感期望，而不是理性分析。由大量个人所集聚起来的集体是否有理性，是否有比个人更多更强大的理性目前仍然在争议之中，但群体或组织比个人有更强大的情感力量却是毋庸置疑的。我们之所以相信集体，其本质是我们愿意相信和自己有着共同情感基础的他人的集合能比我们自己决策更加可靠，这本身就是一种信念和意愿，尽管只是一种似然推理，但事实上也是经常成立的。情感思维的简洁和有效在社会化的环境中仍然是有效的，并且效率更高，可靠程度也更高。经济学上的“反身理论”就是逆向运用情感思维的社会性取得投资收益的很好范例。以“金融大鳄”量子基金创始人索罗斯为例，他就非常善于把握纠正的过程来获取暴利。从 1992 年 9 月做空英镑，到 1997 年泰国政府被国际金融投机家一下子卷走 40 亿美元，都是依据反身理论制造市场恐慌情绪，其依据就在于价格变化的本身也会影响人们的预期。而巴菲特则相反，他往往在市场低迷时去买进被严重低估的价值，在市场火爆时远离被严重高估的泡沫。但殊途同归，前者善于把握高估的情况赚钱，这样的获利往往剧烈和快速；后者则逆着趋势去寻找低谷的机会，这样的增长往往需要更长的时间。无论高峰还是低谷，不变的定律是，当市场严重超越了事实本身的时候，最终还是会被市场所校正，只不过通常会以一种惨烈和极端的方式（比如大萧条）回归本位。这对于当前过热的虚拟经济（特别是打着区块链、人工智能等各种噱头的金融衍生品）有着强烈的警示意味。当下虚拟经济对实体经济的能动作用更多地是源于众多跟风者对市场本身的能动作用，其中包含着大量非理性的、一知半解的迷乱甚至是误导，很多人只是出于损失厌恶、怕错过机会而盲目搭便车，殊不知市场终将会在复杂的震荡中实现对真实情况的回归，当热情褪去，只怕大多数人都会成为裸泳者。

综上所述，情感思维体现了人类在现实思维中情感所具有的神经、心理和社会基础，是包含了情感因素在内的一种思维方式的理想型，是可以成立的。我们通常所说的“理智思维”侧重以“中性”的第三方材料或信息作为认知对象，这种认知可以是脱离认知主体自身经验范畴的，认知主体可以通过想象或移情式的理解达到对中性材料的认知，因此这种认知本质上是一种非体验的间接认知，一般遵循由低到高、循序渐进的认知层次，最高层次就是对中性信息的理性分析。情感并不是游离于智能之外，而是其重要组成部分。情感不仅利于我们对环境作出快速反应，还在我们的记忆和决策中扮演了重要角色。愉快和痛苦的情感都有利于加深体验和记忆，情感往往伴随着选择反应，并且在决策过程中往往起到一种偏好性的倾向作用。现在对大脑的研究表明，大脑的神经网络相互交错，并不存在绝对的某一部分专管理性而某一部分只负责情感的情况。过去我们把理性和情感划分得泾渭分明的做法现在看来确实并不符合大脑运行机制，理性和情感更像是一个相互作用、互相套叠、互相依存的共同过程。和思维一样，一个集中注意力体验和表达某种强烈情感的人同时很难表达另一种情感。

“情感思维”则以带有感情色彩的情绪信息作为认知对象，这种认知是以感知、记忆、评价等多种操作复合而成的一种主观体验，本质上是一种基于主体体验的直接认知，并没有一般的逻辑上升过程。但情感思维与灵感、顿悟、直觉等不同，尽管它们都会表现出一种突然性和直接性。灵感、顿悟、直觉等都让人感到非常神秘，是下意识的、直接的、跳跃的，人们往往是直接意识到了结果而对其过程不甚清楚，与其说是一种思维，倒不如说是对预测结果的一种猜测、预感或顿悟。直觉的过程不是有意识的，是无法反省和主动控制的。因此，有人把直觉的产生过程比作小鸡的孵化：首先是准备直觉素材（收集鸡蛋），接着是直觉的嬗变（鸡蛋孵化），最后产生出种种新观点（孵出小鸡）。与此相似，也有人把直觉思维比作酿酒，这种类比都包含着把直觉过程神秘化的倾向，但并不能因此断言合理性的思维是直觉的自然发展的结果。而情感思维是可控的，是可以通过有效的个人情绪管理和社会情感引导实现某种可能性状态的，是可以通过一系列神经科学与心理学实验予以验证的。

情感思维通过不同的情绪体验组成情感资源，再把包括身体资源、智力资源、心理资源和社会资源等在内的不同信息和情感资源加以整合，以此建构每个人不同的认知方式与内容。其中，情感资源在婴儿时期特别重要，是人类早期最重要的认知资源，对其以后的成长和发育有着极其重要的影响。因此，把情感和思维进行二元对立的传统观点已经不合时宜，应该综合认知科学发展的最新成果，从脑与神经、人类心理和社会实践三个层面证明情感思维存在的合理性，把情感正式纳入思维研究的范畴中来，把情感思维作为一种理想型予以提出。道奇和格兰德曾在 1991 年就提出情绪和认知可以被看作是社会信息加工过程中的两个不同的子系统，是人类在处理输入的社会信息并加工过程中的两个互相渗透和补充的方面，每个信息加工过程都渗透着情绪成分，只不过有的作为信息加工的启动因素，有的则成为信息加工的背景而贯穿始终，但可以肯定的是，并不存在没有情绪的绝对中性的信息加工过程。这其实是一种基于情感的思维融贯论。这时的理性已经是广泛意义上的理性，正是葛詹尼加所说的“进化理性”或“生态理性”，因为情感也是由自然进化而来的。情感思维的价值不仅在于帮助我们明确如何达到既定目标，更重要的是帮助我们确定到底要去追求什么样的目标。

经典科幻系列作品《星际巡航》中企业号星际巡洋舰中没有感情的科学执政官思波克，继承了瓦尔肯人没有任何情感的特质，这使得他们在酷似人类的外表下拥有超人类的理性，堪称理性与智慧的典范。这其实是延续西方文化一直以来的贬低情感的古老传统：情感是理性的障碍和阻挠，甚至没有情感的动物都比人更有智慧。这种观点可以称为情感的消极观点。实际上，情感不是奢侈品，更无害于明智的决定，情感对于任何高级动物来说都是必不可少的。情感的积极观点认为情感对理性思维的益处大于坏处，缺乏情感的生物不仅没有我们智慧，也没有我们理性。人并不是一个绝对感性或绝对理性的存在，无论是在自然还是在社会环境中，我们生存和发展所依赖的是把情感和理性整合起来的能力。正如格里菲斯所言：缺乏情感的思维是没有活力的；缺乏思维的情感将是盲目的。没有了情感的指导，理智思维将失去动力、原则和方向。情感是思维的最直接和最主要动力。而基于情感思维的情感计算如果能在未来得以实现，将促使人工智能在思维模拟上实现重大突破，为进一步揭示人类思维的奥秘提供实质性帮助。

我们认为心灵是有理性的，但并不是单一的以特定目的为导向的理性思维。情感思维的价值不仅在于帮助我们明确如何达到既定目标，更重要的是帮助我们确定到底要去追求什么样的目标。如果以情感为基础的理性确实可以成立，那么这个理性已经是广泛意义上的了，这种理性可以称为“进化理性”或“生态理性”。因为偏好很大程度上会受到生物遗传的影响，而情感也是由自然进化而来的，因此情感思维也会和其他思维一样，能够帮助我们在快速变化的世界中更好地生存和繁衍下去。

第5章
思维模拟：基于记忆的机器思维

就概念发展而言,整个人类的一部观念史其实就是一部思维的进化史。由于记忆与人的意识、思维、理性等精神能力和精神活动的密切联系，它总是经常成为哲学反思和思辨建构的对象。亚里士多德在其创立的形式逻辑中就提出人的思维是通过记忆和联想两个环节形成的，正是记忆才使得思维成为可能。本书所讲到的“记忆”（memory），指的是过去经验在个体头脑中的反映，发生在感知之后，是人脑积累知识经验的一种功能，是心理过程在时间上的持续。记忆本身就包含一个预设性的隐喻：过去经验可通过形象或语词的形式“储存”在头脑中，前者是具体的、形象的直观经验，后者是抽象的、概括的经验。正是在这个基础上人才能对具体的和抽象的材料进行识别、分类、分析等一系列思维操作。

直观经验告诉我们，正是从婴儿开始不断地学习，我们才逐渐形成了属于个人的记忆，我们每个人的成长经历就是我们自己的记忆。有了记忆才可能摆脱混沌的意识，形成清晰的线性时空观念，而人工记忆的出现更使得人类得以超出动物的感知觉本能，形成超越时空阻隔的思维能力。正是对记忆的持续研究与发掘才使得心理学摆脱哲学思辨进入了实验阶段，随后的行为主义转向也为后来思维研究做了大量的理论准备。正是对记忆的机制与原理的不断尝试与实验，才使得人造机器逐步走向智能化，从简单的加法机器到复杂的具有存储与读写能力的计算器，最终在二战末期凭借空前的投入和电子管技术催生了 20 世纪最伟大的科技发明——计算机，稍后同样出于冷战需要而诞生的互联网技术则实现了计算机的联网并行运算。计算机和互联网的诞生与普及不仅极大地提升了生产效率，还对如何认识人类自身特别是思维的机制产生了重要影响，用计算机的结构和原理反观人类自身的思维机理，由此衍生的人工智能直接促进了认知科学的蓬勃发展与快速普及。而近年来人工智能领域的快速发展，也确实为我们反观人类思维提供了很好的参照与借鉴。因此，可以说正是记忆的存储隐喻，为我们提供了机器思维的历史与现实基础，也正是在对记忆"存储—读取"机制的不断探索和尝试中，二进制取代十进制为机器推理奠定了算法基础，思维模拟才变为现实，才最终产生人工智能，从而使机器思维成为可能。

5.1 记忆的存储隐喻：机器思维的历史与现实基础

人类生活的丰富性依赖于我们记忆过去的能力，但同时我们也痛苦地意识到，我们的记忆是有选择性的和脆弱易变的。记忆作为思维的心理基础，一直以来都是哲学关注的重要对象。维特根斯坦就说过："哲学家的工作就是为了某种特定的目的采集回忆。"[①]启蒙运动时期的哲学家洛克对记忆颇为重视，也是他最早论述了记忆作为一种生理机能对思维和知识的重要性，他认为"在有智慧的生物中，记忆之为必要，仅次于知觉。……如缺少了它，则我们其余的官能便大部分失了效用。因此，我们如果没有记忆的帮助，则我们在思想中、推论中和知识中，便完全不能越过眼前的对象"[②]。可以说，一个人能形成对过去一些事件的表征，或在一个习得的技能中显示能力，这样的事实并非必须有一个隐蔽的表征静静地隐藏在脑的某处要求被激活。记忆也由此成为人类思维和知识得以确立并延续的基本保障。我们现在说道"记忆"这个词，通常反映了多层含义的积淀，大致可以归纳为两大类：一是指我们回忆过去的能力，一般被归属为大脑的一种功能；二是指本身被回忆起来的某种东西，可以是一个人、一种情

---

① 维特根斯坦. 2005. 哲学研究. 陈嘉映译. 上海：上海人民出版社：77.

② 洛克. 1983. 人类理解论. 关文运译. 北京：商务印书馆：119.

感或一种经历，因此也可以变成一种更加抽象的概念。记忆的这两个方面尽管有所不同，但却紧密地交织在一起。这也导致了至今影响我们的两种不同研究趋向和路径：自然科学家集中于研究记忆的发生过程，而人文社会科学方面的学者则对记忆的结果更感兴趣。

从认知科学的角度看，记忆是思维的最重要基础，人类思维的内容完全依赖于其记忆的能力和手段。正是具有强大记忆能力的人脑与不断发展的人工记忆手段之间的不断磨合与提升，才使得人类的认知能力，尤其是思维能力能在极短的时间内取得如此大的发展与进步。以计算机科学的观点来看人类思维，其实就是信息的获取与处理过程，其基础是信息的储存与提取，也就是记忆。记忆的存储隐喻构成了人类思维与计算机信息处理的共同支点，而且正是计算机信息编码、存储、调用和处理能力的快速提升才使得其具备了某些智能的特征，并且随着其能力的进一步提升与完善才使得“机器能否思维”这个问题被提上了讨论议程，无论对其回答是肯定还是否定，这个问题讨论本身就是对人类思维的重新审视与界定，对我们的思维研究有着重要的启示。

5.1.1 记忆的演变：存储隐喻的观念史

西方哲学自古希腊以来形成了以求知、尚智为核心的理智知识型传统，对记忆问题有较多深入的研究，散见于哲学家、思想家的著作中，蕴含着丰富的记忆思想资源。考察这种哲学记忆观的历史演进，对于推动哲学认识论的发展具有非常重要的意义。在古代，人们通过各种神秘主义的隐喻（主要是神话和传说）对世界和自身进行认知与思维，多以原子思维和理念思维为主要形式，旨在探寻世界的本原。而进入近代以后，随着科技的发展与思想的解放，对思维的研究进入了物性思维与心性思维互相争辩的交锋时期。而认知科学的兴起则给思维研究提供了新的技术支持与理论依据，贯穿其间的一条重要线索就是记忆的“存储隐喻”。

对记忆的研究最早可以追溯到古希腊神话之中。古希腊神话中的记忆女神谟涅摩叙涅（Mnemosyne）便被视为专司记忆、语言、文字的女神，是十二提坦之一。据赫西俄德《神谱》记载，她是天神乌拉诺斯和地母盖亚之女，和宙斯结合生下九位文艺科学的缪斯女神，不仅庇佑吟游诗人，也是时间女神，在传统中通常被刻画为一个身披绿色常青柏的年轻女性，她所拿着的记录工具，就是一本书和一支笔。这一神话隐喻所折射出的是早在古希腊时期人们就把记忆视为文字和时间的源头。“记忆”（memory）一词的拉丁文词源 memoria 就包括“记忆”和“回忆录”两层含义。记忆不仅是人类的一种心理表征能力，也同人类文明的记录能力及其演进密切相关。

赫拉克利特对记忆有过最早的细致观察与研究，他发现人们通常对于看到的文字的记忆要好于听到的话语。柏拉图则最早对记忆作出了系统的研究，他把记忆比作飞鸟还巢，认为记忆就是灵魂的飞鸟在人身体的巢穴之中，掌握知识就是鸟在手中，拥有知识说明鸟在巢中。在其《特埃特图斯》对话篇中，还记录了苏格拉底把记忆称为“谟涅摩叙涅恩赐的蜡版”，认为人的记忆其实就是把自己的所见和所闻如同印章一样印在心灵的“蜡版”上，如果印象还在蜡版上，我们就能回忆；如果印象被擦除或没有印上，那我们就会遗忘。“蜡版”的软硬不同就如同人记性的好坏，记性好的人其蜡版质地软，容易印上印迹且不易消退；记性不好的人则蜡版硬，不易有印迹且印迹容易消退。这种“鸟巢”和“蜡版”的隐喻也是最早的记忆存储隐喻，对后世产生了深远的影响。

亚里士多德是古希腊哲学家中对记忆研究最为深刻的哲学家，他曾专门撰写了《论记忆》遗书来论述其记忆理论。他认为记忆就如同用印章盖章一样，印章与盖章材料的不同决定了不同人的记忆能力的差别，老人和小孩之所以记性不好，是因为他们总是处于变动之中，就像在流水上无法清晰盖章一样。同时记忆还是时间得以被感知的基础，时间既是可分的又是连续的，还是可度量的，是灵魂认识的广延和运动的内在尺度，“只有那些能意识到时间的动物才有记忆，并且它们是凭借着以感知时间的器官来记忆的”[①]。所以，记忆既不是感觉也不是判断，而是当时间流逝后它们的某种状态和影响，所有记忆都代表着时间的过去。亚里士多德还提出“元气”（pneurma）作为记忆的物质基础，认为是因为元气在人体内的流

① 亚里士多德. 1992. 亚里士多德全集（第 3 卷）. 苗力田译. 北京：中国人民大学出版社：134.

动和储存才产生了记忆，其核心就是心脏。随后的罗马医学家加伦（Galen）在此基础上用“精气”（spiritus animales）替代了“元气”，并把存储的位置改为人的大脑，提出了大脑是记忆与感觉印象的存储室，“脑室”的提法就是对此而言的，自此大脑作为记忆的存储隐喻主要器官的观点一直延续1500多年而没有受到质疑[①]。

中世纪的神学家奥古斯丁在其《忏悔录》中用仓库、洞穴、宝库等多种存储意象隐喻记忆，认为记忆就如同从人体内部一个奇妙的存储空间来取出东西一样，遗忘则是找不到已经储存好的东西。同为神学家的阿奎那则把柏拉图的理念论予以延伸，认为诸如法律、道德这些抽象概念是与生俱来的，先天就被放置在记忆的“图书室”之中，哲学与科学文化的学习就是把这些先天已有的观念从隐蔽的图书室角落中驱赶出来的过程。值得注意的是，阿奎那本人就拥有惊人的记忆力：在为教皇乌尔班四世编纂四福音书评注时，他完全不需要借助书籍或笔记等人工记忆手段，仅凭借其记忆就能将以往看过的文字全部记录下来。其巨著《神学大全》就是由阿奎那一人口述、三四名助手同时分别记录后整理而成的，时人称其拥有永不遗忘的记忆，其思维仿佛就是打开一本天启的圣书，所有的知识都条理清晰又历历在目，也正因如此阿奎那死后被罗马教会封为“全能博士”“天使圣师”。这一时期随着造纸技术的进步与书籍保管手段的丰富，书籍与图书馆成为知识的象征，也成了记忆隐喻的新的意象。在这一点上中外都是一体相通的，在普遍文化程度和平均寿命都不高的古代社会，书籍对当时的人来说有着神圣的寓意，它不仅承载了上天的训示，也是联结祖先、自我与后代的共同文化纽带。特别是作为经典的书籍——西方是《圣经》，中国则是“四书五经”——有着崇高的地位，这些经典著作的制作工艺都非常精湛，所体现的正是时人对书籍承载的人类记忆的尊重与崇拜。两例小故事可为典证。中国人一直以来就“敬惜字纸”，尽管汉代就已发明了纸张，但直到元代特别是明代中后期，随着纸张工坊的兴起纸张才被用于最日常的生活场景——如厕，此前写有文字的纸是不能随意污损的。而在西方则有进餐时读书的传统，其由来也是源自《圣经·旧约》中的一个典

① 德拉埃斯马. 2009. 记忆的隐喻：心灵的观念史. 乔修峰译. 广州：花城出版社：21-23.

故：以西梦到上帝给了他一本书，让他吃下去再讲给以色列人。同时，其所包含的隐喻则是对书籍中的文字要认真“咀嚼”，仔细体味，于是有些中世纪手稿的某些文字还真被人“咬去”了。在中世纪，记忆的存储隐喻从“蜡版”逐步变成了“抄本”，再变成了“仓库”和“图书室”，这种演变体现的也是人类书写与记录的发展历史。历经千年变故，无论是宏伟的教堂还是绵延的长城都已破败萧条，所有的昔日荣华都已成为明日黄花，唯有记载于书籍中的文字可以跨越时空，流传至今。记忆力在当时几乎就等同于思维力，衡量思维力大小的标志就是记忆力的强弱。这种观点至今仍有着重要影响，记忆已然成为思维的基础，通常对思维能力的测试中记忆能力也是最为重要的权重因素之一。

书籍作为最古老的记忆存储隐喻，其作用和影响一直持续至今。随着 15 世纪古腾堡印刷术的出现，书籍告别了羊皮卷与手抄本开始进入大规模印刷的时代。有学者曾统计 16 世纪世界人口只增加了 1 倍，书籍数量却增加了 14 倍。这就使得书籍的神圣光环逐渐褪去，开始成为文明社会普通成员的必需品。作为存储普遍隐喻的记忆也正是从这时开始大规模普及，开启民智，提升了人类整体的文明程度，为后来的文艺复兴和启蒙运动奠定了文化基础。

5.1.2　记忆的延伸：从人是机器到人工智能

文艺复兴不仅解放了人性，也大大拓展了人们的思维广度与深度。而把人视为机器的观点由来已久，并且有着深刻的社会历史渊源。大航海时代产生的一系列技术也对人类思维研究产生了重要影响。16 世纪末日益兴旺的海外贸易对航海精度的要求不断提高，由此催生了一大批精确测量的数学应用产品，比如哈里森的精密计时器，纳皮尔的“骨算筹”以及施卡德制造的钟表状计算器。这些精密仪器的发明不仅促进了近代贸易与金融的发展，也对人们的思想产生了巨大影响。直到帕斯卡与莱布尼茨开始对自动计算机器的研究，人类对思维的研究终于有了重大的突破：既然理论上逻辑能够数学化，那么操作上思维推理也应该能机械化。这种看法对后人产生了深远影响，机器特别是近代钟表技术的迅速发展使得人们对日趋精巧的机器产生了某种崇拜之情，机器隐喻不仅用来指称人体，更被广泛用来表征对于规律的向往与崇拜，最高级的则是把宇宙也看作一台精密的钟表。这种思潮对近代物理学有着深刻影响，牛顿的万有引力体系正是在这种思想背景之下产生的。到了 18 世纪，法国《百科全书》的作者们把人类的知性分割为三个主要的区域：记忆，包括对历史的研究；理性，多数由我们所说的科学构成；想象、诗歌和音乐之类的艺术领域。

笛卡儿最早提出了“动物是机器”的隐喻，并把记忆比作心灵的钟表。他也是最早把“认知”和“知识”区分开来的人，认为认知是一个过程，而知识则是认知的结果。拉美特利则在其基础上更进一步，在其 1747 年出版的著作《人是机器》中第一次提出了“人是机器”的隐喻。这种思潮使人们开始用物理学的观点看待与考察生物，褪去了生命科学的神秘主义色彩，使得生物学得以成为一门独立的科学。当然，拉美特利本人所说“人是机器”的核心要义在于指出了人的生物性，他所谓的“机器”也是类似于动物的“血肉机”。他并不是认为人就是机器，更不是把人等同于机器，其本质和“人是动物”一样，意在说明人的生物本性。不过囿于当时的科学技术水平，当时的机器仍然很粗糙而简单，机器隐喻更多地是一种文学艺术的想象。随着第三次科技革命的兴起，特别是计算机的诞生，为机器隐喻提供了极佳的理论与技术基础。

1946 年 2 月 14 日，在美国宾夕法尼亚大学诞生了世界上第一台计算机 ENIAC（electronic numerical integrator and computer），全称翻译过来是“电子数字积分计算机”，简称为计算机。这台重达 28 吨的庞然大物本是美国军方为了满足计算弹道需要而研制成的，其时二战已濒临结束，不过还是投入到了后来的氢弹研究之中。但谁也没有想到，这个以计算为最主要功能的军事发明的用途在日后会被扩展到各个方面，其性价比在 30 年内增长 6 个数量级，远远超过了以往的任何科技发明。再加上以计算机为基础的另一项发明——互联网的大规模普及和应用，使得联网后的计算机的功能再一次得到了指数级的提升。可以说在此之前从来没有任何一项技术发明，能对人类社会生产与生活产生如此巨大的影响。按照通行的说法，计算机已经经历了四代的发展，互联网的传输速率与容量也在不断提升，以超大规模集成电路为基础的微型计算机现在已经遍布人们生活的各个角落。近年来其衍生产品——智能手机的快速普及更是使得计算机已经成为现代信息社会的必需品。

从 1946 年世界上第一台计算机 ENIAC 诞生至今的 70 多年间，计算机已经经历了四代半的发展，其体积从 28 吨的电子管巨无霸缩小到仅有人指甲盖面积大小的超大规模集成电路，其处理能力也从每秒 5000 次加法运算提升到每秒 3 亿亿次浮点运算。计算机性能的极大提升使得它不再仅仅是作为计算处理的机器，其应用已经遍及人类生产与生活的各个领域。现在通行的计算机被称为“冯・诺依曼”架构，其主要组成部分从功能上被划分为如下五个部分：控制器、运算器、存储器、输入设备和输出设备。其中控制器好比人体的中枢神经控制系统，运算器相当于人脑的运算部分，存储器则对应于人脑的记忆功能，计算机的存储载体就直接被称为 memory，其基本原理正是亚里士多德“蜡版”说的现代版本，只不过用来留下印记并读取的不是蜡版，而是由硅晶体组成的存储颗粒，存储器的容量是有限的，超出其阈值后写入的信息会覆盖之前的信息，存储器的读取错误或失败就如同人的遗忘一样，会产生信息的丢失。作为计算机存储载体的存储器包括内存和外存（硬盘、软盘、光盘等），与人相比则类似于人脑自身的记忆力与扩展的人工记忆手段。事实上，计算机当前最主要的功能应用也是作为记忆的延伸——存储与查询各种资料信息。可以说，计算机的历史不仅是技术与理论相结合的历史，更是机器与观念相结合的历史。认知心理学充满记忆的存储隐喻。在脑或中枢神经系统，时常预先假定记忆的对象以物质的形式被保留在实际位置上。作为最复杂同时也是最具有智能的人造机器，计算机的出现与快速发展把机器隐喻向前推进了一大步，人们开始认真考虑“机器能否思维”这个新的命题假设。

最早涉及这个问题的哲学家艾耶尔（A. J. Ayer），在其 1936 年出版的名作《语言、真理与逻辑》中，从心灵哲学的角度开始研究我们怎么知道其他人曾有同样的体验，从其“证实原则”的经验论出发初步提及了有意识的人类及无意识的机器之间的区别。计算机科学之父图灵在 1950 年发表了一篇论文——《计算机和智能》，第一次提出了“机器能否思维”的问题，并首次把数字计算机和人脑做了类比，文中提出了“图灵测试”作为一种衡量计算机是否具有智能的可行性指标，其内容简言之就是如果计算机程序能在 5 分钟内回答由人类测试者提出的一系列问题，且其超过30%的回答让测试者误认为是人类所答，则该计算机程序通过测试，可以被视为具有智能。需要说明的是，图灵测试本身只是一个思维实验，是对“什么是智能”的一种哲学回答，并不是一个工程上用来判定是否具有智能的绝对标准。同样，作为现代计算机奠基人的冯·诺依曼在 1957 年逝世前未完成的耶鲁大学西利曼讲座的手稿《计算机和脑》中，也把计算机和人脑进行类比，认为人脑是部分用数字、部分用模拟来操作，但使用的是一种与人造计算机不同的统计语言。

认知科学的兴起与发展使我们对“思维”与“计算”之间的关系有了新的认识，认知科学家马尔就提出，认知科学对此的研究可以分为三个层次：

（1）最抽象的计算理论层次，关注计算的本质是什么。

（2）表征与算法层次，关注计算或认知的具体方法是什么，如何操作以及效率如何。

（3）计算的物理实现层次，实现计算的物理载体是什么，是如何运作的。①

当前的人工智能实践表明，思维主要是对符号表征或编码的操作。这些编码的语义内容就是我们思想（信念、目标等）的内容。对认知行为的说明要求我们注意符号系统的三个不同层次——机制的性质、编码的性质（符号结构）、语义内容，分别对应生物学、句法学、语义学三个层次来说明认知行为，这是思维的计算主义（把认知等同于计算）的基本观点②。也是在这种观点的指引下，当前的弱人工智能取得了非常显著的成就，甚至出现了可以通过“图灵测试”的计算机程序。2014 年 6 月 7 日，也是图灵逝世 60 周年纪念日，这一天，在英国皇家学会举行的“2014 图灵测试”大会上，计算机聊天程序尤金·古斯特曼首次通过了图灵测试，也就意味着我们可以通过和一台机器交谈来判断机器是否具有智能思维这一方法有了切实的对象。而尤金·古特斯曼的批评者认为，这个所谓机器人就是单

① 马尔. 1998. 视觉计算理论. 姚国正，刘磊，汪云九译. 北京：科学出版社：24-25.

② 邱仁宗. 1993. 当代思维研究新论. 北京：中国社会科学出版社：30.

纯地为了通过这个 5 分钟测试而设计的，编写者还颇有心机地把它设定成一个 13 岁的非英语母语的小孩，以便在很多问题无法回答或者出现错误的时候，让裁判误以为这是因为他年龄小而产生的语无伦次。也就是说，尤金·古特斯曼既不是“第一个通过测试”的程序，也不是一台人工智能机器人。

当我们说“计算机思维”的时候，我们不仅认为机器具有某些思维着的人的属性，同时也认为人作为思维者也具有机器的某些属性，计算机隐喻使人们用计算机的属性描述人心，把人的认知比作机器的计算，把人脑的思维过程理解为计算机的算法过程。虽然在许多计算中计算机远胜于人类，但人是具有情感、意向性和富有创造性的，把思维过程理解为符号的运算本身就只是一种可能性的解释，而不是思维本身的全部含义。在部分认知科学家看来，心理生物学的知识对于研究认知过程来说，如同计算机设计知识对计算机编程一样并不重要。把记忆作为存储的普遍隐喻，以及把记忆作为一个存储或多个存储的普遍隐喻，使记忆力隐喻作为知识的离散项连同事物投射在大脑中的图像一起起作用[①]。

以计算机隐喻的观点来看，人就好比是一台已经预装好操作系统的计算机。从其诞生开始（如同开机），其大脑中已经有了关于世界的一些基本预设和认知系统（预装系统），我们后天的经验学习就如同为计算机安装软件程序一样，不同的人有着不同的经验和认知体验，就如同安装了不同的软件，导致最后产生的功能和表现是不同的，但本质上其底层系统是统一的，人们的认知方式（软件安装方式）也是大致相同的，而这种认知方式和对底层系统的研究，就是认知科学的任务。人类社会不同的语言就如同计算机不同的编程语言一样，人类的汉语、英语、德语、阿拉伯语、西班牙语等不同语种就如同计算机中的 BASIC、Pascal、C、COBOL、VB、Visual C++、Java、VFP、Delphi 等不同语言一样。不同的语言有着各自所擅长的领域和表达方式，不同的语言也有着不尽相同的通约性，如计算机中的二进制机器语言作为最底层的符号体系，就如同人类最基本的交流符号体系一样，人类对一些基本概念和情感的表达都是有共通性的，比如绝

① 罗姆·哈瑞. 2006. 认知科学哲学导论. 魏屹东译. 上海：上海科技教育出版社：223.

大部分语言对母亲的称呼和发音都与“ma”密切相关，对愤怒、恐惧、喜悦等基本情感的面部表征与动作也大致相同。在高级语言层次，Java 语言就如同人类社会中的英语一样，有着最广泛的适应性和应用广度，可以作为一种通用高级语言适用于不同的平台。当然，自然语言没有人工语言（包括机器语言）精确，但同时也赋予了人在运用时极大的自主选择权，人可以自由变换甚至创造新语境进行多向思维，而计算机只能在给定规则内得出程序指令所需要的值。不同的人有着不同的认知禀赋，这就如同计算机有着不同的硬件配置一样，一般而言，高配置的计算机拥有较快的运算速度和工作效率，这就如同人类中生而聪慧的天才一样具有出色的先天优势。同一个人通过后天的学习和努力可以大幅提升自身的认知思维能力，这就好比在硬件配置基本不变的前提下对软件系统进行优化，通过安装功能更丰富、资源利用效率更高的软件来提升整体的运行效能。而先天和后天条件都差不多的人为何仍然存在不同程度的认知能力差别？这就如同相似配置的电脑安装了不同的操作系统（如 Windows、Linux、iOS 等），即使有着相同的跨平台软件程序，安装到不同的系统之中其运行效果和实际体验也是非常不同的。现在智能手机的发展几乎完全复制了 PC 的发展路径，以智能手机作为隐喻范例可能更加生动形象：人与人不同的认知思维能力就如同安卓手机和苹果手机之间的差别，相似的硬件配置条件下 iOS 的运行效率和操作体验明显胜过安卓系统，这主要得益于良好的系统内部优化和资源配置，是系统和软件的差异决定的。而新出的安卓手机的效能肯定比早几代的苹果手机好——这主要归功于硬件的升级，这就好比先天认知禀赋的作用，硬件的升级对提高同等软件的运行效率而言也是非常重要的，更加聪明的头脑在处理相同的知识时显然也会有着更高的效率。

当然，用电脑存储隐喻人类记忆并不是完全恰当的。毕竟电脑处理的对象是无生命的、静态的信息，它可以被存储在不同介质的媒介中，随时可供进行精确的检索和替换。而人类处理的不是信息而是意义。比如我们对自己某次印象深刻的生日聚会的回忆，在脑中一闪而过的相关意象可以包含聚会时间、地点、人物以及某些令人怀念的细节，以及由此引发的瞬间情感，这些很多是以形象或情景的方式来记忆的，还可能综合嗅觉、味觉、触觉等多种感官的共同唤醒，甚至可以产生身临其境的沉浸式体验（或幻觉）。如果将这些信息都换算成比特信息来存储，那么仅仅这一瞬间的记忆信息流就可能非常地大，而且事实上这种换算几乎是不可能的，人类综合记忆的信息量也很难进行准确统计。再比如人类可以通过走路的姿势和模糊背影就很快识别出与自己关系密切的人，我们可以毫不费力地在人群之中认出某个熟人，相比而言，描述一个哪怕非常亲近的人的容貌都是比较困难的，如果换成人脸识别系统，那么其所需要的数据量将远远超过人类。由此可以推论，我们记忆抽象信息（数字或文字之类）的机制应该不同于我们记忆复杂场景的机制。牛津大学记忆研究学者罗尔斯（E. Rolls）就统计过，灵长目动物的海马回能够精确地存储 36 500 个不同的记忆。从这个意义上说，用计算机存储来隐喻人类记忆，或许最多只能涵盖理性推理和计算的那一部分，对于涉及情感和意向等部分就需要用情感思维来予以统摄了。

5.1.3　记忆的社会化集合与重构：集体记忆和群体思维

对记忆进行心理学研究最早始于艾宾浩斯，在其 1885 年出版的划时代的著作《论记忆》中，他以自己作为被试，通过对无意义音节的记忆和分析来对抽象的记忆进行了具体的实验研究，首次把记忆过程划分为“识记、保持、联想、复现”四个阶段，并以此为基础绘制了经典的记忆保持曲线（也被称为“遗忘曲线”）。艾宾浩斯的研究开创了对记忆进行科学实验研究的先河，冯特的学生铁钦纳就把“无意义音节”称为自亚里士多德时代以来心理学在这方面取得的最大进步。其后的铁钦纳、巴甫洛夫、斯金纳和托尔曼等人均延续了其联想主义风格，把记忆的心理学研究同行为主义结合起来，构成了记忆心理学的早期研究范式。

联想主义传统可以上溯至古希腊，亚里士多德曾提出四条联想原则，近代则有英国洛克、贝克莱、休谟、哈特莱、布朗等人根据经验哲学提出的联想原则，现代则有美国心理学家桑代克提出的“刺激—反应”联结主义。联结主义理论将神经网络称为记忆系统，将所存的模式称为记忆。威廉·詹姆斯就认为记忆不仅与过去有关，还必须被当作过去来体验，更确切地说是属于“我”的过去，记忆是温暖而私密的个人经验。回忆在身体上是简单地激活神经通路，在心理上是有意识地回顾往事，并且相信那些事情是我们曾经经历过的。他把人的记忆比作下雨时排水的槽沟：一次次下雨能使沟中的雨水越来越深，但槽沟本身并不会因此就和之前的雨水产生什么关联；同样，一件件的往事被人们记住，不过是神经加强了通路的刺激状态，并不是这些事件本身和人的记忆功能有什么关联[①]。这种狭隘生物学的观点把记忆完全看作是一种分子生物学或者生物化学的应激反应，完全无视（也是有意为之）记忆现象背后的社会人文因素，对记忆的研究也就流于偏狭。对此，威廉·詹姆斯本人也并非不知情，而是限于当时的理论和技术条件，只能将非生物学的记忆理论笼统称为“回忆的形而上学”，认为这个问题牵扯到如何将大脑活动和心理活动联系起来。

但是这种研究倾向在当时就受到了很多批评，认为这种实验严重脱离了记忆的真实状态，把人类记忆的复杂性简单降低为生理反应，更没有看到记忆对于思维等高级心理过程的重要作用，其结果并不能作为一种普适性的科学结论。由此就产生了和艾宾浩斯实验心理学截然相反的社会心理学记忆研究。在社会心理学派看来，记忆不仅是一种重要的个人体验与心理过程，在人类这种高度社会化的组织形态中更多地表现为是一种集体意志的体现，无论是蜡版、书籍、建筑物还是计算机，其本身都是人类集体文化的结晶，所体现的也是一种集体化的、社会化的整体性记忆。任何个人回忆都超出了纯私人回忆的范围；它处于从一个较大的事情和意义领域到另一个已是在行为中不再可及的生活领域的活动状态之中。人们所回忆的往日的当今和人们回忆时所立足的现在的当今一样，都是关于一个有意义的经历和行为世界的社会构造物。这些构造物依赖人们的集体回忆，并通过集体回忆得到保持。因此，有学者提出“回忆实践总是在生产着一种超越个人的、文化的当今”[②]。而基于这种集体记忆的思维也会呈现出和个体思维的许多不同之处，可以称之为“群体思维”或“社会思维”。

这种思想典型体现在英国心理学家巴特莱特在其 1932 年出版的著作《记忆：一个实验的与社会的心理学研究》中，巴特莱特提出真实的记忆绝

① 德拉埃斯马. 2009. 记忆的隐喻：心灵的观念史.乔修峰译，广州：花城出版社：242.

② 哈拉尔德·韦尔策. 2007. 社会记忆：历史、回忆、传承. 季斌，王立君，白锡堃译. 北京：北京大学出版社：87.

不是一种机械的生理行为反应，而应该把记忆作为一个建设性的过程加以考察，记忆不是单纯的重现，而是综合了每个回忆者个人经验的重新制作，在重构过程中社会历史文化有着重要影响，会直接影响到记忆的结果。他采用了比较接近日常生活的图画和民间传说故事，用“描述的方法”“重复再现的方法”“象形文字的方法”“系列再现的方法”等来考察日常情景中真实的记忆的全部过程。巴特莱特对于记忆研究的一大贡献就在于他首次提出了记忆的社会决定作用。他提出，现实中一个社会群体不仅仅是一群人的简单集合，而必然是以某种方式组织起来的群体或团体。他由此假定，肯定存在某种积极的影响力，把构成群体的人们集合与容纳在一起。他称这种影响力为“倾向”（tendencies），它由欲望、本能、风尚、兴趣、情操或理想等组成。随着这些要素的成长，每一种要素都有特定的偏爱（bias），这种偏爱又必然会使群体具有某种特征。因此，某一群体成员的记忆，必须要符合群体的这一框架或者背景才能成立。这种群体的社会偏爱直接决定着个体在其环境中将观察什么，以及个体将把他过去生活中的什么东西与这种直接反应结合起来①。在谈到社会群体如何保持其对往事的记忆的时候，巴特莱特提出了“习俗化”的概念，认为所有的社会记忆都是保留了核心要素之后的精心重制，也往往保留了一些看起来并不重要的外来因素，从而形成了看似庞杂的多种多样的记忆形式。在现代社会里，小到家庭，大到社会团体直到民族和国家，每一个集体都有其独特的心理生活，拥有专属于自己的记忆，其秘密也只向内部成员透露。这种根植于人类团体意识的记忆特征对人类的思维方式也有着重要影响，特别是对一些有争议的人物或事件的认知，不同的集体会有着截然不同的集体记忆，而长时间的共同记忆最终会使不同团体产生截然不同的思维方式，最终使得本已湮灭在历史之中的事件变得更加无迹可寻。这种观点对后来的记忆研究影响很大，也成为后来社会认知论的遥远先声。

通常的记忆理论都认为记忆特别是遗忘现象是由于两种或两种以上不同的材料相互干扰，在这个过程中原有应当清晰的材料才发生了丢失，遗

① 弗雷德里克·C. 巴特莱特. 1998. 记忆：一个实验的与社会的心理学研究. 黎炜译. 杭州：浙江教育出版社：19.

忘在心理学上被认定为是一种消极行为。而如果从语境论的观点来看，“遗忘”恰恰可能是在语境转换中记忆系统的一种自我适应调节，由于记忆的总量是有限的，当语境的转换使得原本的一些信息长期没有被利用，这些信息已经不适应新的语境，也就失去了原来应有的功效，那么将这些和当前语境无关的信息剔除出记忆系统，将有助于改进和现有语境密切相关信息的提取速度和准确性，从而提高记忆的广度和精度，为主体更好地适应当前环境做好准备。由此“遗忘”在语境论的视角下具有了积极的意义。

作为集体记忆结晶的社会记忆需要某些可以让回忆固着于它们的结晶点，例如某些日期和节日、名字和文件、象征物和纪念碑甚至日常物品等。除此之外，社会回忆还需要一定的回忆媒介，比如照片、日记、录音和录像等具体实物，这些东西让人不断回忆过去，在新的语境条件下构建其社会群体或机构希望的记忆内容与类型，这在保障人们主体间性方面具有重要的意义。这种媒介所支持的并不是个人记忆，而是集体的、社会化记忆。在这方面，大众传媒特别是电影电视对于现代社会集体记忆的塑造起了十分重要的作用。对于很多缺乏足够历史知识的人来说，他们在观看《阿甘正传》《辛德勒的名单》《集结号》等电影时，其内心状态不是把它们当作故事片，而是倾向于把它们视为文献证据，甚至是比历史文献更有说服力和影响力的历史资料。

对于记忆—思维研究的意义，巴特莱特曾有过精辟论述：“我从未把记忆视作一种官能（faculty），或视作一种狭隘而封闭的反应。我宁可把记忆的行为视作一项成就，即为掌握和享用充满着多样性和迅速变化的世界而进行永无休止的斗争。记忆，以及与记忆在一起而获得生命的意象和词语，是与时间久远的旧时感觉的获得有关的一种东西。由于记忆，我们终于找到了从呈现的时间和地点的狭隘性中完全解脱出来的途径。”[①]记住过去并不是同样地重复它。对过去的事情进行回忆，就是以各种可能的方式，以某种符号形式，对一些事件的最初经历、事态进行重建。而这也应该是每一个人文社科工作者的责任和期许。

① 弗雷德里克·C. 巴特莱特. 1998. 记忆：一个实验的与社会的心理学研究. 黎炜译. 杭州：浙江教育出版社：406.

5.2　人工智能的三级划分：人工智力、人工生命与人工智慧

如前所述，人工智能的本质是思维模拟，其方法论基础在于通过二进制的算法转换来编制计算机程序，再通过程序的控制和变化使计算机系统表现出某些类似于人的智能行为。目前的人工智能主要经历了算术计算—数学运算—逻辑推理—专家系统—模式识别五个阶段。尽管目前的弱人工智能取得了长足的进步和颇为显赫的成就，但距离强人工智能的目标还非常遥远。讽刺的是，随着全球科幻文学热度的不断上升和现代影视产业的成功营销与呈现，再加上某些大众媒体的过度炒作，在这三方的作用下当前掀起了一个对人工智能发展的关注热潮。但对人工智能未来前景的过度担忧已经超出了技术层面而开始成为一种大众文化时尚或趋势，比如媒体对霍金的“人工智能会导致人类灭绝”、马斯克的“人工智能的危险性高于核武器”等话语的片面夸大和宣扬，还有许多中小科技企业对“谷歌大脑”的拙劣模仿和借机炒作，使得人工智能领域在获得空前关注的情况下也陷入了十分混乱的境地。这种过度关注其实包含着许多误解和偏见，其根源在于对“人工智能”概念本身的认知存在差异。

客观而言，人工智能的一个显著特点是其不仅具有理论上的强大吸引力，更具有非常扎实的现实技术基础。许多人工智能产品已经开始大规模应用于人类的生产与生活之中，特别是计算机与互联网的发明与快速普及，极大地推动了人类社会的全方位发展，同时也给人类提供了一个绝好的思维参照系。人们发现用计算机的一些结构和工作原理来反观人类的思维，可以让我们在很大程度上从自身反观的束缚中解脱出来，可以在目前对人脑研究难有突破性进展、人脑目前仍作为一个“黑箱”的条件下实现对人类思维过程的功能化研究与隐喻化认知，以计算机的工作原理可以使困惑人类许久的内在心理过程研究变得直观而明晰。而对人工智能现状与未来的探讨也早已成为流行文化的关注焦点，对整个人类社会组织形式与结构发展将会产生极其深远的影响。如果按照前面的认知结构对其进行划分，则可以把人工智能按照认知维度，由低到高分为三个层级——人工智力、

人工生命和人工智慧，具体划分如表 5-1 所示。

表 5-1 人工智能层级划分表

人工智能层级	划分依据	思维特质	功能定位
人工智力	有智能行为或表现即可	以记忆层次为主	人类思维的延展与功能性助手
人工生命	有自我繁衍能力与低等感应能力	具备符号交流能力	依附于人类的初级生命形态，遵循进化的生存意志
人工智慧	有自我意识与情感，可以自主选择	具有情感思维能力	可能完全异于人类文明甚至危及人类，需要特别审慎对待

5.2.1 人工智力：思维的功能模拟

“人工智力”主要是指当前的弱人工智能，作为人类认知与思维的延伸和拓展手段。按照这个划分标准，目前的弱人工智能理论及其成果主要集中在人工智力层次，对提升人类认知能力与未来发展能力具有强大的推动作用。在人工智力层次，如果仅从思维的部分功能模拟和实现角度而言，计算机与人脑相比有着巨大的优势，主要体现在硬件、软件以及协同合作三大方面。

在硬件方面，计算机的优势非常明显。首先，在作为思维基础的记忆方面，计算机拥有存储容量和传输速率的双重优势。人脑有 100 多亿个神经细胞，每天最多能记录大约 8600 万条信息，据此估计，人的一生能凭大脑记忆存储 100 万亿条信息，换算为物理存储容量最多也就是 10TB 的容量，并且这种推算还忽略了人脑事实上并不可能记忆所有的相关信息，即使记住了仍然会有大量的信息被遗忘，遗忘速度还要因人而异。而且人的寿命是有限的，能有效学习与记忆的年龄段更是局限于其中的某一阶段。即使按照最大容量与效率进行记忆，100 万亿条信息除以每天需要不间断记忆 8600 万条，等于需要生存约 3185 年，事实上这也是不可能的。对于仅 10TB 的信息人类个体都不可能完成记忆，遑论更大容量的数据存储。而计算机的存储容量在联网后几乎接近无限，即使现在普通的个人电脑，其存储容量也早已进入 TB 级。其次，除了容量，在传输速率上人脑和神经元信号的传输速度最快约为 400 多千米/小时，而计算机则是以电磁波形式传输，可达每秒约 30 万千米。最后，在硬件运行的稳定性与可靠性上，计算机也有着天然的优势：基于蛋白质生理结构的人体有各种生理与精神需求要满足，人体会生病和衰老，人的思维还会随着情绪的波动产生大幅的震荡，而计算机则不存在这些问题，可以始终保持峰值运算水平——唯一的需求也许就是持续的电力供应和有效的散热措施，这与人脑运行所需要的复杂条件相比几乎可以忽略。

在软件方面，以二进制作为通用底层语言的计算机软件具有广泛的适应性，在最大程度上摒除了主观与客观影响，同一款软件安装在具有不同硬件基础甚至不同操作系统的计算机上其功能与作用并不受影响。而人的认知与思维则有着巨大的主观差异性和波动性，人有着诸多难以克服的认知障碍与极为个性的思维习惯，任何主观和客观条件的细微变化都有可能影响人的思维。

在协同合作方面，计算机的优势更是显而易见。人类之所以取得了比其他物种更高的成就，很大一部分原因就在于人类拥有其他物种无法比拟的复杂社会结构，人类可以利用血缘、地缘、经济等多种关系组成共同体来解决发展中遇到的难题或分摊要面临的风险，可以说人类高度复杂的社会组织体系是人类得以成为万物灵长的最重要条件。而计算机天然就是一个集体，拥有完全一致的物理结构、语言结构和信息处理机制，计算机网络的内部交流完全不存在人类社会诸如语言、风俗习惯、时空隔离、政治取向等复杂多变的障碍，其集体协作程度远远超过人类群体，在快速发展的硬件与网络技术支持下，未来的计算机协同效率会更进一步提升。

总之，在人工智力层次，计算机有着强大的优势与巨大的发展潜力，这已经被当前弱人工智能的快速发展所印证。当然，计算机庞大的数据容量和快速的读取能力并不完全等同于人类的记忆思维过程。对于计算机，无论其信息储备有多么巨大，其对人的语言理解方面都类似于一个博览群书且记忆力超群的修女的性知识——这也正是体验哲学的基本立场：没有体验过的信息不能成为真正的经验①。虽然从理论上说弱人工智能的发展可以为以后强人工智能的发展奠定技术基础，但是在实践中现在这种倾向

① 约翰·安德森. 2012. 认知心理学及其启示（第 7 版）. 秦裕林，程瑶，周海燕，等译. 北京：人民邮电出版社：382.

受到了广泛的质疑和舆论压力，即使是对人类思维的某部分功能的模仿，也被严格地界定在专业技术领域（当然也是出于经济成本和技术成熟度的限制）。除去技术上的限制，已有人主张要设计出一些阻止它们拥有意识的方式——尽管现在看来还不可能，在这种观点看来，最优质的人工智能服务将是无意识机器的服务，未来人工智能的重点也应该是无意识的服务。

5.2.2 人工生命：思维的进化演算

“人工生命”涉及广义的生命定义，“生命”在这里指代的是一个会对外反馈、自反馈的一套稳定系统。这里的“生命”是广义的生命概念，并不局限于碳基蛋白质所构成的生命体。薛定谔在其著作《生命是什么》中把“生命”定义为一种系统，其核心在于能否具备从无序到有序的自发能力，凡是具备这种能力的物质或系统都可以看作是有生命的。如果按照这个标准来衡量，生命就不仅仅是生物，大气、水文、星辰甚至整个宇宙都可以看作是一种生命系统。美国学者凯文·凯利在其著作《科技想要什么》中就提出一种观点，把地球的生命归纳为七类，包括动物、植物、四种微生物，而科技本身就是地球的第七种生命形态。他认为由于思维有创造力，所以才产生了人的延伸，才促进了技术的进步，并且这与基因无关，科技可以被视为人类观念的延伸。技术伴随着语言、工具的诞生成为人类不可或缺的伙伴，古往今来的各种技术从本质上说都没有从人类社会中彻底消失，只是进化成了不同形态的、更适合当前发展的技术。从钻木取火到航空航天，技术作为最重要的手段和工具从来都与人类相伴相生。人的需求演变是技术进化的动力，而技术的进化也促进了人类社会的发展，二者是密不可分的。人工智能也是如此，会随着技术的进步而不断发展，是一切古代科技的进化和结合。作为整体的科技不是由线路和金属构成的一团乱麻，而是有生命力的自然形成的系统，它的起源完全可以回溯到生命的初始时期。正如生物进化呈现出无意识的趋势，科技也是如此。如今科技已经踏上了自我演化的历程，人类已经完成了作为创造者和保育员的使命。科技与人类正在逐渐融合，或者说人类已经成为科技最适合的载体，人机融合已成为人工智能发展的一个重要方向和趋势。

哲学与心理学通常把“人”看作是一个整体性的类存在，即使是单个的人也是作为一个最小的单元来进行分析。如果我们把“人”看作一个生命系统拆解开来，会发现人本身也是一个生物系统，人体内包含着大量的微生物与寄生虫，人体不断地在吸收并释放能量，人体具有容纳他者的能力。在微生物学看来，“人”不是一个单独的生命，而是一个复杂的生命集合体，如果对人体进行详细分析会发现，每一个细胞都有自己的职责，在微观层次上每个细胞也都是一个生命，一组细胞组成的一个器官也算一个生命体，正是功能各异的不同器官才最终构成了作为一个整体的“人”。与此相似，单个蜜蜂是一个生命，一个蜂巢里整个蜂群也算作一个生命体；一只白蚁算一个生命，一整个白蚁群也可以算作一个生命体。而作为一个种群的人类，更是非常独特的一个生命体。从遗传学上讲，人通过有性繁殖所产生出的个体是一个完全独立的个体，其精神特质与思维认知模式可能与亲代完全不同，这也是人与机器相比最大的优势所在。

认知科学所说的“人工生命”的概念首先是由计算机科学家兰顿（C. Langton）于 1987 年在洛斯阿拉莫斯召开的生成以及模拟生命系统的国际会议上提出的，主要包括两个方面的内容：一是指计算机科学领域的虚拟生命系统，主要涉及计算机软硬件工程与人工智能技术；二是指通过遗传基因工程技术人工改造生物的工程生物系统，主要涉及合成遗传学和分子生物学技术。第二项技术中最为著名的就是克隆技术，需要面临更大的社会舆论与伦理压力。本书提到的“人工生命”主要是指第一项，即计算机技术领域中的虚拟生命。比如一个程序，如果满足了广义上生命的定义，就可以看作是一个人工生命。简单地说，人工生命是借助计算机以及其他非生物媒介，实现一个生物系统所具有的特征的过程或系统。其实质是通过人工手段来模拟生命系统，进而研究生命本质的领域。尽管目前的人工智能研究并不能产生具有独立意识和思维能力的机器，但很可能是作为人工生命的技术积累。基于目前的计算机和网络的结构与运算特质，目前计算机还只能按照人们的指令去完成指定的任务，它只是执行预先设置的命令而已。但如果将来计算机程序能够自我学习、自我进化，那么这种新的算法（可以称之为“进化算法”）将会给计算机带来全新的革命。

“进化算法”也被称为“演化算法”（evolutionary algorithms，EAs），

是指基于达尔文主义的自然进化观所创造的一种再生与选择算法集合（也被称为“算法簇”），数学上的进化算法同传统的微积分方法与简单穷举法有相似之处但更加优化，进化算法引入了特殊的算子与不同的遗传基因表达式，从而可以自主产生不同的交叉和变异算子，具有自组织、自适应、自学习的特性，是一种成熟的具有高鲁棒性和广泛适用性的全局优化方法，能够不受问题性质的限制，有效地处理传统优化算法难以解决的复杂问题。进化算法是近年来人工智能取得显著进步的数学基础，对弱人工智能技术的进步有着重要意义。微软公司开发的智能程序 Cortana（中文名“小娜”）就广泛采用了进化算法，其软件系统就是用该公司视频游戏《Halo》中著名的人工智能角色开发的。Cortana 已成为微软最新操作系统 Windows 10 的一部分并开始在 PC 上运行，它将内置 Personal Agent 计划，这是一款智能软件秘书，不仅可帮助用户记住各种琐事，还能根据这些数据和使用习惯为用户提供从生活到工作的一系列计划和建议。Cortana 将具有高度的自我学习能力，甚至能根据不同的用户习惯和爱好对自身进行智能调整与升级，从而为用户提供更具个性化与针对性的软件集成服务。前文提到的“谷歌大脑”，其本质也是利用搜索技术来发展人工智能，其技术基础也是进化算法。正如凯文·凯利所言，过去 25 年人们最关心的是谁能制造出最便宜的产品，未来 25 年人们最关心的将是谁能制造出最智能的东西。现在众多厂商推出的各种带有“智能”头衔的智能产品还只能算作是具有一定人工智力色彩的初级产物。

冯·诺依曼曾指出，任何能够自我繁殖的系统应该同时具有两个基本功能：它必须能够构建某些元素，并且用这些元素组装和自己一样的下一代；它必须能够把对自身的描述传递给下一代。现在的某些计算机病毒已经具有了一些这样的特质，它们可以在任何连接到网络的计算机中存在，可以自动复制，甚至可以根据宿主计算机的软件环境来改变自身结构以躲开杀毒软件的查杀，并且新产生的病毒具有比母本更强的适应能力和传播能力。看到这里我们会发现，计算机病毒和现实世界中的病毒几乎具有完全相同的特点，那么是不是就可以说，这些病毒就如同早期地球海洋中的单细胞生物一样，是人工生命（或者信息生命）的雏形，也遵循自然选择的进化规律，能适应新的环境并据此发生进化？这些程序似乎已经具备了初级生命的某些特征：遗传（自我复制）、变异（复制基础上的变化）、自然选择（不同病毒的复制变异能力不同，能力弱的会被杀毒软件删除）。所有的区别只是在于进化的物理化学基础不同：生物是染色体上的核苷酸序列，而计算机程序是存储于硬盘上的二进制编码序列。就进化本身而言，其本质并不在于它们的物质基础构成，而应该是这些物质是如何表现和传递的。因此可以认为，这些可以自我复制、变异、传播的程序已经具备了某些人工生命的初级特征。

人工生命最著名的实验是一个名为 Tierra（西班牙语，意为地球）的虚拟程序系统，它由计算机科学家托马斯·雷（Thomas Ray）在 20 世纪 90 年代初设计，由一系列能够自我复制的机器代码或程序组成，它在计算机中的复制分别受到计算机的存储空间和 CPU 时间的约束。它是一个能有效地占有内存空间和利用 CPU 时间的程序复制体，具有更高的适应度，成功复制出下一代的机会也更大。在 Tierra 中，计算机的 RAM（随机存取存储器）中有一块专门的空间，这个空间中放置了一个“祖先有机体”，该“祖先有机体”根据它的汇编程序代码中的指令复制它的生存所需的基本的代码。随着复制程序数目的增加，RAM 中的空间在不断减少，因此复制程序需要为了自己的生存空间而开始竞争。由此，最初这些单一的程序为了更好地复制自己，很快出现了其自身的复制品——尽管这些复制品并非都是完美的。随着时间的推移，这个虚拟生物圈出现了以前所没有的生命形式，其中包括终止其他程序的虚拟病毒形式和形成免疫系统来保护自己不被终止的虚拟宿主程序。尽管这些虚拟程序距离有意识还很遥远，但有理由相信，这些虚拟生命很可能就像最初地球上的单细胞生物一样，能在适宜的环境中逐渐进化，产生出更高级的虚拟生命。

如果我们跳出人类中心论的预设，尝试从其他生命形态看待人类文明与生存环境，那么今天已经很少有科学家相信人类可以精确预言未来。但科学的任务没有变，我们仍然要不断探索与思考这个世界的本原，仍然要不断反观我们自己的认知能力究竟还有多大的发展空间，这不仅是一个有趣的智力游戏，更是人类进化中形成的思维基因——好奇与求知，这是人类最高的本性。正如法国作家左拉所言：生活的全部意义，就在于无穷地探索尚未知道的东西，在于不断地增加更多的知识。

5.2.3 人工智慧：机器自主思维的可能性

“人工智慧”是指具有自我意识与思维能力的人造智慧体，也是强人工智能的最终目标。

无论是人工智力还是人工生命，其在本源上仍然是由人所创造与控制的，根本定位依然是人的延伸与扩展，是为了人类的利益而服务的。但“人工智慧”则不然，它具有一定的独立意识和思维能力，也能够以完全异于人类认知的方式来思考，对人类来说它是一种“异类智能”（alien intelligence），是完全不同于人类自身的智慧型存在。本书所讨论的“机器能否思维”，如果答案是肯定的，那么这类机器只能是人工智慧层级的机器，而非人工智力与人工生命层级。在目前的技术背景下，产生人工智慧最为可能的有两种研究路径：一是人造物（以计算机为代表的人工智能系统）自身发展成为具有自我意识的独立于人的存在；二是人工智能技术与生物遗传技术结合，以生物工程的方式把智能机器植入人体成为人的一部分，或者说把人体的一部分改造为智能机器。人工智慧既可以从已有的人工生命中逐渐进化而来，也可以经由某种技术突变而产生。这不仅是存在于科幻作品中的情节，事实上这两种方式都已经具备了一定的实践基础。

就目前的技术水平而言，距离产生真正的人工智慧还有很长的距离。但至少已有三种研究取向为人工智慧的达成打好了基础。

首先，计算机运行速度和效能初步达到了人脑的运算速度。

在认知主义看来，计算（认知或思维）的速度，对其结果有着直接影响。当计算的速度足够快时，就会获得难以预料的结果。人工智能的发展现状表明，当一个算法的复杂性达到某一高度的临界值时，就会呈现出一定的精神品质特点。由此也使得目前人工智能的发展方向有两个：一是从生理和心理角度了解思维的性质，这主要是认知神经科学和认知心理学的任务；二是研制越来越复杂的计算机系统，以高度的复杂性和巨量计算来提升现有计算机的运算能力，以期能达到量变产生质变的效果，这已成为当前人工智能特别是巨型计算机的主要努力方向。

早期的计算机受限于软硬件水平，其运算速度非常有限，如最早的计算机 ENIAC 尽管重量达到 28 吨，却只能进行每秒 5000 次的加法运算。

随着计算机发展速度的不断提升，如今的计算机的运算能力已经可以与人脑相媲美。人工智能专家库兹韦尔曾经估算，要想达到人脑智能的程度，目前的冯·诺依曼架构计算机的运算速度至少需要达到每秒 1 亿亿次。这在单纯的物理和数学上已经实现，2014 年由中国国防科技大学研制的“天河二号”超级计算机以峰值计算速度每秒 5.49 亿亿次、持续计算速度每秒 3.39 亿亿次双精度浮点运算的优异性能成为全球最快超级计算机，可以说在数学上目前的计算机技术已经远远超过了人脑智能运算的阈值上限。但是，这个庞然大物占地近 700 平方米，在搭载水冷散热系统以后整机功耗高达 24 兆瓦，仅造价就 3 亿多美元。这样一部超级笨重的机器和仅 1.5 千克的人脑相比，只能说人类刚刚看到了模拟人脑智能的一缕曙光，但毕竟我们迈出了最为艰难的第一步。按照国际通行的衡量一项技术的普遍应用标准（整机设备售价降到 1000 美元就具备了大规模普及的商业价值），从最早的 ENIAC 到智能手机的产生不过 50 余年时间，加上现在的技术发展速度远远超过从前，可以乐观地估计最多不超过 20 年，超级计算机会大规模普及，那时对人类思维的模拟将会有更加坚实的技术基础。

其次，人脑逆向开发突破：用电子元器件仿造人脑神经元技术逐步成熟。

从计算主义的观点来看，思维是人脑的一种固有的并行过程，数以亿计的神经元同时放电以创造出大脑皮层用于计算的同步脑电波。因此，搭建一个类似于人脑的神经网络，就构成了人工智能软件的主要结构，这就需要许多不同的进程同时运行，再以超级计算机组成庞大的网络系统，网络中的每一台计算机都作为节点大致模拟了大脑中的一个神经元及相邻节点的相互作用。随着互联网技术的快速发展则会实现海量超级计算机的高速互联，这时的超级计算机就如同一个一个的大脑，而未来的互联网可以看作是联结这些大脑的中枢神经系统，基于超高速计算的这个互联网系统就有可能如同《终结者》中的天网系统，未来高度发达的互联网可能具有自我意识与思维能力。

2014 年谷歌展示的“谷歌大脑”研究成果，就是向开发此类技术迈出的一步。谷歌每天拥有 12 亿搜索用户，产生 1210 亿个搜索关键词，每一个关键词都是在一次又一次地辅导人工智能进行深度学习。因此可以说，谷歌正在用搜索技术来改善人工智能，而非使用人工智能来改进搜索技术。

正是借助谷歌强大的数据中心，研究人员才构建起一个具有10亿个连接的人工神经网络，并用一周时间让这个“新生大脑”接触YouTube视频片段，而未以任何方式贴标签。该系统完全不依赖外部数据链接，其核心就是利用数万台甚至更多的电脑通过软件模拟人脑中的神经元网络，从而让机器获得与人类相似的学习能力，尤其是在某些情况下机器能够无须对数据进行额外链接便实现自动学习。更长远的目标是，实现计算机对人类自然语言的语境分析以及对人类面部表情的细致分析，甚至能领会到其中所蕴含的不同情绪变化。结果该系统不仅自主学会了识别人脸和身体，并出乎研究者意料地学会了识别猫脸。由于认知能力在该人工神经网络各处并非均匀分布，这一研究成果可能对人脑基础研究有重大意义，人脑的认知能力分布也很有可能并不是均匀分布的。个别人工神经元发展起特定技能，例如识别猫脸。这支持了一个有争议的神经学理论，即人脑中存在“祖母神经元细胞”，能够学会识别特定类别的人群甚至个体，例如对祖母的识别。差不多同时IBM的生物计算机研究也有了重大突破，在2014年底首次推出了大规模“神经形态”芯片，它们能以类似人脑的方式来处理信息。有理由相信，以生物芯片为基础的、可模拟人类神经系统运作方式的生物计算机可以更加贴近人类思维的实际，也更有条件与可能产生人工智慧。

最后，人脑的人类学进化研究为进化算法提供理论支持。

从人类学上看，现在的人类被归属为智人（*homo sapiens*），意思是“智慧的人”，这一称呼本身就包含了这样一个预设：人类正是因为有智慧才同其他的动物截然不同，思维能力一直以来被视为人类的最独特能力，莎士比亚也是因此才把人类称为“万物的灵长”。认知科学的重点是探讨心理是如何组织起来而产生智能（特别是思维），以及如何在大脑中实现的。而人类学同神经科学的结合对研究人脑的进化有着特殊重要的意义。人脑也是在漫长的进化过程中产生的，只要我们能了解大脑在进化过程中的基因算法是如何演化的，我们就可能通过对这种算法的复制使得计算机产生人脑水平的进化能力。模拟早期智人或其近亲（倭黑猩猩或黑猩猩）显然要比模拟现在的人脑相对简单很多。这种算法就是进化算法，其在计算机中的应用可以把长达亿万年的自然进化过程压缩在一个很短的时间范围内，来考察到底能否进化出具有人脑水平或相似思维能力的人造物。

澳大利亚学者埃克尔斯曾提出，人脑并不仅仅是灵长类动物本身进化的产物，大脑皮层本身就包含着生命漫长的演化过程，是整个生命进化历程的浓缩。从这个意义上讲，人脑的进化可能涵盖了地球生命从 21 亿年前的单细胞生物直至 6 万年前东非智人开始向全球扩张的全部历程，生命的进化历程在人脑上有着最集中的体现。因此，对人脑的模拟也必须考虑到进化因素，而不是简单地对人脑进行断面式的生物学的分解。人脑可能是一个类似于俄罗斯套娃的嵌套式结构，不仅是当代的，更是历史的、进化的产物。人脑本身就可以看作是一部地球生命的进化史。因此，对人脑，或者说对人类思维的真正模拟也必然要考虑到进化的因素，只有利用符合进化规律的“进化算法”才有可能产生最为接近人脑真实思维状态的人工智能系统。

当然，目前仍然以目标设计为导向的机器语言本身是不会产生真正的人工智慧的，当前仍以弱人工智能为主要发展潮流，其对人类世界中现存数据的反映和理解还距离甚远，但不能完全排除其发展出某些初级智慧形式的可能。当前的计算机仍然是以形式化的存储来实现的，其计算也是符号化运行的过程。但人的智慧往往以形象化实现，并且包含着复杂的情感期望和逻辑再加上主观直觉融合而成，简单来说，计算机仍然是单纯的计算，而人却是算计。计算只是一个相对确定的结果的运行过程，而算计得出的期望却包含着主客体双向的互动并且往往能改变未来。计算体现的是物理世界的确定性，大千世界、百态众生都能用 0 与 1 的二进制化繁为简；算计体现的却是人的心计与变数，如同释迦牟尼拈花一笑曰：“吾有正法眼藏，涅槃妙心，实相无相，微妙法门，不立文字，教外别传，付嘱摩诃迦叶。”（参见《五灯会元·七佛·释迦牟尼佛》）这种船过水无痕的心境才是人类智慧的最高境界，它不是目标函数设计运算出来的，而是在思维酝酿过程中自然生成的。计算机的目标很明确，就是在给定条件下务必找到最优解；而人却能综合平衡各种显性和隐性情境寻求自我最满意的解，甚至能够提出新的问题和方案。仔细对比机器学习的方式和一个婴幼儿学习的方式就会深刻感到人的这种随机应变、举一反三的能力是目前机器难以企及的高峰。对于混沌系统，尽管可以通过精确的数学模型进行预测演算，但因为参数和数值变化对计算结果的敏感性，企图通过数值计算或理论分析来把握系统全貌的尝试是不可能的。我们可以了解具体的输入和输出关系，却无法综合分析具有如此巨量参数的超大型复杂性系统，我们也无法理解它内部算法的奥秘，如同机器并不理解（其实也不需要理解人类语言所蕴含的情感），也不知道如何有效地设置各种参数来获得满意的功能，即使通过不断尝试来获得个别经验，仍无法理解究竟为何如此。就如同 AlphaGo 下了一步好棋而我们不知道何来妙招，下了一步臭棋而我们也看不懂还以为它在做套。我们似乎又回到了缺乏理论，只能靠经验不断摸索前行的前工业革命时代，目前也只能拼命榨干冯·诺依曼架构的全部油水，靠提升硬件算力、不断优化算法和提升协作网络等资源投入来进行量的积累，以求在某个“奇点”能像人脑一样实现灵光。科学在如何深入理解心智方面遇到了诸多难以逾越的障碍。从这个意义上说，创造人工智慧更像是养育一个孩子，先天禀赋固然重要，但作为创造者的人类也不可能完全授予它无限的资源，更重要的是后天的学习和训练，以及对环境的适应和发展，同时也不可能进行完全的控制与掌握，只能靠后天自然竞争的原始法则来实现优胜劣汰。

5.3 对人工智慧未来发展的担忧

如前所述，当我们已经在运算速度上实现了第一个理论预想之后，计算机可以说已经踏上了人工智能进化的自然之路，其思维进化过程已经开始并且很难阻挡，人工智能思维的进化肯定要比人脑自然进化快得多，那么在可预见的未来，实现真正的人工智慧，进而超越人类思维水平几乎就是必然的结果。很多人对此深感不快和不安，认为习惯了作为地球主宰和万物灵长的人类可能在智能上输给自己的创造物，这会对人类的统治地位产生严重威胁。这种不安和担忧随着现代影视技术的进步和科幻文学的繁荣愈演愈烈，各种科幻影视作品更是对未来人类被机器人奴役的桥段大肆渲染。抛开那些恣意想象的浮夸情节，随着人工智能的快速发展，如同当年蒸汽机和电机的发明改变了世界一样，人工智能——特别是人工智慧的可能出现对人类社会来说是前所未有的，很可能会对人类的生存状态和认知结构产生重大影响，并带来更复杂多样的伦理道德难题。因此在 2013 年 5 月，由人工智能引发的道义、伦理、人权问题首次被提到联合国人权理事会。这种担忧并非杞人忧天，概括起来，主要是出于以下三种担忧。

5.3.1 机器思维能否超越人类思维

人类作为万物的灵长，看待其他物种往往带有一种天然的优越感和支配感，即使是面对人类的灵长类近亲（特别是黑猩猩）时我们仍会感到有巨大的智力优势，但事实上这种差距并没有我们想象中的那么巨大。有一只叫作 CoCo 的倭黑猩猩，它经过系统训练后掌握了 2000 多个单词（很多人都未必有这种词汇量）并在很多操作测试中超过常人水平，说明黑猩猩和人类的智力区别很可能只是不同结构的大脑认知模式的区别，而不是运算速度或智力能力的区别。而突破技术奇点进入自我进化的人工智能对人类的智力超越很可能会是指数级的超越，是哺乳动物之于蠕虫般巨大的云泥之别。人们对人工智慧的恐惧与担忧，如同站在站台上等待一列穿越时空的列车：最初极目远眺看到的是一辆破旧的马车轮廓，接着看到了蒸汽的烟囱，后来又听到了涡轮的轰鸣，地面开始颤抖，人群开始沸腾，接着出现了子弹车头的影像，但只有一个瞬间，人们似乎感到机车出现在面前，但只有这一刹那，接下来什么都没有了，这列人工智慧的列车已经掠过了我们，极速消失在了远方。我们不知道它去了哪里，甚至不知道它是否真正来过。这种焦急与失落是以往人类作为一个整体从未有过的，因此就显得格外引人注目。

对于那些对人工智能一直心怀戒惧的人来说，这种焦虑感不仅是存在于科幻小说和电影中的虚构桥段，更是真实的正在发生的现实事件。正是基于此，从企业家马斯克到微软联合创始人比尔·盖茨再到科学家霍金，都明确表示人工智能的发展在今天迈入了关键时期，并表达了对未来人工智能发展的深刻担忧，认为未来人工智能的发展最乐观的前景是实现人类永生的梦想，最糟糕的情景则是现有人类的灭绝。马斯克把人工智能的研究称为“召唤恶魔”，霍金则于 2014 年 5 月在英国《独立报》上刊文表达他对人工智能快速发展的担忧，他认为从短期来看人工智能的影响取决于谁能控制它，但从长期来看，其最终影响取决于它是否能控制一切。这种判断正是基于以上几点电脑之于人脑的巨大优势所作出的。由此引发了一系列关于人工智能未来的激烈争论和悲观预测，甚至有人以正在进行的纳米机器人研发举例，煞有介事地说由于纳米尺度极小，要求数量极多且复制速度极快，但基于碳分子的纳米机器人复制的指数级增长必然导致在复制 130 次之后地球上所有的碳分子都不够用了，只要复制 130 次之后碳分子纳米机器人就会毁灭世界上所有的生命。还假设碳分子纳米机器人复制一次需要 100 秒，那么一个碳分子纳米机器人大约只要三个半小时就可以毁灭所有的碳分子生命。而这种脑洞大开的假想却被很多媒体当作结论进行大肆报道，让人实在有些哭笑不得。且不论当前的技术距离这个假想还有遥远的距离，即使达到了也没有人会愚蠢到浪费巨大的资源去完成一个仅仅是数学上的游戏，这些设想本身和“怪人论证”“缸中之脑”等一样都只是一种思维实验，只是对一种可能存在状态的假想，如同量子力学的弦理论一样，它目前还只停留在纯理论层面，并不可能在宏观世界尺度上对人类产生某种影响。

在认知科学看来，智能的差别的本质就是认知模块的差别，如同黑猩猩永远无法理解人类行为的意义一样，人类也无法理解计算机高速运算的意义，而对于未来可能拥有人工智慧的超级计算机，是否理解人类语境中的意义和情感，对它而言其实并不重要。从逻辑上而言，仅凭机器自身就能产生真正自我意识的人工智慧也许只是一场空想，目前的技术发展前景也并不在此。对人类而言更大的威胁也许是把人工智能技术与人体进行串联的行为，而不是机器自身的发展。无论如何，单纯的机器能否进化出思维尚且未知，但其最可能的发展路径仍然是依靠背后的人工，正如前文所提到的，“人工智能”在现阶段更多的表现形式是“人工+智能”，或者说是“弱人工智能”，即我们所说的“人工智力”阶段，无论是“深蓝”还是“谷歌大脑”，其整个运行模式、数据库来源以及行为表现都是完全依靠背后的设计者的。以苹果手机 Siri 为代表的智能助手在诞生之初便引起了广泛轰动，它为我们描绘了一个美好的未来：你对着麦克风说一句话，人工智能便帮你打理好一切，不管是订餐、找电影票还是与朋友外出旅行，电影中无所不能的人工智能骤然来到了每个人的面前。但这终究只是一种幻觉，国内外新近出现的助手式生活服务为了保证准确率，都已经基本转向人工处理，甚至脸谱（Facebook）公司新推出的虚拟助手 M 也是人工帮助处理请求，机器主要是通过学习人的工作方式来为后台的人工提高服务效率和质量。至少未来相当长的一段时间，机器算法与人工之间还是相互辅助的关系，“人工+智能”仍会是主流的发展模式。但随着人工智能应用越来越广泛，其必然会对已有社会结构和文化带来越来越大的冲击，这对大多数人来说是挑战但同时更是机遇。

5.3.2　未来机器人会不会统治人类

未来机器人会不会统治人类？这是科幻作品最为热衷的题材之一，现代电影工业则通过各种技术手段为我们描绘了未来机器人的各种可能形态，以及同人类社会产生的复杂关系，其中不乏大量天才的想象和创意。

尽管套路有些老旧,但其中所蕴含的某些担忧仍是值得重视和警惕的，特别是随着人工智能硬件设施和软件算法的超常规发展，拥有进化算法、可以自我修正和近乎无限复制的智能程序或许在某个节点会进化成某种形态的生命，而随着万物互联的物联网不断扩张，也许具备了恰当的条件和机缘可能会产生真正的人工智慧，它会拥有自己的生存逻辑与智慧。人类作为创造者对其控制只存在于最初的起点，无论人类对人工智能生命的最初设定是多么善良，所有生命的本能都是要保存自我，趋利避害，进化的优胜劣汰始终存在，那么作为同人类关系最为密切的人工智能生命，其自我意识的觉醒，对人类会产生何种情感将是我们完全无法预料的。更为糟糕的是，人工智能的进化是自我递归与修正的，一旦产生了远超现有人类文明水平的人工智慧，那么它对人类是善意还是恶意，可能已经完全不在它的考虑范围内，人类的下场就如同我们洗澡与理发的时候不会去关心自己皮肤的上皮细胞和头发角质蛋白一样。正如《三体》所言：毁灭你，与你何干？这就如同我们打开了潘多拉的魔盒，无论是瘟疫还是欲望，我们都无法再收回。

这种悲观论调的根源在于对人类失去自身万物灵长地位的恐惧，并且这种失去还是我们自己拱手相让给自己的创造物。一方面人们迫切渴望寻找到和人类一样具有智慧的新物种，但另一方面又害怕面对这种智慧文明时处于劣势而失去自身在地球上的主宰地位。正是出于对自己创造的机器人可能夺取人类统治地位的恐惧，著名科幻作家阿西莫夫在其名作《双百人》中提出了“机器人三法则”：

（1）机器人不得伤害人类，不能通过不作为来使人类受到伤害。

（2）机器人必须听从人类的命令，除非命令和第一条法则冲突。

（3）机器人必须自我保护，除非其保护与第一条或第二条法则冲突。

其实细想一下，这完全是一种自我心理安慰。人类自己尚可能会漠视规则、法律和道德，如果真有高于人类的人工智慧，难道还会局限于几条预先设置的程序？自然选择才是最高的法则，生存才是宇宙间永恒的真理。

抛开这些抽象理论层面的探讨，近年来关于人工智能威胁甚至是危害的报道也屡见不鲜。在 2015 年 7 月，德国大众汽车的一家外包工厂中用于流水线组装的机械臂因为程序突发故障，在作业中突然抓住了一名工人，该工人被重重地压在金属板上导致胸部受重伤，继而死亡。这就是轰动一时的所谓“大众汽车机器人杀人”事件。由此又引发了一波各路媒体关于“人工智能威胁论”的炒作。有明确记载的第一起记录在案的工厂机器人致死事件发生在 1979 年福特汽车的美国工厂，自此之后这类事件平均每年发生不到一起——人工机器人的大规模应用同时使得一线工人的死亡率大幅下降，但这种理性分析却很少见诸媒体。同样的情况也适用于正在蓬勃发展的自动驾驶技术。从 2016 年 1 月中国河北发生的第一例自动驾驶状态下的特斯拉追尾道路清扫车致死案，到 2016 年 5 月发生在美国加州的特斯拉与消防车相撞致死案，再到 2018 年 4 月同样在加州发生的特斯拉撞上隔离带致死案，越来越多的自动驾驶事故引发了大量关于自动驾驶技术系统安全性的疑问。特斯拉引以为傲的 Auto Pilot 也从“自动驾驶模式”更名为“自动辅助驾驶模式”，宣传口径也改为可以在很少有人为干预的情况下长时间代替驾驶人员执行驾驶任务，但特别强调了无法完全取代人为驾驶员。

也正是有鉴于人工智能相关安全问题越来越凸出，Open AI 等 14 大知名机构在2018年2月联名发布了一份关于恶意使用人工智能的报告，即《恶意使用人工智能：预警、防止和缓解》[1]，这一报告由 26 位作者共同完成，其中包括多名人工智能技术研究者。该报告从技术角度出发指出了未来 5 年内人工智能被滥用的诸多风险，认为人工智能的滥用会破坏规模和效率之间的平衡，并使发动大规模、精细化和高效率攻击的可能大为提升。该报告把未来可能滥用人工智能的威胁分为三个层次和类别，包括物理安全、数字安全和政治安全。在物理安全方面，不法分子可以入侵网络系统，利用人工智能可以大规模搜集、分析和处理个人信息，不仅盗取信息和财产，而且随着物联网快速发展，特别是各国都在大力发展无人作战平台和武器，可以将无人机或者其他无人设备变成极具杀伤力的武器；在数字安全方面，人工智能可以被用来自动执行网络攻击，也能合成人类的指纹或声纹骗过识别系统，使得传统网络黑客威胁扩展为大规模自动化智能化攻击，大大增加了防护难度；在政治安全方面，人工智能可以用来进行不间断且针对性更强的监视、煽动和欺骗，借由详细的分析、有针对性的宣传、便宜且高度可信的虚拟信息，可以在极短时间内实现爆炸式快速传播，从而引发公众恐慌和社会动荡，而这种操控的规模在以前是无法想象的。这些都会根本上改变个人、企业和国家之间的权力。这方面的破坏已经变成了现实：在 2016 年美国大选期间引发的网络社交媒体舆情风波就是例证。至于如何防范与化解，该报告也只是很笼统地给出了几点建议，主要包括：人工智能和机器学习研究人员应该承认其研究成果是双刃剑，并优先形成预防性规范和底线道德框架；人工智能战略政策制定者要加强与技术人员的合作，特别是扩大计算机与网络安全领域的人工智能融合研究；对人工智能的相关评估和讨论涉及面非常广，要持续扩大利益相关者和有关专家的讨论范围等。

事实上，技术的发展必然会增加人的依赖性，如同智能手机的快速普及使得人们记忆电话号码不再成为必要，科技的快速进步往往伴随着某些能力的退化，但这更多地是人类自身的问题而非技术本身。这种对人工智能负面消息的过度报道和国内对于煤矿安全事故的报道非常类似：媒体为了引发轰动效应只专注于某些偶发事件的负面报道，使得大众产生了错觉，

---

① 全文参见 http://n0.sinaimg.cn/tech/7d78cbe7/20180223/maliciousaireport.pdf[2018-04-15].

以为偶发事件是正常的状态，其结果不仅是对大众的误导，更可能对一些重要行业领域产生某些预设条件和结果的影响，反而忽视其发展过程中的真正问题和隐患。从这个意义上说，未来机器人会不会统治人类目前看来仍是一种对人工智能夸大的幻想，不仅超出了现有的人工智能机器人的水平，也超越了我们对人类思维的认知能力：我们对自己的思维机制还不甚了解，遑论尚在蹒跚学步的人工智能。上面那份报告起到的唤醒作用可能远大于对实际操作的指示。

5.3.3 过于依赖科技致使自身机能退化

从笛卡儿之梦到吴文俊开创数学机械化领域，人类梦寐以求的脑力解放又靠近了一步，如今脑力的解放已经开始实实在在影响到人类的生产和生活的各个领域。如果说工业革命的一大成果是解放了人类的四肢，那么信息革命的可预见成果将是人类脑力的机械化和自动化。这不仅会对人类未来的社会经济产生更大的影响，也势必会对人类本身的生理结构产生相当的改变。同时应当看到，体力的解放使得现代人的体力出现了明显的下降，那么智力的解放很可能也会导致人类智力的一定退化，这是不可避免的。显而易见的案例就是，便携式计算器的出现和普及使得对计算能力的需求大为降低，计算器确实会造成人们计算能力的下降；智能手机的大规模普及则在更大范围和更深的程度上开始帮助人们完成计算、翻译、计划、搜索等一系列高级智力活动，人工智能技术已经开始大规模嵌入人类生产与生活的各个方面，并且这种趋势只会越来越深。由此有人开始担心对技术的过度依赖会使人脑如同阑尾一样在进化中异化，直至退化，同时由于人工智能的快速发展及至人工智慧可能终将产生，一进一退之间人类会彻底丧失自身的最后的智力优势。

这种观点看上去有理有据，但实际上有些盲目悲观。在进化中任何进步都必然要付出代价，如果某一器官的功能越来越弱化直至退化，这就说明它已经不适应新的生存环境，其存在已经没有价值，会有更加适合的新的组织来替代。当然，作为人类思维的最主要器官，也是人类得以在诸多物种中脱颖而出的基础，大脑已经历了数百万年的进化，在短期内不会沦落到阑尾那样可有可无的地步，但在可预见的未来其某部分功能是一定会被人造机器所替代的，这是人工智能的进步，同时也是人类智能进化的必经阶段。在人类漫长的进化历程中，人工智能这快速发展的 60 多年不过是其中的沧海一粟罢了。

实现人工智慧更大的障碍或许是我们至今对大脑的运行机制不甚了解，对我们自身究竟如何产生意识、情感及至思维的运行机理也仍在猜测之中。尽管脑与神经科学近年来取得了很大进展，但也只是大致摸清了理论建构意义上大脑皮层与皮层间的关系，但具体到微观神经元层面，我们依旧不知道这些海量信息在大脑内部是怎么传递与保存的。2018 年 3 月 28 日 *Nature* 刊发的华中科技大学韩芸耘教授的一项成果显示，以往我们认为单个神经元只能映射到单个区域的假设是错误的，其实验中的小鼠初级视觉皮层里的神经元映射呈现出多种样态，并且单个神经元里的信息可以传递到多个完全不同的区域，并且映射到两个区域、三个区域、四个区域的比例也大致相等[①]。随着未来对单个神经元映射的进一步研究，我们对动物大脑的复杂性程度会有更清晰的认识，而对人类大脑的运行机制的认识也必然会有很多地方被改写甚至被颠覆。

从现实的角度来说，计算机本身的进化对人类的威胁也许远远小于试图将人工智能同人类本身融合的尝试，计算机毕竟不是人工生命体，即使是科幻电影《终结者》中的天网系统也需要通过终结者这样的人工生命来毁灭人类。

因此，无论是从科学角度还是从伦理角度而言笔者都支持计算机科学的人工智能的研究，而反对通过生物工程技术将其同人体本身串联的行为，因为人本身所具有的巨大不确定性会大大增加人工智能的发展风险。而在这方面近年来已经出现了诸多前兆：2014 年，号称第一个可以通过脑—机接口（brain-computer interface）实现交流沟通的神经科学家肯尼迪（P. Kennedy）把一套玻璃-金丝电极植入自己的脑内，却导致了严重的语言障碍而不得不取出，但仍留下了后遗症。2017 年，意大利神经外科医生卡纳

① Han Y, Kebschull J M, Campbell R A A, et al. 2018. The logic of single-cell projections from visual cortex. Nature, 556: 51-56.

韦罗（S. Canavero）宣称在一具遗体上完成了世界首例人类头部移植手术，参与指导的中国哈尔滨医科大学教授任晓平将这项手术命名为“异体头身重建术”。2017 年 10 月 25 日，沙特阿拉伯授予香港汉森机器人公司研发的女性机器人索菲娅（Sophia）以公民身份，引发了一场人工智能与机器人法律地位的大讨论，并引发了人们深刻的反思。2018 年，曾号称能通过“意识上传”来实现数字化永生进而推出“安乐死”服务的 Nectome 公司失去了麻省理工学院媒体实验室（MIT Media Lab）的合约，其所宣称的曾经引起轰动的从脑组织提取记忆然后在计算机中重建意识的技术，也被大多数神经科学家认为离我们至少还有几百年，甚至根本不可能实现。可以说，上述一系列的事件和行为已经引起了人们的广泛注意，在人工智能技术被滥用之前予以更严格的约束已经成为普遍共识。而人机之间的渗透和嵌入更会对社会的价值观与伦理观造成严重冲击。如果说无人驾驶设备有厂商和使用者对其负责，那么人机融合在一起之后的法律地位和道德责任又该如何界定？是按照人类赋予其人权还是按照机器进行物权管理？由此引发的公平正义问题将成为未来的一大争议热点。

目前看来最为稳妥的方式也许是先着力发展人工智力，密切观察人工生命的进展，而对人工智慧应该保持高度警惕，尽管现在它还停留在荧幕和书本之中，但是 50 年前谁又能想到今天的世界呢？而在现实世界，我们手中 iPhone 内置的个人语音助手 Siri 似乎稍逊一筹，更多地是扮演一个娱乐卖萌的小助手角色。但随着研究人员开发出各种让机器人自学的方式，加上快速发展与普及的物联网技术，这些智能机器将通过越来越多的联网设备获取爆炸性增长的海量数据，人工智能也将变得越来越聪明。IBM 公司的超级电脑沃森（Watson）已经击败了电视问答娱乐节目《危险边缘》（*Jeopardy*）的冠军，并在医学诊断和咨询领域也取得了不俗成绩。尽管面临诸多风险和障碍，但自动驾驶技术依然在快速发展，再加上海量的服务领域应用，这些技术归根结底都还只是弱人工智能的功能性成果，其目的也在于能降低人工服务的成本，提升人类的生活品质。即使是当前最为火热的深度学习所采用的神经网络算法，也只是名称上更像而已。当前最重要的问题是脑与神经科学家们目前也不知道人脑中那张神经网络究竟是怎么“运算”的。正如加州大学伯克利分校的人工智能与机器学习专家乔丹

(M. I. Jordan)所说的，当前我们完全不知道大脑是怎样存储信息和运作的，其规则又是什么，用的是什么算法。因此，我们现在还不能说用大脑的理论去指导人工智能系统。

在现阶段“人工智慧”仍然是停留在理论和想象阶段，那些对人工智慧可能产生的后果的担忧也只是一种猜测。众多科幻作品对此有着各种新奇但也富于启发性的描述。在《黑客帝国》三部曲中，机器认为人类成为威胁，为此在虚拟空间奴役人类，以便让人体成为发电源头。在《终结者》电影中，天网系统变得拥有智慧，并使用类人机器人对人类发动战争。在《2001：漫游太空》中，看上去很有人性的超级电脑 HAL9000 独有的机器语调已经成为流行文化中很热门的隐喻。当然，从现在的观点来看，这些说法未免有些过于超前或夸大，人类的未来也不一定会毁灭在天网系统或 Matrix 之中，未来的计算机也不一定是 HAL9000 那样的具有人类情感弱点的机器，笔者更愿意相信未来的人类不会放任计算机在人工智能进化的道路上自由驰骋，作为创造者的人类也许能从人工智能的进化中获取更多的启示和资源，并不一定会实现人类的永生——这种设想本身就违反了进化规律，但有能力和意愿来实现人类文明和作为其子文明的人工智能文明之间的协调与发展。也许对这种哲学追问的最好的回答方式就是搁置争议，试着去制造一台具备思维功能的机器，无论其结果如何，都比我们停留在不断的争论中更加有实际意义。

5.4　思维模拟的实践可能：情感计算

正如在第 4 章中所提到的，一直以来很多认知科学家忽视人类情感的作用，认为人的思维应该以计算性作为核心表达方式，但这种经验论式的观点很可能是错误的。尽管计算主义可以成功解释很多关于思维的尤其是诸如问题解决、语言学习等方面的疑惑，但这种基于计算的认知主义仍面临着诸多严峻的挑战。提出情感思维正好可以弥补这一缺憾。著名认知科学家萨伽德认为认知主义未来的发展除了情感，还要面对的挑战包括：来自意识理论的挑战，来自真实世界的挑战，来自具身性的挑战，来自动力系统论的挑战，来自社会学的挑战，来自数学的挑战，等等[①]。因此，调和强弱人工智能之争的出路在于情感思维，思维是依赖语境的理解，是基于情感的决策，只有把情感因素纳入计算主义的范式之中，尝试提出融合了情感的新认知计算方法与理论模型，才有可能实现对人类思维的真正模仿。

5.4.1 情感计算：融合情感的推理

当前的智能机器仍然只是按照程序要求运行而已：可以是屏幕上的笑脸，也可以是热情的问候声音，还可以是一个机器人的拥抱，但这些都只是触发特定条件后程序所下达的指令形式而已。人与机器在语言及信息的处理差异方面，主要体现在能否把看上去关联度不大的事物联系在一起的能力，即通常所谓的“举一反三”能力。尽管大数据时代可能会有所变化，但机器抽象表征的提炼亦即基于规则条件及概率统计的决策方式与人类基于情感的判断机理之间的鸿沟依然会长期存在。机器尽管可以在下棋、特定专业问题咨询甚至情境聊天方面有很大提升，但其跨领域、跨情境的随机应变能力依然很弱，对那些包含矛盾或含糊不清的信息也难以准确反应。基于机器学习的没有情感认知能力的机器仍然面临综合辨析识别，也就是认知能力的不足，它不能使用归纳和演绎等方法形成概念、提出新概念，更无从奢谈产生形而上学的理论形式。

因此早在 1967 年，人工智能的先驱西蒙就提出，要想解决“机器人困境”（如何高效实现机器人内部目标管理），就必须使机器人具有情感，这样机器人才能有某种学习的能力。在他看来，情感就是使机器人可以主动中断任务的能力，可以使机器人根据周围环境的变化选择最适宜的任务优先完成——就如同人在面临选择的时候所做的一样，如果能够做到这一点，就可以说至少在决策环节机器人具备了类似人的思维能力。这种思维就是情感思维，它是一种导致行为快速中断的反应过程，而绝不能是纯逻辑的分析思维，因为这需要巨量的信息搜集和运算再到分析、判断，会导致机器人如同决定困难的患者一样陷入无限细节计算中而无法做出最终决

① Thagard P. 2014. Cognitive science. Stanford Encyclopedia of Philosophy. http://plato.stanford.edu/entries/cognitive-science/[2018-04-04].

定。人工智能的另一位创始人明斯基也早在其 1985 年出版的《心智社会》（*The Society of Mind*）中就指出，未来人工智能的发展瓶颈并不在于智能机器是否会具有情感，而是没有情感的机器能否真正实现智能。

到了 1997 年，美国麻省理工学院媒体实验室的皮卡德（R. W. Picard）在其《情感计算》（*Affective Computing*）一书中，最早提出“情感计算”这一概念，用来指称与情绪相关的、由情绪引起或有意影响情感的计算。情感计算在人工智能中的应用重点在于制造出能感知、识别和理解人类情感的机器系统，并能针对人类的情感作出相应的智能反应。皮卡德认为要想让计算机真正实现智能化，能与人类进行正常交流和互动，就必须使其具有识别和表达情感的能力，情感本质上是一种更为基础也更为深刻的认知方式，这可以看作是人工智能的某种核心要素。与人相比，计算机可以配备完全不同的感知系统，可能具有比人更加丰富的感知能力，由此也可能识别人类难以觉察的某些情感表示（特别是微表情、血压、心跳、体温等细微生理指征）。按照信息加工理论的观点，人的心理活动本质上都是一种信息活动，可以大致分为信息输入（感知觉器官）、信息存储（记忆）、信息加工（思维）和输出表征（行为）。如果我们也把情感视为心理活动的一种，那么它就同样符合这样一个基本的过程划分，可以分为情绪信息输入、情感体验和情感表达。情感计算本质上就是融合了情感的推理模拟，其最终目的在于能模仿人类的情感思维进而实现机器完成相类似的快速决策。以往的人工智能通常是指我们用人工的方法来对人类智能实现模仿、延展或提升的技术，而情感智能的引入将使人工智能的发展进入一个新的阶段，在经历了早期的算术计算—数学运算—逻辑推理—专家系统—模式识别五个阶段后，开始进入情感计算的新阶段[①]。

人无论是否进行表达，都是有情感的。随着情感机器人的快速发展，到底如何确定这种情感表示是人预先设定的程序的结果还是计算机自发的，可能会陷入观察者困境：作为局外人的人类对其观测本身就改变了计算机内部芯片的量子态，这也许是一个最为有趣的悖论。同时，就算计算机没有情感，也并不妨碍计算机可以作出情感表示，就如同人类可以表达

① 许远理. 2008. 情绪智力三维结构理论. 北京：中国社会科学出版社：117.

一种本身并没有的情感一样，但这对计算机而言并不是欺骗，只是一种对情感行为的反馈而已，无论看起来多么温馨的问候或关心，都只是纯粹的行为符号，没有任何的实质情感和意向。但有趣的是，如果作为接收方的人倾向于相信这种情感表示是真实的，那么就可以认为这种人工情感表示是有效的，如同养宠物的人都认为自己和宠物之间有着密切的情感交流，甚至也有人（不只是儿童）认为自己的玩偶或玩具等物品也是和自己有情感交流的，尽管在外人看来这更像是单纯的情感投入，但作为当事人却不这么认为。无论对象是否具有真实的情感内容，在他们眼中这些对象都具备了如同人一样的表达情感的能力和通道，是可以满足他们的情感需求的。那么，至少按照图灵的标准，一个能模仿人类的表情动作并作出回应的机器人，应该被视为具有情感和智能的。由此问题就来了，这样的机器人是否有了和猫狗同样的情感功能和伦理价值？这会是一个很棘手的难题。

5.4.2 情感计算的功用

现有的模式识别技术如面孔识别、语音识别等都只涉及了部分情绪因素，还谈不上情感智能的层次。并且人脑处理的是含有情感动力和社会背景的“知识”，而计算机处理的只是单纯的“信息”，无论多么饱含深情的告白还是惊天动地的爆炸性新闻，对计算机来说都没有任何意义，都只能被换算成一串由 0 和 1 组成的二进制码才能进行处理，并且这种处理是按照软件设计者的意图进行的，从这个意义上说，计算机的信息处理也并非是纯客观的，也是渗透着设计者的主观因素的，计算机只是作为一个工具“在场”而已。

正如前文所述，思维同意识一样，其最重要的特征应该是创造性和灵活性，而不是可计算性，尽管其有计算的一面。思维不仅是计算，更是决策，不仅依靠科学知识分析，更依赖于社会化情感判断。从这个意义上说，人文社会科学对于科学思维而言更加重要，计算机能模仿人类的运算思维，但并不能真正理解其中的丰富含义。英国著名数学家和物理学家彭罗斯尤其反对人工智能通过算法与计算规则来理解人的意识方式，把这样的做法比作当代科学家的“皇帝的新脑”。在他看来，那些把人工智能和人类智能等同的人，就像是《皇帝的新装》中认为皇帝真的穿了新衣服的人一样，这些人不愿意正视问题的本质：人工智能的实质是对算法的加工，但人类的智力远远超出了算法规则①。彭罗斯借助哥德尔的数学系统的不完全性证明人的意识和思维并不是计算。哥德尔定理表明，在数学系统中存在着这样的陈述：它们是真的，但它们的真却不能在数学系统中得到证明。

如果我们证明了一个命题或问题“没有相应的一般递归函数”或“没有相应的一般递归谓词”，那么就可以确定该命题或问题是不可解的。这是数学史上第一次确定人类在逻辑和数学上存在着不可解的问题。以往人们总是认为无论多么复杂的问题，即使现在不可解，总有一天会有人将其解决。自从启蒙运动时期高扬人类理性开始，人们就逐渐下意识地接受了“人的认识能力是无限或趋近于无限的”这一命题，随着近现代科学的爆炸式进展，人们对人的认知能力的信心更是越发高涨。在这种背景下，可计算理论首次对可计算性给出了精确定义，也就等于同时划分出什么问题是明确不可解的，由此相继发现了一大批不可解或不可判定的问题或命题，丢番图方程有无整数解问题、四维拓扑流形的同胚问题等就是典型代表。这时人们开始逐渐认识到，在被视为科学基石的数学和逻辑领域中人的认知能力确实是有限的，那么在更高级的涉及认知者主体身心状态的认知领域中，人类的认知局限性将会更明显。所以丘奇—图灵论点以及可计算性理论的确立，在认知哲学上有着极其重要的意义，尤其是对人的认知能力及其极限有着重要启示。

人类思维具有模糊性和灵活性，许多思维特别是判断和决策非常依赖于主体不同的经验和情感状态，并且这种精神状态会对人的身体状况产生明显的影响。机器不存在这种情感状态的变动，也不需要进行情感交流和宣泄，机器所有的只是数据和信息的交换。这就是涉身性的两面性：基于蛋白质生理结构的人体会生病，思维会随着情绪的波动产生大幅震荡。而计算机没有这个问题，计算机使用算法进行运算，算法是精确的规则的集合，这些规则规定了想要解决问题或证明命题所要采取的行动的序列。计算机可以始终保持峰值运算水平（唯一的需求也许就是持续的电力供应和

① 彭罗斯. 1995. 皇帝的新脑. 许明贤，吴忠超译. 长沙：湖南科学技术出版社：8.

有效的散热措施，这与人脑运行所需要的复杂条件相比几乎可以忽略），如果未来的计算机能够进化出和人类完全不同的情感，那么就可以合理推测也许未来的计算机真能如思波克一样，可以完全控制情感的释放，在分析判断时完全理性化，只在涉及人类情感性功能的时候使用情感思维，那么这样的计算机人工智能将成为柏拉图以来理性的最高典范。

行为主义主张用行为而不是某种大脑结构来定义情感，认为情感的本质就在于人表达情感的行为，而不是产生和调节这种行为的脑与神经结构。根据这种观点，无论人脑和计算机的物理化学结构有多么不同，只要计算机能够表现出有情感的行为，我们就可以说它是有情感的。这就陷入了一个循环论证：我们认为计算机不能理解我们的思维方式，因为它不能以我们的方式思维，但同样的道理，我们也不可能以计算机的方式存在和运算，我们很难完全理解计算机的全部算法和规则，特别是超大量运算过程早已超出绝大多数人的理解能力了，以至于 AlphaGo 的创作者也说不清为什么它能在某种局势下走了一步好棋（或者坏棋）。如同个体的人与社会群体中的人有着很大不同一样，单个的计算机和连接成网络的计算机也是不同的，特别是随着网络信息技术的快速发展，今天处于超巨型网络规模中的计算机所拥有的信息量和处理能力是我们难以想象的。从这个角度而言，具备情感计算能力的计算机的思维很可能与人类并不相同，尽管看上去它们只是对人类的模仿，但“意义”（或者有无意义）对人工智能来说并不是我们人类所能轻易理解的。

无论如何，如果人类足够明智和勤劳，而不是任凭体力和智力都被机器完全取代，那么未来人工智能的发展最终将会对人类智能有着重要促进作用，不仅是人类肢体和思维的延伸，甚至有可能实现人机合一与共生，机器并不是人类的异己和对立物，最终会和人类实现融合，当然，也许那时的人类也已经不是我们现在所知的人类，利用人类丰富的意识与情感和机器可修复耐磨损的躯壳将实现人类最终极的理想：接近永恒的生命，探求无限的真理。这是最美好的愿景，体现着人类的终极价值追求。蒸汽机也曾让近代无数先贤认为人类将会葬送在充满煤烟和污水的雾都之中，但实践证明人类能够成功处理技术进步带来的负面影响——毕竟技术所带来的正面影响要远远大于负面影响，而且未来发展的主动权仍在我们自己手中。

5.4.3 思维模拟最新进展与未来展望

情感计算对人工智能来说是一个质的进步和飞跃，使得人工智能不仅在广度上涵盖了思维过程中的情感因素，还首次在深度上实现了对人类真实思维过程的模拟，这些都使得计算机具备了某种程度的识别和模拟人类情感思维的能力，进而可以对其进行更贴切的反馈。以往我们对智能设备的功能性设想多停留在各种机械性操作上，比如智能扫地机器人、智能商场导购系统等等，都是用来替代人的某种操作性功能或职能。但具备了情感识别能力的智能系统将有可能为人类提供更高级的情感需求服务，成为未来数字家庭的一个重要成员，而不仅仅是一个徒具使用价值的器物。在这一点上日本走在了最前列，在 2015 年 6 月 20 日，日本软银（SoftBank）旗下的 SBRH 公司和法国 Aldebaran Robotics 联合研发的全球首款情感机器人 Pepper 正式发售进入商业化运营，售价为 198 000 日元（约合 1 万元人民币），首发 1000 台仅投放于日本市场①。

Pepper 高约 121 厘米、重 28 千克，内置多种传感器，具有学习能力，能够辨识人类的表情与声调，也会表达情感，进行简单对话。Pepper 配备一个 10.1 英寸（1 英寸=0.0254 米）的触控显示屏，续航力最高可达 12 小时，头、肩、肘、腕、手、腰、膝等部位均有关节，可做出丰富的动作，甚至可以表演舞蹈。它现在的日语词汇量在 4500 个左右，与人交流时会配合丰富的动作、微妙的神情和多变的语调。在观看 Pepper 的宣传片②后，我们就能对情感计算在人工智能中引发的巨大变革感到由衷的震撼。2017 年 10 月 11 日，Pepper 亮相首尔中区友利银行总店营业网点。值得注意的是，Pepper 这款机器人是由阿里巴巴集团和富士康各出资 20%和软银集团共同打造的,本以为我们可以很快在国内见到这个情感机器人的中文版本，但直至 2018 年 3 月中国家电及消费电子博览会（Appliance & electronics World Expo，AWE）正式开始前，海尔才对外宣布与软银集团合作，时隔数年之后终于将 Pepper 引入中国市场。在中国人口老龄化趋势加快和空巢老人不断增加的社会背景下，也许这种带有一定情感智能的机器会给我们

---

① 详情参见软银官网介绍：http://www.softbank.jp/robot/special/pepper/[2018-04-04].

② Pepper 机器人视频网址：http://v.youku.com/v_show/id_XMTI2NTI5OTUxMg==.html[2018-04-04].

的社会工作带来意想不到的帮助。

从技术上而言，很多人类劳动特别是一些复杂的精细活动短时间内大规模用机器人取代并不现实，其成本也是需要考量的。而从情感交流来看，机器人却有很大的发挥余地，目前各类社交平台的火爆凸显了处于信息社会中的个人对于交流的渴望，现在谷歌和脸谱这两个互联网巨头都在全力开发更具智能的社交平台，通过无处不在的互联网，最终实现每个人和网络任意节点的自由连接，实现所有人的“一网打尽”。过去人们最关心的是谁能制造出最便宜的东西，但未来人们最关心的将是谁能制造出最智能的产品，这将成为新一轮信息和产业革命的制高点。随着人工智能近年来快速产业化以及各国政府的高度重视，或许不久的将来就会出现真正的“全球脑”，这不仅会改变人类的认知状态，也必将对人类的生存状况与社会结构产生深刻的影响。

总之，人工智能快速发展的 60 多年间，其中贯穿的强弱人工智能之争、认知计算主义的兴起与没落、情感计算的兴起等多次思潮都给思维研究提供了广泛的研究域，并且通过强大的技术渗透已经对我们的生活与流行文化产生了深远影响。从智能手机、谷歌算法匹配这类低等人工智能，到以各种智能设备为代表的弱人工智能成果，直到初露端倪的高等人工生命雏形，其认知能力的本质是一种更加宽泛的心理能力，是能够有计划执行复杂任务的能力，核心在于能进行概念抽象并推理，进行模糊的模式识别，其实也就是“思维”的能力。

对于“机器能否思维”这个问题的研究与解答，也不再仅停留于“中文屋”或“缸中之脑”这样的思想实验，以认知科学各分支学科快速发展所取得的最新成果作为依托，通过对思维的要素（特别是记忆、语言和情感）的认知哲学分析来得出结论。通过全书的分析研究，可以看出在作为思维基础的记忆层次上，计算机已经在容量和速率上超越了人脑，这也是人工智能的优势所在。而在作为思维外壳的语言层次上，计算机在符号化的语言表征上已非常成熟，人机交互也有了长足的进步，但目前尚无法真正理解人类日常语言的意义——特别是其中丰富的隐喻含义。最后，在作为思维动力的情感层次上，计算机还不能拥有情感体验，当然也不能理解人类的情感，当前的情感计算仍仅仅处于起步阶段。有着超过 30 年人工智能研究经验的学者、脸谱公司人工智能总监扬·勒丘恩曾坦言，现阶段所有把人工智能比作大脑的舆论都只是给它赋予了一圈神奇的光环，都是一种天花乱坠的宣传手段。所谓的“深度学习”本质上还是一个训练系统，旨在通过大量的细节训练来尝试某种机器可以学习的机制，最值得期待的就是可以融合情感因素在内的进化算法。然而，按照智能的一般要素——短期记忆力、推理能力和语言能力来看，当前的人工智能距离真正的人脑的思维能力还非常遥远，还停留在功能性的模仿探索阶段。

由此可见，人工智能在目前仍然以部分模仿人类思维的人工智力为主，在某些特殊环境下初级人工生命的雏形开始出现，但距离具有自我意识和思维能力的人工智慧还很遥远。即使未来技术的发展真的使机器拥有独立意识和情感，但一个生命体所需要的情感是由其所生活的环境和方式决定的，机器人的物理化学结构和人类迥异，其生活方式和环境也大为不同。如果说情感对于任何智能生物的生存都至关重要，那么未来拥有智能和意识的机器人极有可能会进化出和人类完全不同的情感。现在对此做再多的设想，也不过如同原始人去想象现代人类的生活状态一样，完全不可能也完全没有可比性。

随着人工智能的快速发展，诸如人工智能一线工程师也成了这个庞大联结网络机器中的一个小环节，只是按照部分理解和猜测的方式，来为这个超巨型复杂网络机器系统所涌现出来的智能按部就班工作而已。人类思维能够凭借其与生俱来的好奇心指向自身，追问自身的价值，这就是人的自我意识。如果未来的智能机器也有了好奇心，会仰望星空发出天问，进而问出“我是谁”，那么可以说它已经有了类似于人的智能。但这并不意味着作为其创造者的人类就能必然理解其含义。自我意识的返现得出了“我思故我在”的存在证明，但同样，意识对自身的质疑和不确定也会导致自身存在合理性的悖论。可以说，人类心智的奥秘是物种进化的终极秘密，人类作为其中一环可以不断猜测和模仿，却很难仅靠理性来得到这个终极答案。在人类群体语言交流中形成的自我，或许最终也是一个无意识所产生的幻象而已。不能理解机器的语言和运行方式，也许将不能理解未来的世界，随着机器智能的进化，这也许是引导人类思维进化的一条进路。

人工智能之所以能引发如此巨大的舆论关注与文化兴趣，不仅在于它会对我们的生活和生产产生巨大的影响，更在于它对人类而言有着特殊的哲学意义。我们不仅是在重新定义人工智能的意义，同时也是在重新定义人类的意义。自第一台计算机诞生的50多年时间里，机器的复制和加工在为人类生产生活带来空前便利的同时，也给人类自身提供了越来越强大的参照系，对机器的依赖已经迫使我们不得不正视我们自身与机器之间的差异——尤其是在智能方面的异同。随着越来越多智能设备的发明与普及，许多以往被认为只属于人的特质开始逐渐转移到人造物身上，这不仅会使我们产生一种身份认同危机，同时还将迫使我们重新审视思维的本质与生命的意义。回顾前三次工业革命和信息革命，重大技术的进步都是充满坎坷崎岖的，但其发展也是不可阻挡的。毕竟我们已经迈出了第一步，人工智能也逐渐进入又一波的发展黄金期。我们与其在对未来的幻想中沉沦，不如勇敢地向前踏出第一步。可以说，人工智能对人类而言的最大益处在于，它如同一面人类思维的镜子，不仅能帮助我们弄清楚什么是思维，还能帮助我们重新定义人类自身。也许随着未来人工智能科技的进一步发展，我们需要人工智能尤其是人工智慧来告诉我们：我们究竟是谁，人类文明究竟是什么。这既是对每个人自身思维的认知，也是对人类整体文化的认知，更是“认识你自己”这一古老哲学使命的当代延续。

结 束 语

一直以来我们对思维的研究多以哲学思辨为主要方法，哲学史上无数的争论和假设不仅没能使我们弄清楚思维的本质，反而让什么是思维至今仍没有一个公认的统一定义。随着近代心理学从哲学中彻底分离出来，对思维的研究很大程度上成为心理学的研究领域，特别是行为主义兴起之后，对思维的研究进入行为主义时代。曾经神秘莫测的思维开始被分解为诸多细小的知觉过程，思维的内容与形式也被分离开来，内容由心理学通过行为实验和分析来继续分解，形式则交给语言学与逻辑学进行抽象。这种分离一方面确实使得思维的研究进入了实证阶段并取得了很多成绩，这其中最为重要的就是对记忆的研究取得了长足的进步，从而为思维的实证研究奠定了扎实的基础。但另一方面这种分离的代价则是作为人类最高级心理活动的思维失去了整体性的价值和意义，诸多学科都从各自的专业角度出发把思维不断地进行肢解，最终如同盲人摸象一般：每个学科都声称自己找到了思维的最本质特征，但其实不过是管窥蠡测的一家之言而已。

这种情况在 20 世纪 50～70 年代随着认知革命的兴起而发生了改变，认知革命推翻了行为主义，使心理学告别行为主义转而进入认知心理学范式。语言学也告别了逻辑分析主义而开始了以“生成语法”和“隐喻”为主要问题域的认知语言学研究。以此为根基，思维的研究也开始融入认知主义的大潮之中，并且与其他领域相比，对人类思维的认知主义研究与快速发展的计算机科学的交叉催生了一个非常重要的新领域——人工智能，它不仅对人类的生产生活持续产生重要作用，更从观念上开始颠覆我们对智能、思维以及人类文明未来的看法。而作为认知科学最重要的内核之一的认知哲学，其兴起与认知科学的迅速发展密切相关。认知哲学致力于研究人类认知的本质及规律，涵盖了感知觉、记忆、语言、推理以及情感动力等多个层次的认知要素，使得哲学研究从形而上学的思辨演变成具体认知科学的研究，为我们提供了一个全新的哲学研究领域和多样化的研究范式及方法。

正是基于这种判断，我们通过梳理哲学史与科学史中不同类型的思维观，综合脑与神经科学、认知心理学、认知语言学和人工智能等多个学科关于思维的最新成果，对思维进行认知维度的划分与整合，进而提出了“隐喻思维”、“情感思维”和“机器思维”三种思维类型结构，分别对应于认知哲学的三个核心问题域——“表征维度”、“动力维度”和“模拟维度”，而这三个层级之间的互动则构成了思维的内在运行机制，从而可以对思维过程中产生的各种哲学问题进行认知哲学角度的回答，特别是对对思维模拟最为热衷也是成果最为突出的人工智能及其相关问题进行厘清与分析。尽管人工智能还存在诸多争议，并且已经引起了许多伦理难题甚至是技术陷阱，特别是经由诸多科幻作品宣传后现在已成为一个热门的流行文化符号，但从严谨的科学角度来看，目前的人工智能所引发的担忧主要是对人工智能本身认识不足导致的，因此对人工智能进行更细致的层级划分就显得尤为必要。本书将人工智能由低到高划分为人工智力、人工生命、人工智慧，正是为了澄清对人工智能的诸多误解。认知科学的思维研究比传统认识论研究更有活力之处就在于它更多地以认知科学技术实验为依据，而不是依靠语言分析和单纯思辨。

通过此番思维的认知探寻之旅，可以看到思维就个人而言是体验的，从外部看则是一个含糊的统一体，它就像是每个人的指纹一样，看上去似乎都很相似，貌似存在着某种内在的统一形式，但实际上每一个指纹都不尽相同，我们并不能从指纹中找出必然的细致逻辑。同样的道理，每个人的认知也都包含着本人最为独特的一部分感知觉体验和社会化经验，这种体验和经验的糅合共同构成了个体独特的认知过程，从而使得认知在看似统一的形式之下包含着各种各样甚至迥然不同的多重过程，随着认知神经科学的快速发展，也许最终将证明并不存在某种统一的、模式化的有效思维模式，正所谓：方寸之间，自有天地；运用之妙，存乎一心。

总之，就思维研究而言，认知科学的贡献就在于转换研究方式，与其争论到底什么是思维，不如去试着制造一台能思维的机器，无论结果成功还是失败，都会对透视思维带来实质性的帮助。近年来人工智能所取得的一系列突破，特别是突破“计算思维”后初步具备“情感计算”和“进化算法”的人工智能产品的问世与完善，使得对思维的认知科学研究有了更多的施展空间，也证明了对人类思维的人工模拟有着更远大的前景。应该相信，随着认知科学的发展和各项技术的进步，对人类思维奥秘的探索必将取得越来越大的成果，哲学应该充分把握这次难得的机遇，在其中发挥更大的作用，这也是实现哲学与当代科学在更高层级上对话的有效途径。

参 考 文 献

阿斯特莉特·埃尔. 2012. 文化记忆理论读本. 冯亚琳译. 北京：北京大学出版社.

埃尔温·薛定谔. 2007. 生命是什么. 罗来鸥，罗辽复译. 长沙：湖南科学技术出版社.

埃文·汤普森. 2013. 生命中的心智：生命学、现象学和心智科学. 李恒威，李恒熙，徐燕译. 杭州：浙江大学出版社.

艾宾浩斯. 1965. 记忆. 曹日昌译. 北京：科学出版社.

安东尼奥·R. 达马西奥. 2007. 感受发生的一切：意识产生中的身体和情绪. 杨韶刚译. 北京：教育科学出版社.

安东尼奥·R. 达马西奥. 2010. 笛卡尔的错误：情绪、推理和人脑. 毛彩凤译. 北京：教育科学出版社.

保罗·康纳顿. 2000. 社会如何记忆. 纳日碧力戈译. 上海：上海人民出版社.

鲍健强. 2009. 科学思维与科学方法. 贵阳：贵州科技出版社.

北京大学哲学系外国哲学史教研室. 1981. 西方哲学原著选读（上卷）. 北京：商务印书馆.

伯纳德·J. 巴尔斯. 2014. 意识的认知理论. 安晖译. 北京：科学出版社.

布鲁纳. 1982. 教育过程. 邵瑞珍译. 北京：文化教育出版社.

布鲁纳. 2004. 论左手性思维——直觉能力、情感和自发性. 彭正梅译. 上海：上海人民出版社.

蔡厚德. 2010. 生物心理学：认知神经科学的视角. 上海：上海教育出版社.

曹天元. 2011. 量子物理史话：上帝掷骰子吗？. 沈阳：辽宁教育出版社.

车文博. 2000. 西方心理学史. 杭州：浙江教育出版社.

陈嘉映. 2003. 语言哲学. 北京：北京大学出版社.

陈英和. 1996. 认知发展心理学. 杭州：浙江人民出版社.

程琪龙. 2001. 认知语言学概论——语言的神经认知基础. 北京：外语教学与研究出版社.

崔宁. 2006. 思维世界探幽. 北京：科学技术文献出版社.

丹尼尔·丹尼特. 1998. 心灵种种——对意识的探索. 罗军译. 上海：上海科学技术出

版社.
丹尼尔·卡尼曼. 2012. 思考，快与慢. 胡晓姣，李爱民，何梦莹译. 北京：中信出版社.
丹尼尔·夏科特. 2008. 你的记忆怎么了. 李安龙译. 哈尔滨：北方文艺出版社.
德拉埃斯马. 2009. 记忆的隐喻：心灵的观念史. 乔修峰译. 广州：花城出版社.
杜威·德拉埃斯马. 2006. 为什么随着年龄的增长时间过得越来越快——记忆如何塑造我们的过去. 张朝霞译. 济南：山东教育出版社.
恩斯特·卡西尔. 1985. 人论. 甘阳译. 上海：上海译文出版社.
恩斯特·卡西尔. 1992. 语言与神话. 于晓，等译. 北京：生活·读书·新知三联书店.
菲尔·莫伦. 2005. 弗洛伊德与虚假记忆综合症. 申雷海译. 北京：北京大学出版社.
冯契，徐孝通. 2000. 外国哲学大辞典. 上海：上海辞书出版社.
弗雷德里克·C. 巴特莱特. 1998. 记忆：一个实验的与社会的心理学研究. 黎炜译. 杭州：浙江教育出版社.
弗里德里希·温格瑞尔，汉斯尤格·施密特. 2009. 认知语言学导论（第二版）. 彭利贞，许国萍，赵微译. 上海：复旦大学出版社.
高新民. 2002. 心灵哲学. 北京：商务印书馆.
格林伯格·帕蒂斯基. 2000. 理智胜过情感. 张忆家译. 北京：中国轻工业出版社.
郭贵春. 2007. 隐喻、修辞与科学解释. 北京：科学出版社.
国家自然科学基金委员会. 2013. 未来10年中国学科发展战略：脑与认知科学卷. 北京：科学出版社.
哈拉尔德·韦尔策. 2007. 社会记忆：历史、回忆、传承. 季斌，王立君，白锡堃译. 北京：北京大学出版社.
韩景泉. 2000. 乔姆斯基的形式主义语言研究. 外语教学与研究，（1）：34-41.
郝大维，安乐哲. 1999. 汉哲学思维的文化探源. 施忠连译. 南京：江苏人民出版社.
黑格尔. 1979. 美学. 朱光潜译. 北京：商务印书馆.
胡霞. 2000. 认知语境研究. 杭州：浙江大学出版社.
胡壮麟. 2004. 认知隐喻学. 北京：北京大学出版社.
黄和斌. 2002. 从认知观看转换语法理论. 外国语(上海外国语大学学报)，（3）：37-43.
黄书进. 2003. 哲学思维方式解读. 北京：西苑出版社.
卡尔·雅斯贝尔斯. 2012. 哲学思维学堂. 梦海译. 上海：同济大学出版社.
卡罗尔. 2000. 语言心理学. 桂诗春，董燕萍导读. 北京：外语教学与研究出版社.
莱肯. 2011. 当代语言哲学导论. 陈波，冯艳译. 北京：中国人民大学出版社.
蓝纯. 2005. 认知语言学与隐喻研究. 北京：外语教学与研究出版社.
梁宁建. 2003. 当代认知心理学. 上海：上海教育出版社.
梁作民. 2003. 当代思维哲学. 北京：人民出版社.
林书武. 2002. 隐喻研究的基本现状、焦点及趋势. 外国语(上海外国语大学学报)，（1）：38-45.
刘爱伦. 2002. 思维心理学. 上海：上海教育出版社.
刘放桐. 2004. 新编现代西方哲学. 北京：科学出版社.
刘志雅. 2005. 思维心理学. 广州：暨南大学出版社.
罗姆·哈瑞. 2006. 认知科学哲学导论. 魏屹东译. 上海：上海科技教育出版社.

洛克. 1983. 人类理解论. 关文运译. 北京：商务印书馆.
洛伦佐·马格纳尼. 2006. 发现和解释的过程：溯因、理由与科学. 李大超，任远译. 广州：广东人民出版社.
马尔. 1998. 视觉计算理论. 姚国正，刘磊，汪云九译. 北京：科学出版社.
马歇尔·麦克卢汉. 2000. 理解媒介——论人的延伸. 何道宽译. 北京：商务印书馆.
玛格丽特·博登. 2001. 人工智能哲学. 刘西瑞，王汉琦译. 上海：上海译文出版社.
蒙培元. 2005. 中国哲学主体思维. 北京：人民出版社.
孟伟. 2009. 交互心灵的建构——现象学与认知科学研究. 北京：中国社会科学出版社.
孟昭兰. 2005. 情绪心理学. 北京：北京大学出版社.
莫里斯·哈布瓦赫. 2002. 论集体记忆. 毕然，郭金华译. 上海：上海人民出版社.
奈斯比特. 2010. 世界大趋势：正确观察世界的 11 个思维模式. 魏平译. 北京：中信出版社.
尼古拉斯·布宁，余纪元. 2001. 西方哲学英汉对照辞典. 北京：人民出版社.
欧阳康. 2005. 西方人文社科前沿述评·哲学. 北京：人民出版社.
裴文斌，戴卫平. 2012. 语言学——语言·语法·语义. 北京：科学出版社.
彭罗斯. 1995. 皇帝的新脑. 许明贤，吴忠超译. 长沙：湖南科学技术出版社.
邱仁宗. 1991. 国外自然科学哲学问题. 北京：中国社会科学出版社.
邱仁宗. 1993. 当代思维研究新论. 北京：中国社会科学出版社.
萨伽德. 1999. 认知科学导论. 朱菁译. 合肥：中国科学技术大学出版社.
萨伽德. 2012. 心智：认知科学导论. 朱菁，陈梦雅译. 上海：上海辞书出版社.
邵志芳. 2007. 思维心理学. 上海：华东师范大学出版社.
沈正. 1995. 认知神经科学导论. 呼和浩特：内蒙古教育出版社.
石毓智. 2008. 认知能力与语言学理论. 上海：学林出版社.
史蒂芬·平克. 2004. 语言本能——探索人类语言进化的奥秘. 洪兰译. 汕头：汕头大学出版社.
束定芳. 2000. 论隐喻产生的认知、心理和语言原因. 外语学刊，（2）：31-33.
束定芳. 2000. 隐喻学研究. 上海：上海外语教育出版社.
束定芳. 2002. 论隐喻的运作机制. 外语教学与研究，（2）：103-104.
宋荣. 2012. 思维内容的心灵哲学探究. 北京：中国社会科学出版社.
孙德忠. 2007. 社会记忆论. 武汉：湖北人民出版社.
孙毅. 2013. 认知隐喻学多维跨域研究. 北京：北京大学出版社.
汪安圣. 1992. 思维心理学. 上海：华东师范大学出版社.
王德春，张辉. 2001. 认知语言学研究现状. 外语研究，（3）：2-3.
王小燕. 2003. 科学思维与科学方法论. 广州：华南理工大学出版社.
王寅. 2002. 认知语言学的哲学基础：体验哲学. 外语教学与研究，（2）：83.
王寅. 2005. 认知语言学探索. 重庆：重庆出版社.
王志良. 2011. 脑与认知科学概论. 北京：北京邮电大学出版社.
维特根斯坦. 2005. 哲学研究. 陈嘉映译. 上海：上海人民出版社.
魏博辉. 2008. 论哲学思维的主要特征. 理论界，（9）：96-98.
魏博辉. 2011. 哲学语言与哲学思维. 北京：同心出版社.

魏屹东. 2004. 广义语境中的科学. 北京：科学出版社.
魏屹东. 2008. 语境与认知推理. 山西大学学报（哲学社会科学版），31（6）：21.
魏屹东. 2009. 认知表征的方法论：隐喻、假设与建模. 山西大学学报（哲学社会科学版），32（5）：26.
魏屹东. 2009. 语境论的科学研究纲领方法论. 人文杂志，（4）：51.
魏屹东. 2011. 心理表征与框架问题. 学术月刊，4（4）：46-52.
魏屹东. 2012. 语境论的自然进化观. 山西大学学报（哲学社会科学版），35（6）：33-38.
魏屹东. 2012. 语境论与科学哲学的重建. 北京：北京师范大学出版社.
魏屹东. 2012. 证实原则与意义标准的语境解释. 学术研究，（6）：1-9.
魏屹东，等. 2008. 认知科学哲学问题研究. 北京：科学出版社.
夏甄陶，李淮春，郭湛. 1992. 思维世界导论——关于思维的认识论考察. 北京：中国人民大学出版社.
夏征农，陈至立. 2009. 辞海（第六版）.上海：上海辞书出版社.
许远理. 2008. 情绪智力三维结构理论. 北京：中国社会科学出版社.
亚里士多德. 1992. 亚里士多德全集（第3卷）. 苗力田译. 北京：中国人民大学出版社.
杨志良. 1999. 记忆心理学. 上海：华东师范大学出版社.
杨足仪. 2011. 心灵哲学的脑科学维度. 北京：中国社会科学出版社.
叶浩生. 2000. 心理学理论精粹. 福州：福建教育出版社.
袁毓林. 1998. 语言的认知研究和计算分析. 北京：北京大学出版社.
约翰·安德森. 2012. 认知心理学及其启示（第7版）. 秦裕林，程瑶，周海燕，等译. 北京：人民邮电出版社.
约翰·杜威. 2010. 我们如何思维. 伍中友译. 北京：新华出版社.
约翰·塞尔. 1991. 心、脑与科学. 杨音莱译. 上海：上海译文出版社.
约翰·塞尔. 2001. 心灵、语言和社会——实在世界中的哲学. 李步楼译. 上海：上海译文出版社.
约翰·塞尔. 2008. 心灵导论. 徐英瑾译. 上海：上海人民出版社.
曾杰，张树相. 1996. 社会思维学. 北京：人民出版社.
翟俊刚. 2011. 马克思哲学思维范式的当代阐释. 北京：中央编译出版社.
赵光武. 1999. 思维科学研究. 北京：中国人民大学出版社.
赵南元. 2002. 认知科学揭秘. 北京：清华大学出版社.
赵艳芳. 2000. 认知语言学概论. 上海：上海外语教育出版社.
朱建新. 2009. 隐喻含义的认知阐释. 外语与外语教学，（4）：18-21.
朱亚宗. 2009. 论计算思维——计算思维的科学定位、基本原理及创新路径. 计算机科学，36（4）：53-55.
左稀. 2013. 论亚里士多德情感观的认知性. 兰州学刊，（12）：18.
Dennis Coon, John O. Mitterer. 2004. 心理学导论——思想与行为的认识之路. 郑钢，等译. 北京：中国轻工业出版社.
Dirk Geeraerts. 2012. 认知语言学基础. 邵军航，杨波译. 上海：上海译文出版社.
Dylan Evans. 2013. 解读情感. 石林译. 北京：外语教学与研究出版社.

Eric R. Kandel. 2007. 追寻记忆的痕迹. 罗跃嘉，等译校. 北京：中国轻工业出版社.
F. 瓦雷拉，E. 汤普森，E. 罗施. 2010. 具身心智：认知科学和人类经验. 李恒威，李恒熙，王球，等译. 杭州：浙江大学出版社.
J. H. 弗拉维尔，P. H. 米勒，S. A. 米勒. 2002. 认知发展（第四版）. 邓赐平译. 上海：华东师范大学出版社.
J. R. 卡比，J. R. 古德帕斯特. 2011. 思维——批判性和创造性思维的跨学科研究. 韩广忠译. 北京：中国人民大学出版社.
Jhon Best. 2000. 认知心理学. 黄希庭译. 北京：中国轻工业出版社.
Michael Gazzaniga，Richard B. Lvry，George R. Mangun. 2011. 认知神经科学：关于心智的生物学. 周晓林，高定国，等译. 北京：中国轻工业出版社.
Ungerer F, Schmidt J. 2001. 认知语言学入门（An Introduction to Cognitive Linguistic）. 北京：外语教学与研究出版社.
Anderson J R. 1983. The Architecture of Cognition. Cambridge: Harvard University Press.
Arnold M B. 1960. Emotion and Personality. New York: Columbia University Press.
Baddeley A. 1986. Working Memory. Oxford: Oxford University Press.
Banich M, Mack M. 2003. Mind, Brain, and Language: Multidisciplinary Perspectives. Mahwah: Lawrence Erlbaum Associates Inc. Publishers.
Baron J. 2008. Thinking and Deciding. 4th ed. Cambridge: Cambridge University Press.
Bartlett F C. 1951. The bearing of experimental psychology upon human skilled performance. British Journal of Industrial Medicine, 8(4): 209-217.
Bartlett F C. 1956. Some experiments about thinking. Biological Sciences, 145(921): 443-451.
Bartlett F C. 1956. The croonian lecture: Some experiments about thinking. Biological Sciences, 145(921): 443-451.
Bartlett F C. 1958. Thinking: An Experimental and Social Study. London: George Allen & Unwin.
Beike D, Lampinen J, Behrend D. 2004. The Self and Memory. Hove: Psychology Press.
Bernecker S. 2008. The Metaphysics of Memory. New York: Springer Science Business Media.
Bernecker S. 2009. Memory: A Philosophical Study. Oxford: Oxford University Press.
Blustein J. 2008. The Moral Demands of Memory. London: Cambridge University Press.
Boden M. 2006. Mind as Machine: A History of Cognitive Science. Oxford: Oxford University Press.
Boyer P, Wertsch J. 2009. Memory in Mind and Culture. London: Cambridge University Press.
Collins A. 2006. The embodiment for reconciliation: Order and change in the work of Frederic Bartlett. History of Psychology, 9 (4): 290-312.
Costall A. 2009. Frederic Bartlett and the idea of an historical psychology. Ethnographic Studies, 11: 24-30.
Cutler A. 2005. Twenty-first Century Psycholinguistics Four Cornerstones. Mahwah:

Lawrence Erlbaum Associates, Inc. Publishers.

Dalgleish T. 2009. The thinking person's emotion theorist: A comment on Bartlett's "Feeling, imaging, and thinking". British Journal of Psychology, 100(S1): 199-201.

Damasio A. 1999. The Feeling of What Happens: Body and Emotion in the Making of Consciousness. New York: Harcour Brace.

Damasio A. 2010. Self Comes to Mind: Constructing the Conscious Brain. New York: Pantheon Books.

Darity W A. 2007. Abortion Cognitive Dissonance. New York: Macmillan Reference USA: 597-598.

Dickinson A. 2001. The 28th Bartlett memorial lecture causal learning: An associative analysis. The Quarterly Journal of Experimental Psychology, 54(1): 3-25.

Dolan J. 2002. Emotion, cognition, and behavior. Science, 298: 1194.

Drevets R. 1998. Reciprocal suppression of regional cerebral blood flow during emotional versus higher cognitive process: Implications for interactions between emotion and cognition. Cognition and Emotion, 12(3): 353-385..

Dummett M. 1993. The Seas of Language. Oxford: Oxford University Press.

Evans J. 2003. In two minds: Dual-process accounts of reasoning. Trends in Cognitive Science, 7(10): 454-459.

Evans J. 2008. Dual-processing accounts of reasoning, Judgment, and social cognition. Annual Review of Psychology, 59(1): 255-278.

Evans J, Stanovich K E. 2013. Dual-process theories of higher cognition: Advancing the debate. Psychological Science, 8(3): 223-241.

Fine C, Lumsden J, Blair R. 2001. Dissociation between "theory of mind" and executive functions in a patient with early left amygdala damage. Brain: A Journal of Neurology, 124(2): 287-298.

Gallagher S, Zahavi D. 2008. The Phenomenological Mind: An Introduction to Philosophy of Mind and Cognitive Science. New York: Routledge.

Grady J. 2007. The Oxford Handbook of Cognitive Linguistics. Oxford: Oxford University Press.

Gregory R L. 1999. The 26th Bartlett memorial lecture: From truths of Bartlett to illusions of vision. The Quarterly Journal of Experimental Psychology, 52A(4): 801-812.

Haidt J. 2003. The Moral Emotions in Handbook of Affective Sciences. London: Oxford University Press.

Han Y, Kebschull J M, Campbell R A A, et al. 2018. The logic of single-cell projections from visual cortex. Nature, 556: 51-56.

Hancock P A. 2008. Fredric Bartlett: Through the lens of prediction. Ergonomics, 51: 30-34.

Holyoak K J, Morrison R G. 2005. The Cambridge Handbook of Thinking and Reasoning. Cambridge: Cambridge University Press.

Holyoak K J, Morrison R. G. 2005. Thinking and Reasoning: A Reader's Guide.

Cambridge: Cambridge University Press.

Jonathan E. 2007. Hypothetical Thinking: Dual Processes in Reasoning and Judgement Essays in Cognitive Psychology. London: Taylor & Francis Routledge.

Jonathan K F. 2009. Memory: A Very Short Introduction. Oxford: Oxford University Press.

Klauer K C, Stegmaier R, Meiser T. 1997. Working-memory involvement in propositional and spatial reasoning. Thinking and Reasoning, 3(1): 9-11.

Knuuttila S, Sihvola J. 2014. Sourcebook for the History of the Philosophy of Mind. Dordrecht: Springer Science Business Media.

Kolak D, Hirstein W, Mandik P, et al. 2006. Cognitive Science: An Introduction to Mind and Brain. New York: Routledge.

Kunda Z. 1999. Social Cognition: Making Sense of People. Cambridge: The MIT Press.

Lacey R. 1996. A Dictionary of Philosophy. 3rd ed. New York: Routledge.

Lakoff G, Johnson M. 1999. Philosophy in the Flesh: The Embodied Mind and Its Challenge to Western Thought. New York: Basic Books.

Lakoff G, Johnson M. 2003. Metaphors We Live by. Chicago: The University of Chicago Press.

Larson J E. 2009. Educational Psychology: Cognition and Learning, Individual Difference and Motivation. New York: Nova Science Publishers Inc.

LeDoux J. 1998. The Emotional Brain. London: Weidenfeld & Ni-cholson.

Lehrer J. 2009. How We Decide. New York: Houghton Mifflin Harcourt Publishing Company.

Libet B. 2004. Mind Time. Cambridge: Harvard University Press.

Michaelian K. 2012. Is external memory memory? Biological memory and extended mind. Consciousness and Cognition, 21: 1154-1165.

Miller G. 2003. The cognitive revolution: A historical perspective. Trends in Cognitive Sciences, 7(3): 141-144.

Milner B, Squire L R, Kandel E R. 1998. Cognitive neuroscience and the study of memory. Neuron, 20 (3): 445-468.

Paul F, Bruno B. 2005. The organization of recent and remote memories. Nature Review Neuroscience, 6(2): 119.

Pohl R. 2004. Cognitive Illusions: A Handbook on Fallacies and Biases in Thinking, Judgment and Memory. Hove: Psychology Press.

Predelli S. 2005. Contexts: Meaning, Truth, and the Use of Language. Oxford: Oxford University Press.

Preston J. 1997. Thought and Language. London: Cambridge University Press.

Richard M. 2010. The Extended Mind. Cambridge: The MIT Press.

Robert A, Wilson, Keil F C. 1999. The MIT Encyclopedia of the Cognitive Sciences. Cambridge: The MIT Press.

Rowlands. 2004. The Body in Mind. Cambridge: Cambridge University Press.

Saito A. 1999. Bartlett, Culture and Cognition. London: Routledge.

Schacter D L, Addis D R. 2007. Constructive memory: The ghosts of past and future. Nature, 445: 27.

Schwartz B. 1990. The Reconstruction of Abraham Lincoln Collective Remembering. Thousand Oaks: Sage.

Searle J. 1992. The Rediscovery of the Mind. Cambridge: The MIT Press.

Searle J. 2004. Mind: A Brief Introduction. Oxford: Oxford University Press.

Sinclair R. 2010. Thinking and Writing: Cognitive Science and Intelligence Analysis. Washington: CSI Publications.

Solomon R, Michae L, Jeannette M, et al. 2008. Handbook of Emotions. 3rd ed. New York: The Guilford Press.

Sperber D, Wilson D. 1995. Relevance: Communication and Cognition. Oxford: Blackwell.

Stanovich K E. 2010. Decision Making and Rationality in the Modern World. New York: Oxford University Press.

Stanovich K E. 2013. How to Think Straight About Psychology. 10th ed. New York: Pearson Education Inc.

Thagard P. 2014. Cognitive science. Stanford Encyclopedia of Philosophy. http://plato.stanford.edu/entries/cognitive-science/[2018-04-04].

Zdravko R. 2012. Knowing Without Thinking Mind, Action, Cognition, and the Phenomenon of the Background. New York: Palgrave Macmillan.

Zeki S. 1993. The Visual of the Brain. Oxford: Blackwell.

后　记

思维的研究一直都是哲学研究的核心问题域之一，近年来认知科学的快速发展更是把相关研究推进到了空前细化的程度，富有代表性的主要包括神经科学对人脑思维活动的生理学研究、心理学对思维心理过程与反应的研究、语言学对作为人类思维主要外显形式和传播介质的语言的研究，以及近年来极其火热的人工智能领域的研究等。这些不同领域的研究尽管有着较大差异和不同,但其研究旨趣却往往都指向了一个亘古常新的话题：人类思维的秘密究竟是什么，我们能不能真正认识我们自身，进而创造出能模仿的人造物？尽管以上各学科都进行了卓有成效的研究，但仍难免给人一种“只见树木，不见森林”的感觉，这也是现代科学体系高度细分的美中不足之处。但这种情况也给了最为古老的学科——哲学新的机遇，可以在梳理、分析和整合以思维研究为核心论题的各学科最新成果的基础上，对人类思维这一极其复杂精微的生理、心理和社会文化现象进行多维度的融贯研究，这项工作恰逢其时，极具魅力和挑战，更是我在攻读硕士、博士直至博士后期间一以贯之的追求和努力。

本书是我这些年来思考研究的总结。随着各领域对思维研究的快速推进，我相信这只是一个开始，还有更多问题会不断产生，我对思维研究的热情和兴趣也会一直延续下去，继续前行。

时光飞逝，踏入山西大学至今已有十余载，回想起刚踏入大学校门的那一天，心中油然升起的向往和兴奋之情，也许就是我与山西大学缘分的开端。能在这所百年学府求知修学直至生活工作，我深感幸运。十年寒窗虽谈不上如何艰苦，却也需要坚忍的意志。在这期间我首先要感谢的，是山西大学哲学社会学学院的诸位师长对我的一路关照与指点，各位老师对我有传道之情、授业之恩和解惑之助，在我人生中最关键的时候给予过我帮助和指点。特别是我的导师魏屹东教授，在我求学期间对我一直高标准、严要求，不仅在学习上为我解疑释惑，更给予了我很多人生的启迪和生活的帮助，先生之恩，我将永远铭记于心。山西大学马克思主义学院的领导和同事们在我刚参加工作后也给予了我很多关照和提携，本书的出版也得到了马克思主义学院的出版资助。同时，还要特别感谢我在浙江大学语言与认知研究中心的博士后合作导师李恒威教授，李老师对待学术的认真严谨和对学科前沿的敏锐把握都让我为之折服，对我的研究有着很大的启发和帮助。总之，对所有一直关心和鼓励我的师长与朋友，在此一并致谢。

另外，还要感谢支持我走过这段漫漫求学路的家人。父亲和母亲为我付出很多，山高海深不足以言其一二；我的妻子在我攻读博士期间对我的支持和帮助，也是我能坚持下来的最大动力。正是有了家人对我始终如一的支持和鼓励，我才得以满怀着幸福和希望前行。回想起自己当初的选择，有过迷茫和彷徨，但如今终于拨云见日，能如愿从事自己所喜爱的事业，我深感幸运，同时也深深体会到了其中的艰辛，能有一分“无负韶华，不忘初心”的小确幸，我已心满意足。

本书能最终出版，还要特别感谢科学出版社刘溪编辑及乔艳茹编辑，正是他们在编辑本书过程中所付出的大量辛勤劳动，才使得本书能如期顺利出版。由于笔者水平和时间所限，书中难免有不足和疏漏之处，恳请各位专家和读者批评指正。

周振华
2018 年 5 月